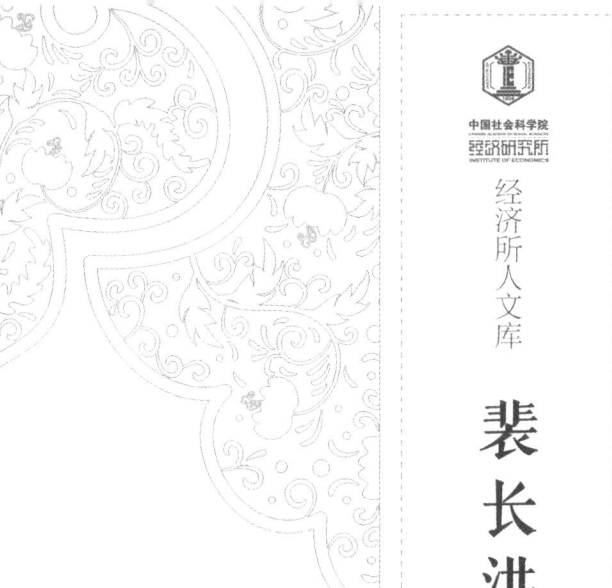

经济所人文库

裴长洪集

中国社会科学院经济研究所学术委员会 组编

中国社会科学出版社

图书在版编目（CIP）数据

裴长洪集/中国社会科学院经济研究所学术委员会组编.
—北京：中国社会科学出版社，2019.1
（经济所人文库）
ISBN 978-7-5203-3562-1

Ⅰ.①裴… Ⅱ.①中… Ⅲ.①经济学—文集
Ⅳ.①F0-53

中国版本图书馆 CIP 数据核字（2018）第 254329 号

出 版 人	赵剑英
责任编辑	刘晓红
责任校对	赵雪姣
责任印制	戴　宽
出　　版	中国社会科学出版社
社　　址	北京鼓楼西大街甲 158 号
邮　　编	100720
网　　址	http://www.csspw.cn
发 行 部	010-84083685
门 市 部	010-84029450
经　　销	新华书店及其他书店
印刷装订	北京君升印刷有限公司
版　　次	2019 年 1 月第 1 版
印　　次	2019 年 1 月第 1 次印刷
开　　本	710×1000　1/16
印　　张	22.25
字　　数	300 千字
定　　价	99.00 元

凡购买中国社会科学出版社图书，如有质量问题请与本社营销中心联系调换
电话：010-84083683
版权所有　侵权必究

中国社会科学院经济研究所学术委员会

主　任　高培勇

委　员　（按姓氏笔画排序）
　　　　　龙登高　朱　玲　刘树成　刘霞辉
　　　　　杨春学　张　平　张晓晶　陈彦斌
　　　　　赵学军　胡乐明　胡家勇　徐建生
　　　　　高培勇　常　欣　裴长洪　魏　众

总　序

作为中国近代以来最早成立的国家级经济研究机构，中国社会科学院经济研究所的历史，至少可上溯至1929年于北平组建的社会调查所。1934年，社会调查所与中央研究院社会科学研究所合并，称社会科学研究所，所址分居南京、北平两地。1937年，随着抗战全面爆发，社会科学研究所辗转于广西桂林、四川李庄等地，抗战胜利后返回南京。1950年，社会科学研究所由中国科学院接收，更名为中国科学院社会研究所。1952年，所址迁往北京。1953年，更名为中国科学院经济研究所，简称"经济所"。1977年，作为中国社会科学院成立之初的14家研究单位之一，更名为中国社会科学院经济研究所，仍沿用"经济所"简称。

从1929年算起，迄今经济所已经走过了90年的风雨历程，先后跨越了中央研究院、中国科学院、中国社会科学院三个发展时期。经过90年的探索和实践，今天的经济所，已经发展成为以重大经济理论和现实问题为主攻方向、以"两学—两史"（理论经济学、应用经济学和经济史、经济思想史）为主要研究领域的综合性经济学研究机构。

90年来，我们一直最为看重并引为自豪的一点是，几代经济所人孜孜以求、薪火相传，在为国家经济建设和经济理论发展作出了杰出贡献的同时，也涌现出一大批富有重要影响力的著名学者。他们始终坚持为人民做学问的坚定立场，始终坚持求真务实、脚踏实地的优良学风，始终坚持慎独自励、言必有据的学术品格。他们是经济所人的突出代表，他们的学术成就和治学经验是经济所最宝贵的财富。

抚今怀昔，述往思来，在经济所迎来建所90周年之际，我们编选出版《经济所人文库》（以下简称《文库》），既是对历代经济所人的纪念和致敬，也是对当代经济所人的鞭策和勉励。

《文库》的编选，由中国社会科学院经济研究所学术委员会负总责，在多方征求意见、反复讨论的基础上，最终确定入选作者和编选方案。

《文库》第一辑凡40种，所选作者包括历史上的中央研究院院士、中华人民共和国成立后的中国科学院学部委员、中国社会科学院学部委员、中国社会科学院荣誉学部委员、历任经济所所长以及其他学界公认的学术泰斗和资深学者。在坚持学术标准的前提下，同时考虑他们与经济所的关联。入选作者中的绝大部分，都在经济所度过了其学术生涯最重要的阶段。

《文库》所选文章，皆为入选作者最具代表性的论著。选文以论文为主，适当兼顾个人专著中的重要篇章。选文尽量侧重作者在经济所工作期间发表的学术成果，对于少数在中华人民共和国成立之前已成名的学者，以及调离经济所后又有大量论著发表的学者，选择范围适度放宽。为好中选优，每部文集控制在30万字以内。此外，考虑到编选体例的统一和阅读的便利，所选文章皆为中文著述，未收入以外文发表的作品。

《文库》每部文集的编选者，大部分为经济所各学科领域的中青年学者，其中很多都是作者的学生或再传弟子，也有部分系作者本人。这样的安排，有助于确保所选文章更准确地体现作者的理论贡献和学术观点。对编选者而言，这既是一次重温经济所所史、领略前辈学人风范的宝贵机会，也是激励自己踵武先贤、在学术研究道路上砥砺前行的强大动力。

《文库》选文涉及多个历史时期，时间跨度较大，因而立意、观点、视野等难免具有时代烙印和历史局限性。以现在的眼光来看，某些文章的理论观点或许已经过时，研究范式和研究方法或许已经陈旧，但为尊重作者、尊重历史起见，选入《文库》时仍保持原貌而未加改动。

《文库》的编选工作还将继续。随着时间的推移，我们还会将更多经济所人的优秀成果呈现给读者。

尽管我们为《文库》的编选付出了巨大努力，但由于时间紧迫，工作量浩繁，加之编选者个人的学术旨趣、偏好各不相同，《文库》在选文取舍上难免存在不妥之处，敬祈读者见谅。

入选《文库》的作者，有不少都曾出版过个人文集、选集甚至全集，这为我们此次编选提供了重要的选文来源和参考资料。《文库》能够顺利出版，离不开中国社会科学出版社领导和编辑人员的鼎力襄助。在此一并致谢！

一部经济所史，就是一部经济所人以自己的研究成果报效祖国和人民的历史，也是一部中国经济学人和中国经济学成长与发展历史的缩影。《文库》标示着经济所90年来曾经达到的学术高度。站在巨人的肩膀上，才能看得更远，走得更稳。借此机会，希望每一位经济所人在感受经济所90年荣光的同时，将《文库》作为继续前行的新起点和铺路石，为新时代的中国经济建设和中国经济学发展作出新的更大的贡献！

是为序。

于2019年元月

编者说明

《经济所人文库》所选文章时间跨度较大，其间，由于我国的语言文字发展变化较大，致使不同历史时期作者发表的文章，在语言文字规范方面存在较大差异。为了尽可能地保持作者个人的语言习惯、尊重历史，因此有必要声明以下几点编辑原则：

一、除对明显的错别字加以改正外，异形字、通假字等尽量保持原貌。

二、引文与原文不完全相符者，保持作者引文原貌。

三、原文引用的参考文献版本、年份等不详者，除能够明确考证的版本、年份予以补全外，其他文献保持原貌。

四、对外文译名与今译名不同者，保持原文用法。

五、对原文中数据可能有误的，除明显的错误且能够考证或重新计算者予以改正外，一律保持原貌。

六、对个别文字因原书刊印刷原因，无法辨认者，以方围号□表示。

作者小传

裴长洪，男，1954年5月生于福建省福州市，1981年进入中国社会科学院经济研究所工作，后于1983年调入其他单位任职，并于2010年回到经济研究所工作。

裴长洪曾作为工农兵大学生就读厦门大学经济系，获中国社会科学院研究生院经济学硕士学位、对外经济贸易大学博士学位。在其工作经历和学术生涯中，他曾经担任中国社会科学院外事局局长，并曾挂职杭州市人民政府副市长，中国社会科学院财政与贸易经济研究所所长，中国社会科学院经济研究所所长，第十二届、第十三届全国政协委员等职务。他于1996年获得国务院特殊津贴奖励，2005年入选中宣部"四个一批"人才工程、2014年入选中组部万人计划"哲学社会科学领军人才"。此外，他也曾获得三项国际交流荣誉称号：2000年10月被俄罗斯科学院远东研究所授予名誉博士称号；2001年4月被俄罗斯自然科学院授予外籍院士荣誉称号；2001年7月被美国肯塔基州州长帕顿（Paule Patton）授予该州荣誉称号"肯塔基上校"。

裴长洪获得硕士学位后进入中国社会科学院经济研究所担任助理研究员，正式开始其学术研究生涯。1983年5月—1984年12月，裴长洪曾在中共中央书记处农村政策研究室从事研究工作；1985年1月—1987年4月，担任北京市牧工商总公司党委宣传部长、二级公司党委书记；1987年5月—1994年7月，担任北京市农村经济研究所所长、高级经济师；北京市农村经济研究中心副主任、党组成员。之后，裴长洪重新回到中国社会科学院从事研究工作，1994年8月—1996年12月，担任中国社会科学院财政与贸易经济研究所研究员、所长助理；1997年1月—1997年11月，就职中国社会科学院外事局副局长；1997年11月—2003年1月，就职中国社会科学院外事局局长。在1994年10月—1997年12月间，他还考入对外经济贸易大学国际经济贸易学院攻读国际贸易领域的博士学位，并获得经济学博士学位。2004年9月—2010年8月，裴长洪开始担任中国社会科学院财政与贸易经济研究所所长；2010年9月—2016年12月，担任中国社会科学院经济研究所所长。在2003年2月—2004年9月挂职浙江省杭州市人民政府副市长期间，曾分管经济体制改革、政府法制、外事以及政府金融工作，为其政策研究工作提供了实践支撑。

长期以来，裴长洪专注于中国开放型经济相关领域的研究，包括国际贸易与投资、金融与服务经济、自贸试验区、全球经济治理等。他的研究大都立足于中国现代化建设的重大实践问题，力图做出理论解释并探讨政策领域的应用。就其具体的学术成果而言，他的博士论文《利用外资与产业竞争力》于2000年获得国务院学位委员会和教育部颁发的全国百篇优秀博士论文奖。此外，他在《中国社会科学》《求是》《人民日报》《经济研究》《中国工业经济》《财贸经济》《国际贸易》等重要报纸杂志发表论文百余篇，同时在国内外英文期刊发表英文论文十几篇。代表性论文包括：《我国对外贸易发展：挑战、机遇与对策》《从需求面转向供应面——我国吸收外商投资的新趋势》《习近平新时代对外开放思想的经济学分析》《中国公有制主体地位的量化估算及其发展趋势》《中国开放型经济新体制的基本目标和主要特征》《中国企业对外直接投资的国家特定优势》《中国特色开放型经济理论研究纲要》等。

更重要的是，裴长洪善于把其学术研究成果凝练为现实意义强、具有可操作性的政策研究报告，并报送党和国家的决策机构。这些研究成果产生了较大的社会影响力。2005年以来，研究成果获奖20多项；其中有商务部颁发的研究奖项、安子介国际贸易研究著作奖以及中国社会科学院设立的有关奖项。他提出的若干政策建议，曾得到习近平、李克强、温家宝、汪洋、马凯等党和国家领导人的批示。

裴长洪还积极为党和国家的决策研究提供理论支持，2005年5月31日曾为第十六届中央政治局第22次集体学习讲解"经济全球化与国际贸易发展的新特点"；2011年曾参加中央经济工作会议文件和2012年《政府工作报告》的起草工作。多次参加李克强总理、吴仪副总理、国家发展改革委、商务部、国家外汇管理局领导主持的专家座谈会，参与讨论有关领域的政策问题。此外，他还曾为中国人民解放军总后勤部、海关总署、国家税务总局、湖南省委、江苏省委、吉林省委、浙江省委、青海省委、广州市委、杭州市委、上海市委等地方党委理论中心组学习讲解有关经济问题的专题。

近几年来，特别是回到经济研究所工作以来，裴长洪的学术研究工作更加偏重于对中国开放型经济和中国特色政治经济学的理论总结。一方面，这是因为他从长期以来的具体问题研究当中积累了相当多的感悟和理性认识，已经具备了进一步理论升华和理论构建的基础；另一方面，改革开放已经经历40年的历程，中国的经济实践和经济建设积累了大量的研究素材和研究问题，现在已经到了需要进行理论总结的阶段。鉴于此，裴长洪对习近平经济思想进行了较为系统的研究和阐释，并据此研究中国特色社会主义政治经济学和中国特色开放型经济理论。他把"中国特色开放型经济"归纳为"六个一"的命题：一个新体系（开放型经济新体系）、一个新体制（开放型经济新体制）、一种新优势（培育国际竞争与合作新优势）、一种新平衡观（开放型世界经济的多元平衡）、一个新的国际经济治理模式（新的国际公共品供给模式）、一个人类命运共同体的价值观（经济全球化新理念）；并据此论证中国特色开放型经济的三个基本理论：中国渐进式贸易自由化理论、中国走向贸易强国的理论、新经济全球化理论。这集中反映了他近年来的理论思考和理论总结。

目 录

中国特色社会主义理论体系的新发展
——习近平总书记系列重要讲话学习体会 ………………… 1
法治经济:习近平社会主义市场经济理论新亮点 …………… 19
习近平经济思想的理论创新与实践指导意义 ………………… 39
习近平新时代对外开放思想的经济学分析 …………………… 55
习近平经济全球化科学论述的学习与研究 …………………… 87
中国流通领域改革开放回顾 …………………………………… 118
中国公有制主体地位的量化估算及其发展趋势 ……………… 142
中国开放型经济新体制的基本目标和主要特征 ……………… 181
中国特色开放型经济理论研究纲要 …………………………… 203
中国特色开放型经济理论的六个基本命题 …………………… 234
实现"走出去"是提升开放经济水平的转折点 ……………… 242
从需求面转向供应面:我国吸收外商投资的新趋势 ………… 249
中国企业对外投资与"一带一路"建设机遇 ………………… 269
中国企业对外直接投资的国家特定优势 ……………………… 286
中国怎样迈向贸易强国:一个新的分析思路 ………………… 305
编选者手记 ……………………………………………………… 338

中国特色社会主义理论体系的新发展*

——习近平总书记系列重要讲话学习体会

党的十八大标志着中国特色社会主义伟大事业进入了一个新的历史阶段,新的历史阶段呼唤新的马克思主义中国化理论来引领方向和指导实践。党的十八大以来的习近平总书记系列重要讲话,深刻回答了新的历史阶段党和国家发展一系列重大理论和实践问题,体现了中国特色社会主义理论和实践的最新成果,升华了我党对中国特色社会主义和马克思主义执政党建设规律的认识,是马克思主义中国化理论的新深化、新成果。深刻领会习近平总书记系列讲话精神的丰富内涵,领会讲话提出的新思想、新观点,对全党、全国人民增强走中国特色社会主义道路的自觉性坚定性,进一步激发全社会发展动力和发展活力,促进经济社会全面协调可持续发展,具有十分重要的理论意义和实践意义。

一 新的历史阶段呼唤马克思主义中国化理论新成果

1. 新的发展阶段需要新的经济建设思路

党的十八大报告指出,我们党领导的中国特色社会主义伟大事业进入全面建成小康社会的决定性阶段。我国改革开放以来取得的伟大成就,证明了中国特色社会主义理论体系是我们事业的科学指南。从发展的国际大环境看,尽管国际金融危机导致国际形势的逆

---

* 合作者:李程骅。

转、世界力量对比发生变化，形势越发有利于我，但国家、地区之间核心竞争优势的重构，使我们面临一系列新的挑战。党的十八大以来，习近平总书记的系列讲话始终强调，解放和发展生产力是中国特色社会主义的根本任务，发展是解决中国一切问题的金钥匙，是解决所有问题的关键。必须坚持以经济建设为中心，在经济不断发展的基础上，协调推进政治建设、文化建设、社会建设、生态文明建设以及其他方面建设。为此，在围绕以经济建设为中心、立足提高质量和效益、推动经济持续健康发展的一系列论述，充分体现出善于把握大势、抢抓机遇、稳中求进、主动调控和深化改革开放的战略思维和掌控能力。

就国内经济大势和所处的阶段，以习近平为总书记的党中央做出了"经济增长速度换挡期、结构调整阵痛期、前期刺激政策消化期"三期叠加的重要论断。充分认识和理解这一重大判断，是促进经济理论研究、正确处理现实经济生活中各种矛盾的基本前提。正是基于上述对大势的把握与战略判断，我们就很容易理解在党的十八大以来的党和国家重要文献中，关于经济工作的指导思想，为何不再有"快"字的表述了。当经济增长速度进入"换挡期"后，意味着我国经济到了从高速换挡到中高速的发展时期，结构调整成为最迫切的事情，这是一种高度战略把握下的理性选择。习近平在多个重要场合强调：中国经济不可能也不必要保持超高速，一味维持超高速带来的资源、能源、环境压力太大，事实上是不可持续的；而说不必要追求高速增长，主要是我们在提出中长期发展目标时就充分进行了测算，实现我们确定的到 2020 年国内生产总值和城乡居民人均收入比 2010 年翻一番的目标，只要年均 7% 的增速就够了。因此不必要追求超高的经济增速。

从习近平总书记的系列重要讲话中，我们不难看出，自党的十八大以来的我国经济工作指导思想，与改革开放以来我国长期追求经济高速增长的惯性思维明显不同，那就是在立足提高质量和效益的前提下，在合理增长速度的维系下，来推动经济持续健康发展，不能再让速度掩盖深层的结构性矛盾和愈积愈多的社会风险。改革开放后我国经济发展的思路，一直突出"快"字，党的十六大之后，就先后有"又好又快"和"平稳较快"的提法，但到了党的十八大之后，则变为"持续健康发展"的提法，由更加注重经济增长的速度和规模转向更加重视经济增长的质量和效益，也就是习近平总书记强调的，增长必须是实实在在和没有水分的增长，是有效益、有质量、可持续的增长。

因此，进入经济增长速度的"换挡期"后，中国经济发展的国内外环境更复杂、各种矛盾的累积更突出、解决各种矛盾的两难选择更明显、对解决矛盾的勇气和智慧的要求更高。这就需要党的指导思想的立足点更高更准、理论思维更具有科学性和全局性，要求马克思主义理论中国化的成果更具有时代特点和实践意义。在这个深刻背景下，习近平总书记系列重要讲话，体现出的高度战略思维和实践指引作用，是马克思主义中国化理论发展的新成果、新的里程碑。

2. 顺应经济全球化新形势和世界新格局的需要

习近平总书记对于世界大势和国际经济、政治的精准把脉，是确立党的指导思想的重要依据。他在多个场合强调，国际金融危机影响具有长期性，国际市场争夺更趋激烈，世界经济面临深度转型调整的新形势。在这个新的世界形势中，新兴经济体和中国实力的相对上升是世界形势发展的重要变量因素，发达国家需要适应这种变化，特别是世界需要适应中国的崛起和发展，中国也需要更精准地定位自己在世界中的地位和作用。针对西方发达国家，特别是美国对此的不适应以及采取的亚太再平衡战略，中国如何作为？这是确立党的指导思想不容回避的问题。

党的十八大以后，习近平总书记以国家主席的身份在国际社会的一系列活动，证明中国发挥好大国作用、发挥大国形象，有助于使世界，特别是西方发达国家适应世界形势的新变化。习近平总书记提出与美国建立新型大国关系的新理论，就是希望通过中国的努力,使中美关系更接近相互适应的新状态,是新的历史阶段我国外交理论的新发展,是我国今后处理与西方发达国家和重要国际事务的策略指南。他在多次讲话中明确提出了"世界命运共同体"的崇高理念和"合作共赢"等战略思想。在金砖国家领导人第五次会晤时明确提出了推动建设"全球发展伙伴关系"的主张。在博鳌亚洲论坛年会上,提出了"牢固树立命运共同体意识"的主张。对我国周边外交的基本方针,强调要始终坚持与邻为善、以邻为伴,坚持睦邻、安邻、富邻,突出体现亲、诚、惠、容的理念,他在重要外交场合宣布建设"丝绸之路经济带""21世纪海上丝绸之路"的构想,发出了筹建亚洲基础设施投资银行的倡议,推进地区基础设施互联互通建设等,都体现出这种战略思维,受到国际社会高度评价。

和平与发展仍然是世界形势的主要潮流,这仍然是党的十八大以后党和国家对世界形势的重要判断,因此,中国仍然处于有利于发展的重要战略机遇期。但是,习近平总书记也指出,我国参与经济全球化的国内外条件都发生了变化,中国的对外开放必须顺势而为、转变思路,大力推进改革创新,赢得在经济发展上的主动和国际竞争中的主动。中国面临的机遇,不再是简单纳入全球分工体系、扩大出口、加快投资的传统机遇,而是面临如何抓住多边、双边、区域次区域合作、我国如何大容量融入经济全球化的新机遇的问题,因此党的十八届三中全会《中共中央关于全面深化改革若干重大问题的决定》(以下简称《决定》)中提出了构建开放型经济新体制,谋划了我国如何抓住国际新机遇的体制机制建设。针对中国"经济崩溃论"等各种不友好的观点,习近平总书记从容回应:"支撑中国经济发展的内生因素很充分。我们对中国经济保持持续健康发展抱有信心。中国不会落入所谓中等收入国家陷阱。"在综合分析国际国内大势和环境后,他进一步指出,我国经济具备健康持续发展的基础条件,今后相当长一段时间仍将处于发展的上升期,前景十分广阔,这主要是由于工业化、信息化、城镇化、农业现代化带来的发展空间还很大，社会生产力技术雄厚，生产要素、综合优势明显，体制机制也在不断地完善，同时"两个一百年"的奋斗目标和实现中华民族伟大复兴"中国梦"的理想，也将给中国的经济源源不断地注入新的活力、动力。所以经过努力，我国经济增速完全有可能继续保持较高的水平。

3. 适应推进国家治理体系和治理能力现代化的需要

坚定不移地全面深化改革，完善和发展中国特色社会主义制度，推进国家治理体系和治理能力的现代化，是习近平总书记在系列讲话中反复强调的一个重大问题。习近平总书记指出，要坚持把完善和发展中国特色社会主义制度、推进国家治理体系和治理能力现代化作为全面深化改革的总目标，进一步解放思想、解放和发展社会生产力，解放和增强社会活力。国家治理体系的提出，是习近平理论的重要支点，也是马克思主义国家理论的新发展。国家治理体系包括治理主体、治理依以运行的各项制度以及治理理念和方式；治理能力包括治理手段和工具、国家工作人员的素质和工作能力、知识化、专业化水平。习近平的创新国家理论是新中国60多年来特别是改革开放30多年来国家制度建设发展的需要，是回击企图让中国走西方政治发展道路、以西方模式复制国家制度的图谋的需要，也是全面深化改革进程中、全面建成小康社会的艰难行程中提高党和国家决策执行力的需要。

党的十八大标志着中国改革再出发，改革开放进入新的历史阶段，作为执政党不仅要有发展经济的能力，还要有"五位一体"治理现代国家的能力。在这个问题上，习近平强调，全面深化改革需要加强顶层设计和整体谋划，加强各项改革的关联性、系统性和可行性研究，统筹考虑、全面论证、科学决策。经济、政治、文化、社会、生态文明各领域改革和党的建设改革紧密联系、相互交融，任何一个领域的改革都会牵动其他领域，同时也需要其他领域改革密切配合。如果各领域改革不配套，各方面改革措施相互牵扯，全面深化改革就很难推进下去，即使勉强推进，效果也会大打折扣。推进国家治理体系和治理能力现代化，就是要适应时代变化、既改革不适应实践发展要求的体制机制、法律法规，又不断构建新的体制机制、法律法规，使各方面制度更加科学、更加完善，实现党、国家、社会各项事务治理制度化、规范化、程序化。要更加注重治理能力建设，增强按制度办事、依法办事意识，善于运用制度和法律治理国家，把各方面制度优势转化为管理国家的效能，提高党科学执政、民主执政、依法执政水平。这些要求，系统体现了推进国家治理体系和治理能力现代化的方向、路径和实施对策。

推进国家治理现代化的理念和行动，是习近平对中国特色社会主义理论与实践的重要贡献。习近平在省部级主要领导干部学习班上的讲话进一步强调国家治理体系和治理能力现代化的重要性：今天摆在我们面前的一项重大历史任务，就是推动中国特色社会主义制度更加成熟更加定型，为党和国家事业发展、为人民幸福安康、为社会和谐稳定、为国家长治久安提供一整套更完备、更稳定、更管用的制度体系。这项工程极为宏大，必须是全面的系统的改革和改进，是各领域改革和改进的联动和集成，在国家治理体系和治理能力现代化上形成总体效应、取得总体效果。我国国家治理体系需要改进和完善，但怎么改、怎么完善，我们要有主张、有定力。没有坚定的制度自信就不可能有全面深化改革的勇气。同样，离开不断改革，制度自信也不可能彻底、不可能久远。我们全面深化改革，是要使中国特色社会主义制度更好；我们说坚定制度自信，不是要故步自封，而是要不断革除体制机制弊端，让我们的制度成熟而持久。

二　提出和回答了全面建成小康社会迫切需要解决的主要问题

党的十八大开启了中国发展的新阶段，标志着我们党领导的中国特色伟大事业进入全面建成小康社会的决定性阶段，党领导人民开创的社会主义伟大实践已经处在一个新的历史起点上。在党和国家事业发展的这一决定性时刻，习近平总书记的系列重要讲话，提出和回答了我国在2020年前后全面建成小康社会迫切需要解决的主要问题，形成了一系列富有创建的新思想、新观点和新论断，为治党治军治国理政提供了基本遵循。

1. 统一了关于改革开放前后两个阶段关系的认识问题

高举中国特色社会主义伟大旗帜，坚定不移地走中国特色社会主义制度，是我们党始终如一的政治理念。中国特色社会主义，特就特在其道路、理论体系、制度上，特就特在这三者统一于中国特色社会主义的伟大实践上。习近平总书记强调：我们党领导人民进行社会主义建设，有改革开放前和改革开放后两个历史时期，这是两个相互联系又有重大区别的时期，但本质上都是我们党领导人民进行社会主义建设的实践探索。不能用后一个历史时期否定前一个历史时期，也不能用前一个时期否定后一个历史时期。"两个历史时期"的论述，对于我们正确认识党的历史，正本清源，凝聚共识，具有统一思想的现实意义。尽管改革开放前后两个时期有重大差别，但归根到底是一脉相承的，都是统一于探索中国特色社会主义的伟大实践。正确认识这两个时期，不仅仅是历史问题，更是重大的政治问题。牢牢把握两个历史时期的辩证统一，尊重历史而不割断历史，尊重前人而不苛求前人，更有助于坚定我们的改革开放和社会主义现代化建设的方向不动摇，既不走封闭僵化的老路，也不走改旗易帜的邪路。

党的十八届三中全会深化改革的《决定》，鲜明提出了推进国家治理体系和治理能力现代化的目标和实施路径问题，这就要求我们要更加注重法制在国家治理和社会管理中的作用。习近平总书记关于发展社会主义民主法制的系列讲话，深刻阐述了全面依法治国中的重大问题。改革开放以来，中国特色社会主义政治发展道路，为实现最广泛的人民民主确立了正确方向。习近平总书记强调，宪法是治国安邦的总章程，维护宪法权威，就是维护党和人民共同意志的尊严。保证宪法实施,就是保证人民根本利益的实现。同时,党领导人民制定、执行宪法和法律,党自身必须在宪法和法律范围内活动,真正做到党领导立法、保证执法、带头守法;领导干部要自觉运用法治思维和法治方式,更好地深化改革、推动发展、化解矛盾、维护稳定。这些论述和观点,进一步阐明了中国特色社会主义政治发展道路的本质要求,体现了科学执政、民主执政、依法执政的理念和方略。

改革开放开辟了一条引领中国迈向社会主义现代化的康庄大道,已经为过去30多年的实践所证明,而且将继续指引中国未来的前进道路。习近平总书记说,改革开放是当代中国发展进步的活力资源,是决定当代中国命运的关键一招,也是决定实现"两个一百年"奋斗目标、实现中华民族伟大复兴的关键一招。这个关键就关键在改革解放和发展了社会生产力,坚持了正确的方向。经过30多年的改革开放,我们摸着石头进入了深水区,人人都受益的"帕累托改进"已经基本实现,再进一步深化全面改革,必然面临既得利益"固化樊篱"形成的阻碍。"全面深化改革"必须应对"社会矛盾累积"的问题和风险。越来越坚固的"樊篱"在很大程度上就是改革不彻底造成的。但改革必须坚持正确的方向,不能使对社会主义制度的改弦更张,也不是回到过去的老路上去,更不是想怎么改就怎么改。对此,习近平总书记强调,改革开放只有进行时,没有完成时。改革开放是一场深刻革命,必须坚持正确方向,沿着正确道路前进。在方向问题上,我们必须头脑清醒,不断推动社会主义制度自我完善和发展,坚定不移走中国特色社会主义道路,这就表明了我们的改革是在党的领导下,在坚持中国特色社会主义道路前提下,坚持不懈地把改革创新精神贯彻到治国理政各个环节,坚定不移地推进经济、政治、文化、社会、生态文明和党的领导各个发面的领导机制与工作机制的改革,促进现代化建设各个环节、各个方面相协调,促进生产关系与生产力、上层建筑与经济基础相协调。

2. 以社会主义核心价值观指引制度安排和政策取向

全面建成小康社会、实现中华民族伟大复兴的中国梦,需要全社会的凝聚力,这种凝聚力来自核心价值观的认同与追求。核心价值观是一个社会主导性的价值准则,以及所追求的价值理想,具有最大限度整合各利益相关者及行为主体的积极性主动性创造性的作用,是构成一个民族、国家发展进步须臾不可缺失的精神支柱。党的十八大报告提出,要大力加强社会主义核心价值体系建设:倡导富强、民主、文明、和谐,倡导自由、平等、公正、法治,倡导爱国、敬业、诚信、友善,积极培育和践行社会主义核心价值观。社会主义核心价值观是当前我国社会价值观的"最大公约数",能够引领整合多样化社会思想意识,激发广大人民群众投身改革开放事业的积极性、主动性与创造性,对解决处理好各种矛盾并存的困难问题,对促进经济持续健康发展、全面建成小康社会,将发挥重要的保证和支撑作用。因此,习近平总书记强调要让社会主义核心价值观像空气一样无处不在。

培育和弘扬核心价值观,有效整合社会意识,是社会系统得以正常运转、社会秩序得以有效维护的重要途径,也是国家治理体系和治理能力的重要方面。习近平总书记强调,推进国家治理体系和治理能力现代化,要大力培育和弘扬社会主义核心价值体系和核心价值观,加快构建充分反映中国特色、民族特性、时代特征的价值体系。一个国家选择什么样的治理体系,是由这个国家的历史传承、文化传统、经济社会发展水平决定的,是由这个国家的人民决定的。我国今天的国家治理体系,是在我国历史传承、文化传统、经济社会发展的基础上长期发展、渐进改进、内生性演化的结果。没有坚定的制度自信就不可能有全面深化改革的勇气,同样,离开不断改革,制度自信也不可能彻底、不可能久远。

社会主义核心价值观是社会主义核心价值体系的内核,体现着社会主义核心价值体系的根本性质和基本特征,反映着社会主义核心价值体系的丰富内涵和实践要求,是社会主义核心价值体系的高度凝练和集中表达。对此，习近平总书记指出，一种价值观要真正发挥作用，必须融入社会生活，让人们在实践中感知它、领悟它。要切实把社会主义核心价值观贯穿于社会生活方方面面。要通过教育引导、舆论宣传、文化熏陶、实践养成、制度保障等，使社会主义核心价值观内化为人们的精神追求，外化为人们的自觉行动。要注意把我们所提倡的与人们日常生活紧密联系起来，在落细、落小、落实上下功夫。要按照社会主义核心价值观的基本要求，健全各行各业规章制度，完善市民公约、乡规民约、学生守则等行为准则，使社会主义核心价值观成为人们日常工作生活的基本遵循。要发挥政策导向作用，使经济、政治、文化、社会等方方面面政策都有利于社会主义核心价值观的培育。

三 指明了中国特色社会主义发展道路的前进动力和具体途径

1. 改革创新是继续发展的前进动力

中国特色社会主义是当代中国进步发展的根本方向，但我国社会主义还处在初级阶段，必须以发展的观点对待马克思主义、社会主义，不断丰富中国特色社会主义的实践特色、理论特色、民族特色、时代特色。党的十八届三中全会通过的《决定》，以改革为主线，突出全面深化改革的新举措，系统阐述了总体思路和顶层设计，勾画了改革的路线图和时间表。习近平总书记在向全会作说明时指出，改革开放以来的历届三中全会都研究讨论深化改革问题，都是在释放一个重要信号，就是我们党将坚定不移高举改革开放的旗帜，坚定不移坚持党的十一届三中全会以来的理论和路线方针政策。党的十八届三中全会以全面深化改革为主要议题，勾画的改革蓝图、设计的具体路径，广泛性和深刻性前所未有，形成了改革理论和政策的一系列新突破。

从党的十八大到党的十八届三中全会，习近平总书记对改革创新的重要性进行了系统的阐述。改革开放是决定中国命运的关键一招，也是决定实现"两个一百年"奋斗目标、实现中华民族伟大复兴的关键一招。实践发展永无止境，解放思想永无止境，改革开放也永无止境，停顿和倒退没有出路，改革开放只有进行时，没有完成时。《决定》据此提出了全面深化改革必须长期坚持的四条重大原则：坚持党的领导，解放思想、实事求是、与时俱进、求真务实，以人为本，正确处理改革发展稳定关系等。在指导思想和总目标方面，他明确提出把完善和发展中国特色社会主义制度，推进国家治理体系和治理能力现代化作为全面深化改革的总目标。这是因为目前我们国家治理体系和治理能力还有许多不足，必须要改革完善现有的体制机制、法律法规，同时要善于运用制度和法律来治理国家，把制度优势转化为管理的效能，提高整体的治理水平。在论述改革创新的动力源泉时，总书记强调要通过进一步解放思想、进一步解放和发展社会生产力、进一步解决和增强社会活力来培育和强化。通过不断解放思想、改革创新，让一切创造社会财富的源泉充分涌流，使中国特色社会主义制度更有效率、更能激发全体人民的积极性主动性创造性，更能在竞争中赢得比较优势。

2. 必须坚持社会主义市场经济改革的方向

在建设中国特色的社会主义进程中，我们经过20多年实践，初步建立起了社会主义市场经济体制。但是，这个体制仍存在不少问题，主要是市场秩序不规范，以不正当手段谋取经济利益的现象广泛存在；生产要素市场发展滞后，要素闲置和大量有效需求得不到满足并存；市场规则不统一，部门保护主义和地方保护主义大量存在；市场竞争不充分，阻碍优胜劣汰和结构调整；等等。这些问题不解决好，完善的社会主义市场经济体制是难以形成的。而加快完善社会主义市场经济体制，把握好经济体制改革这个重点，核心问题是处理好政府与市场的关系。为此，党的十八届三中全会《决定》提出了"使市场在资源配置中起决定性作用和更好发挥政府作用"的重大理论观点。这个论断是我党在理论和实践上的又一重大创新。

习近平总书记在党的十八届三中全会的讲话中,对这一论断进行了系统的阐明。进一步处理好政府和市场关系,实际上就是要处理好在资源配置中市场起决定性作用还是政府起决定性作用这个问题。经济发展就是要提高资源尤其是稀缺资源的配置效率,以尽可能少的资源投入生产尽可能多的产品、获得尽可能大的效益。理论和实践都证明,市场配置资源是最有效率的形式。市场决定资源配置是市场经济的一般规律,市场经济本质上就是市场决定资源配置的经济。健全社会主义市场经济体制必须遵循这条规律,着力解决市场体系不完善、政府干预过多和监管不到位问题。做出"使市场在资源配置中起决定性作用"的定位,有利于在全党全社会树立关于政府和市场关系的正确观念,有利于转变经济发展方式,有利于转变政府职能,有利于抑制消极腐败现象。从党的十四大报告提出建立社会主义市场经济体制的改革目标,到党的十六大和党的十八大的报告在"市场基础性作用"前加关键词,都是在强化市场的取向。但到了党的十八届三中全会,把市场在资源配置中的"基础性作用"修改为"决定性作用",这种新表述、新定位,反映了我们党对社会主义市场经济规律的认识达到了新的高度。从发挥经济体制改革的牵引作用来看,坚持社会主义市场经济体制改革方向,也是全面深化改革的重要依托,可以有效带动各方面的体制改革行动,形成协调推进的合力,有利于加快完善社会主义市场经济体制。

3. 充分发挥经济体制改革在全面深化改革中的牵引作用

全面深化改革,要立足于我国长期处于社会主义初级阶段这个最大实际,即通过发展来解决所有的问题。以经济体制改革的新突破,牵引和带动其他领域改革,抓住了改革的关键突破点,体现了正确把握重点与全面的辩证关系,以利于在改革中统筹兼顾。习近平总书记在党的十八届三中全会的讲话中强调,我国仍处于并将长期处于社会主义初级阶段的基本国情没有变,人民日益增长的物质文化需要同落后的社会生产之间的矛盾这一社会主要矛盾没有变，我国是世界最大发展中国家的国际地位没有变。这就决定了经济建设仍然是全党的中心工作。当前制约科学发展的体制机制障碍不少集中在经济领域，经济体制改革任务远远没有完成，经济体制改革的潜力还没有充分释放出来。坚持以经济建设为中心不动摇，就必须坚持以经济体制改革为重点不动摇。经济基础决定上层建筑，经济体制改革对其他方面改革具有重要影响和传导作用，重大经济体制改革的进度决定着其他方面很多体制改革的进度，具有牵一发而动全身的作用。经济体制改革是火车头，通过经济体制改革的率先突破，可以带动其他领域改革一起往前走。在全面深化改革中，坚持以经济体制改革为主轴，努力在重要领域和关键环节改革上取得新突破，以此牵引和带动其他领域改革，使各方面改革协同推进、形成合力，而不是各自为政、分散用力。这些论断和部署，体现了唯物辩证法的缜密思维和统筹推进改革行动的大智慧、大战略。

习近平总书记关于党的十八届三中全会《决定》的说明，更是画龙点睛地把《决定》的灵魂和基本要点做了深刻揭示，彰显了中央决心通过解决和破除体制机制障碍来激发经济发展活力的新思路和新观念。有突破性发展的思想体现在以下十个方面：一是市场在资源配置中起决定性作用和更好发挥政府作用。二是积极发展混合所有制经济，指明了国有企业改革的主要路径，未来多数国有企业都将改革为混合所有制经济。三是把非公有制经济的地位、作用阐述得更加明确，公有制经济和非公有制经济都是社会主义市场经济的重要组成部分，都是我国经济社会发展的重要基础。公有制经济财产权不可侵犯，非公有制经济财产权同样不可侵犯。四是以国有资本改革带动国有企业改革。实行以管资本为主，建立统一的国资平台，形成专业化的国有资本运作机构，有利于实现国有资产监督管理机构从管人、管企业、管资产向管资本转变。以国资改革带动国企改革，对国企管理和民营企业都会带来新的发展机遇。五是推行负面清单的管理模式倒逼改革开放，把解决市场扭曲问题提高到一个新的水平。六是以坚持农村土地集体所有与搞活农民土地使用权为重点的土地制度改革。允许农村集体经营性建设用地出让、租赁、入股、实行与国有土地同等入市、同权同价等。七是户籍制度改革和城市基础设施引入社会资本。以社会福利和公共服务均等化、破除城市内部的二元结构，实行有区别的户籍制度改革。允许地方政府通过发债等多种方式拓宽城市建设融资渠道。八是允许民间资本设立中小银行。九是设立中国上海自由贸易试验区，为扩大开放探路，以开放促发展、促改革、促创新，成为可复制、可推广的试验。十是政府宏观调控的任务从以往提到的经济总量平衡、结构协调和生产力布局优化，扩展到形成参与国际宏观经济政策协调的机制，推动经济治理结构完善。

四　提供了新的发展实践中的理论和方法

习近平总书记的系列重要讲话始终贯穿着马克思主义哲学世界观和方法论，以宽广的政治视野、深刻的理论内涵，抓住实事求是的精髓，一切从中国的国情出发，从客观事物的规律出发，认识问题、分析问题、说明问题，由此导引出解决深化改革、解决当前复杂难题基本方法，为中国特色社会主义理论体系注入了时代精神，也为全面深化改革各项行动的实施提供了理论和方法。

1. 辩证唯物主义的新发展

实事求是，一切从实际出发是党的十一届三中全会以来党的思想路线，也是马克思主义认识论的基本原则。经过 30 多年改革开放的成功实践，中国的发展已经从摸着石头过河的实践探索和先行阶段，逐步提高到产生许多理性认识的阶段，初步完成了从感性认识到理性认识的飞跃，未来如何用正确的理性认识指导我们的新实践，就成为马克思主义政党在思想理论上创新的重要任务。

在对全面深化改革的总任务和总目标进行战略部署的过程中，习近平总书记对总体方案、路线图、时间表以及战略目标、工作重点、优先顺序等，都进行了系统的设计和安排。既部署"过河的任务"，又指导如何解决"桥或船的问题"；既阐述战略问题，又研究战术问题。习近平总书记的一系列重要讲话和论断，处处闪耀着辩证唯物主义的光辉，体现了辩证唯物主义的新发展：鞋子合不合脚，自己穿了才知道，一个国家发展的道路合不合适，只有这个国家的人民才最有发言权；摸着石头过河和加强顶层设计是辩证统一的，推进局部的阶段性改革开放要在加强顶层设计的前提下进行，加强顶层设计要在推进局部的阶段性改革开放的基础上来谋划；凡事从坏处准备，努力争取最好的结果，做到有备无患，遇事不慌，牢牢把握主动权；对改革进程中已经出现或可能出现的问题，苦难要一个一个克服，问题要一个一个解决，既敢于出招又善于应招，做到"蹄疾而步稳"。

习近平总书记的"绿水青山、金山银山"论，是用矛盾相互转化来阐述经济发展与环境保护的关系的经典例证："两座山"之间有矛盾，又辩证统一，绿水青山可以源源不断地带来金山银山，保护生态环境就是保护生产力，改善生态环境就是发展生产力。既要绿水青山也要金山银山，宁要绿水青山不要金山银山，绿水青山就是金山银山。保护生态环境和经济发展是完全可以处理好的，因为二者不是矛盾的，是可以相互转化的。"绿水青山"，并非一定要以"不要金山银山"为代价，"绿水青山"可以转化为经济发展的优势，是发展绿色经济、低碳经济的巨大资本。

2. 历史唯物主义的新运用

习近平总书记关于"中国梦"的系列论述，堪称是历史唯物主义运用的典范。习近平总书记在参观"复兴之路"展览时，提出了实现中华民族伟大复兴的中国梦，既生动形象地描绘了全体人民的共同理想，更深刻展示了历史唯物主义的认识论的新高度。中国梦是历史的、现实的，也是未来的，实现中国梦凝聚了几代中国人的夙愿，体现了中华民族和中国人民的整体利益，是每一个中华儿女的共同期盼。我们比历史上任何时期都更接近实现中华民族伟大复兴的目标,比历史上任何时期都更有信心、更有能力实现这个目标。对"中国梦"的提出和论述,体现了总书记的历史洞察力,也体现了当代共产党人的责任担当意识,其强大的感染力和号召力,已经成为凝聚人心、鼓舞士气、开拓进取的高昂旋律和时代强音。

推进国家治理体系和治理能力现代化的提出,是运用马克思主义国家理论的新发展。毛泽东同志丰富和发展了马克思主义的国家学说,提出了人民民主专政的国家理论,新中国成立后,按照毛泽东同志的国家理论,中国实行了以共产党领导的、人民当家做主的国家体制和治理体系,形成了中国政治发展道路的基本方向。改革开放以后,人民民主专政的国家体制不仅没有改变,而且得到坚持和加强。但是,国家治理体系发生了许多改革和完善,国家的基本政治制度、经济制度、文化制度、社会制度、生态文明制度和党和政府的制度安排都发生了深刻的变化,国家的治理方式也得到许多发展,这些实践的新成就都为马克思主义国家理论的创新提供了实践的依据和认识来源。正是在这样的基础上,党的十八届三中全会《决定》提出了推进国家治理体系和治理能力现代化的新思想。

3. 辩证统一改革方法的新升华

习近平总书记指出,我们党在中国这样一个有着13亿人口的大国执政,面对着十分复杂的国内外环境,肩负着繁重的执政使命,如果缺乏理论思维的有力支撑,是难以战胜各种风险和困难的,也是难以不断前进的。党的各级领导干部特别是高级干部,要原原本本学习和研读经典著作,努力把马克思主义哲学作为自己的看家本领,坚定理想信念,坚持正确政治方向,提高战略思维能力、综合决策能力、驾驭全局能力,团结带领人民不断书写改革开放历史新篇章。因此,在全面深化改革中,我们必须重点处理好重点与全面、一般与特殊、变与不变的关系。

总书记的系列重要讲话深刻把握了辩证法的核心和实质,在分析问题、说明问题、解决问题等方面为我们树立了生动的样板。他娴熟运用"矛盾论"和"两点论"来论述全面把握深化改革的重大关系,处理好解放思想与实事求是、整体推进好重点突破、顶层设计和摸着石头过河的关系,胆子要大和步子要稳的关系、改革发展稳定的关系,也是为我们指出了推进全面深化改革的方法。习近平总书记强调指出,摸着石头过河,是富有中国特色、符合中国国情的改革方法。摸着石头过河,就是摸规律,从实践中获得真知。发展社会主义市场经济,不断深化改革开放,在马克思主义的经典著作里找不到,其他社会主义国家也没有经验可供资鉴,只有通过实践、认识、再实践、再认识,才能逐步取得规律性的认识。改革初期需要摸着石头过河,全面深化改革仍然需要摸着石头过河。当然,在新的历史条件下,正因为有过去不断积累的认识和经验,我们可以把摸着石头过河和加强顶层设计结合起来,以节约改革成本、减少社会震荡。摸着石头过河和加强顶层设计是辩证统一的,推进局部的阶段性改革要在加强顶层设计的前提下进行,加强顶层设计要在推进局部的阶段性改革开放的基础上来谋划。

4. 统领全面深化改革的科学方法论

推进全面深化改革,党的十八届三中全会《决定》提出的很多改革任务举措,不少是马上可以实施的,也有的是原则性的、方向性的。但无论是抓紧实施的还是需要深化细化的,都需要大胆的创新实践,以习近平总书记倡导的科学的方法论来统领推进各项工作。我们认为,以科学的方法论来处理好各项重大关系,重点在以下三个方面把握好、运用好。

一是始终坚持底线思维。底线思维就是从最坏的可能性着想,在此基础上建立政策、部署工作,是毛泽东同志一贯倡导的工作方法,体现了马克思主义的唯物辩证法和科学方法论。习近平总书记多次强调要坚持这一科学的方法论,在推动经济社会可持续发展的各项工作中,在推进全面深化改革的各项行动中,坚持底线思维,未雨绸缪,加强研判,在保持大局稳定的前提下稳中求进、稳中有为。他在多个场合强调,面对错综复杂、快速变化的形势,我们要

"从坏处着想,做最充分的准备,争取最好的结果,牢牢把握主动权"。底线思维是"安全阀""稳压器",善用底线思维,就能以积极的态度前瞻风险、守住底线、防患未然,从而掌握改革实践的主动权。

二是要打"持久战",不要"速胜论"。深化改革是一场新的革命,如果畏首畏尾,前怕狼后怕虎,就很难取得成功;同时深化改革又是"一个大试验",面对复杂的国情,必须科学决策,稳中求进。从局部改革、渐进改革再到全面系统改革,从感性到理性再到实践的不断深化,仍是全面深化改革开放的基本路经和方法。习近平总书记多次强调,要把握"胆子要大和步子要稳的关系",胆子要大,步子要稳,积小胜为大胜。全面深化改革,遇到难题不能悲观,要有"持久战"思想,不要有"速胜论"的想法。在深化改革、作风建设中树立"持久战"的思想,就能锲而不舍,步步为营,最终积小成为大成,积小胜为大胜。

三是积极有为、敢于担当,勇于突破创新。底线思维不仅要求"思",更要求"行",要求主动出击去化解风险。习近平总书记的系列重要讲话,在强调稳扎稳打、步步为营、促进经济社会大局稳定的同时,还进一步指出要为全面深化改革创造条件,勇于突破创新。他指出,"稳"也好,"改"也好,是辩证统一、互为条件的,一静一动,静要有力,动要有秩序,关键是把握好这两者之间的度。我们推进各项改革,要找准突破口和切入点,及锋而试,奋勇前进,敢于"啃硬骨头",敢于涉险滩,以更大的勇气和智慧,着力提升推进改革的方式、方法、技巧和策略,勇于担当,背水一战,冲破各种体制机制障碍,突破利益固化的樊篱,努力把全面深化改革的宏伟蓝图变为现实。

(原载《南京社会科学》2014年第5期)

法治经济：习近平社会主义市场经济理论新亮点

在党的十八届四中全会上，习近平总书记就《中共中央关于全面推进依法治国若干重大问题决定》（以下简称《决定》）的说明时指出："要推动我国经济社会持续健康发展，不断开拓中国特色社会主义事业更加广阔的发展前景，就必须全面推进社会主义法治国家建设，从法治上为解决这些问题提供制度化方案。"显然，在经济领域中，要继续完善社会主义市场经济体制，构建社会主义市场经济的治理体系，也需要从法治上提供制度建设方案。这不仅是社会主义市场经济的外在保障，而且也是社会主义市场经济的内在要求，正如该《决定》所指出的那样："社会主义市场经济本质上是法治经济。"如何理解和认识社会主义市场经济的这一本质特征，是本文学习习近平社会主义市场经济理论中要探讨的主题。

一 法治经济提出的现实客观依据

存在决定意识，中国经济已经基本上是市场经济，这是法治经济提出的现实客观依据。尽管西方发达国家出于其偏见，仍然不承认中国的市场经济地位，但实际上中国经济的各方面都已经呈现了市场经济的基本特征。美国传统基金会2014年关于世界各国经济自由度指数的评价，把中国归入基本不自由的经济体，这个评价是不客观的，按照这个评价，中国的经济自由度只比1995年提高0.5个百分点，这显然大大低估甚至无视中国改革开放的巨大进展和市场化发展的成就。作者认为,判断中国经济已经基本成为市场经济的最主要标志是以下五点。

1. 中国所有制结构的重大变化与企业市场主体地位的确立

中国企业按照其投资和资本来源划分为五类:一是国有企业,二是集体企业,三是私营企业(包括个体工商户),四是外商企业,五是这四类不同资本来源的混合企业。

根据作者的一项研究,截至 2012 年,中国三次产业经营性总资产约为 448.28 万亿元(含个体工商户资产),其中公有制经济的资产规模是 226.13 万亿元,占 50.44%;非公有制经济(私营企业、外商企业、混合所有制中的私人资产、农村中农民的家庭资产)资产规模为 222.15 万亿元,占 49.56%。但是在创造财富和提供就业方面,非公有制经济已经占据主导地位,在第二、第三产业中,非公有制经济创造的增加值比重已经达到 67.59%,提供的就业岗位的比重已经达到 75.20%(详见表 1)。

表1　　2012 年第二、第三产业公有制与非公有制经济结构

	资产(万亿元)	GDP(万亿元)	城镇就业(万人)
公有制经济	226.13	15.13	9203
非公有制经济	222.15	31.55	27899
公有与非公有制经济合计	448.28	46.68	37102
公有制经济占比(%)	50.44	32.41	24.80
非公有制经济占比(%)	49.56	67.59	75.20

资料来源:裴长洪:《中国公有制经济的量化估算与发展趋势》,《中国社会科学》2014 年第 1 期。

经过 30 多年的改革,我国大多数国有企业已经进行了公司制改革,已经成为市场经济运行的独立主体,在竞争性行业中,价格由市场决定,企业在市场中自由竞争,自负盈亏,已经是完整意义上的市场竞争主体。随着改革的推进,公共服务领域开始引进竞争

机制，部分国有企业开始民营化。传统的自然垄断领域放松了管制。在电信、民航、电力、保险等领域降低市场壁垒，打破垄断，实行政企分开，将原来的部门进行公司化、市场化改造。在科教文卫和环保等领域，出现了民办学校和民办医院，通过特许经营方式在公共交通服务中引入私营公司，成立合资公司，或者将服务的生产承包给私营企业等。

2. 绝大多数商品和服务的价格已经由市场决定

改革开放前，中国大多数商品价格由政府决定。1978年，全社会商品零售总额中政府定价比重为97%，在工业生产资料销售收入总额中政府定价为100%，农副产品收购总额中占92.6%。经过不断的市场化改革，2001年社会零售商品、农副产品的生产资料中，由市场定价的比重已经超过90%。到2008年，中国社会商品零售总额、农副产品收购总额和生产资料销售总额中，由市场决定供求关系和价格的比重就已经分别达到95.7%、97.2%和92.6%（Heritage Foundation，2014）。此后，这种比重继续提高，在国际市场上，中国进出口的商品和服务价格以及供求关系完全由国际市场决定，参与外贸经营的各类企业都不可能从政府得到补贴。

在竞争性服务行业中，价格也基本上由市场供求关系决定。在深化改革中，市场价格机制也已经被引入部分公共服务领域。如在非义务教育领域，特别是在高等教育和职业教育领域中，在民营医院中，教育服务价格、医疗服务价格也已经引入了市场机制的调节作用。

3. 劳动力就业已经完全由市场供求关系决定

改革开放30多年的过程中，农村劳动力向城镇转移的趋势完全是受市场供求关系的影响。随着劳动力流动政策的积极变化，这种转移趋势仍然在延续。2004年我国就业人口总共约7.43亿人，其中城镇就业人员约2.73亿人，农村就业人员约4.7亿人。到了2012年，全国就业人口总共约7.67亿人，其中城镇就业人数上升为约3.71亿人，农村就业人数下降为约3.96亿人（详见表2）。

表2　　　　　　　　　　　城乡就业情况

年份	2004	2005	2006	2007	2008	2009	2010	2011	2012
就业人员（万人）	74264	74647	74978	75321	75564	75828	76105	76420	76704
城镇就业人数（万人）	27293	28389	29630	30953	32103	33322	34687	35914	37102
乡村就业人数（万人）	46971	46258	45348	44368	43461	42506	41418	40506	39602

资料来源：国家统计局网站。

从三次产业就业人数结构来看，2004年第一产业3.48亿人，第二产业1.67亿人，第三产业2.27亿人。第一产业人数接近第二、第三产业人数之和。到了2012年，第一产业2.58亿人，第二产业2.25亿人，第三产业2.77亿人。三次产业之间人数基本一致，并且第三产业人数最多。在此期间，也是我国第三产业蓬勃发展的时期。由此可见，劳动力就业人数随产业结构变化而转移。随着我国户籍制度改革的深化，我国的劳动力流动将完全由市场因素决定，全国统一的劳动力市场已经基本形成。工资水平、地理位置等因素已经逐渐成为影响劳动力流动的主要因素，地方政府只规定当地的最低工资水平。

随着城乡差别和区域差别的缩小，我国人口流向已经由过去的单向流动转变为城乡双向流动。第六次人口普查我国人口中人户分离人口已达26139万，与2000年第五次人口普查相比增加了11700万，增幅达到81.03%。根据2012年浙江统计局数据，2012年全省人口增速比2000年至2010年十年间平均增速低1.27个百分点，其主要原因是外来人口逐步回流。

4. 要素市场的发育虽然还不完善，但在很大程度上也已经由市场来配置

我国经济体制改革经历了从1979—1993年间资源配置既有市场机制又有计划体制的双轨制时期，1993—2003年的商品和服务市场化时期，2003年党的十六届三中全会第一次提出"大力发展资本和其他要素市场"后，进入了要素市场化改革的新时期。

第一，从2003年开始，随着城镇化的发展，各地在土地管理制度中引入市场机制作用，对于建设用地的获得，特别是对于农地转为建设用地的获得，逐步采取了招标、投标和拍卖等措施，行政划拨的计划措施大大压缩，仅局限于公益和部分公共服务机构的用地。到2008年，在国有土地出让总面积165860公顷中，采取招拍挂方式出让土地约139225公顷，占59.45%。2007年国土资源部第39号令《招标拍卖挂牌出让国有建设用地使用权规定》的出台，使各地区的土地市场化程度进一步提高，根据一项测算发现，2011年山东省的土地市场化程度达到94.45%（吴莉莉、夏方舟，2014）。

第二，实行了矿产资源市场化改革。计划经济体制下，国家通过定价和垄断经营，造成上下游产品价格剪刀差，压低矿产品价格和降低下游产业的成本，为工业资本提供原始积累，矿产资源价格长期不合理。1986年《中华人民共和国矿产资源法》实施，启动了矿产资源市场化改革，放宽了探矿权和采矿权；1996年修改该法，制定矿业权有偿取得和依法转让制度。1998年矿产资源法的配套法律把矿业权从资源所有权中剥离，将矿业权分为探矿权和采矿权，并且允许转让，实行矿业权出让、流转的一级市场与二级市场制度。

第三，加快了人民币汇率形成机制的改革。1994年人民币汇率并轨，形成了单一的人民币汇率制度和银行间外汇市场；2005年7月21日和2010年6月19日，又先后启动两轮汇率改革；从2005年7月，人民币汇率形成机制改革到2014年底，人民币对美元汇率升值30%，基本形成了人民币与美元的均衡汇率。在将人民币汇率只钉住美元转为与一揽子货币挂钩中，人民币汇率实行了由市场供求决定的双向浮动机制。

第四，不断推进利率市场化改革。通过大量发展各类银行和金融机构，建立多层次资本市场和债券市场，大量引入发达市场经济中的各类货币工具，各种金融工具的价格形成机制不断向利率市场化逼近。目前，货币市场利率和贷款利率完全开放，对存款利率的管控也已经从大额存款开始逐步放松。利率浮动的银行理财产品蓬勃发展（规模从2009年的不足2万亿元快速提升到2013年的10万亿元），松动了对存款利率的管制（利率市场化进程见表3）。

表3　　　　　　　　　中国利率市场化进程

年份	事件
1996	开放银行间同业拆借利率；企业流动资金贷款利率上下浮动幅度为10%
1997	开放银行间债券回购利率
1998	商业银行对小企业贷款利率最高上浮幅度由10%扩大到20%；农村信用社贷款利率最高上浮幅度扩大到50%
1999	采用市场招标形式发行国债；商业银行对中小企业贷款利率最高可上浮30%，对大型企业贷款最高上浮幅度仍为10%，贷款利率下浮幅度为10%，中资商业银行法人对中资保险公司法人试办五年期以上、3000万元以上的长期大额协议存款利率由双方协商确定
2000	开放外币贷款利率和300万美元以上（含300万美元）的大额外币存款利率
2003	开放小额外币存款利率下限。商业银行可在不超过上限的前提下自主确定外币存款利率
2004	不再设定金融机构（不含城乡信用社）贷款利率上限，城乡信用社贷款利率浮动上限扩大为基准利率的2.3倍，所有金融机构贷款利率下限仍为基准利率的0.9倍。同时，允许金融机构存款利率下浮，下不设底；开放一年期以上小额外币存款利率，商业银行拥有更大的外币利率决定权
2012	存款利率上限放宽到基准利率的1.1倍，贷款利率下限放宽到基准利率的0.7倍

资料来源：中国人民银行网站。

5. 中国对外经济关系已经与世界市场融为一体

在中国的对外进出口贸易中，外商企业始终占据主导地位，从2007年开始，中国私营企业在出口贸易中的比重也开始超过国有企业，成为第二大贸易市场主体，到2014年9月底，在中国的货物出口贸易总额中，外商企业占45.8%，私营企业占34.6%，国有企业占 17.9%。

中国不仅向世界输出大量商品和服务，也从世界输入大量商品和服务。到 2012 年，中国已成为仅次于美国的世界第二大进口国。其中，货物进口占世界比重达到 9.78%，服务进口比重达到 6.75%（详见表4）。总体来看，中国在货物贸易领域保持贸易顺差，但在服务贸易领域有大量逆差，预计 2014 年将超过 1200 亿美元。

表4　2012 年世界主要经济体货物与服务贸易进口额及世界占比

	货物进口额（百万美元）	世界占比（%）	服务进口额（百万美元）	世界占比（%）
世界	18601000	100	4152300	100
东盟	1219692	6.56	276300	6.65
欧盟（27）	5937635	31.92	1569064	37.79
北美自由贸易区	3190934	17.15	541500	13.04
中国	1818405	9.78	280164	6.75
日本	885843	4.76	174757	4.21
美国	2475900	13.3	411110	9.90

资料来源：*WTO International Trade Statistics Database*，www.wto.org。

从 2013 年开始，中国企业的海外投资超过 1000 亿美元，预计在 2015 年前后，中国的资本输出将超过资本输入，中国将成为资本净输出国。

二　法治经济提出的理论依据

早期资产阶级政治经济学实际上是从哲学（伦理学）、政治学、法学和神学等其他学科中逐渐分离出来的一门社会科学。法律问题在早期的经济学家视野中已被关注，而且是他们从事研究的重要内容之一。正如希斯·皮尔森（Heath Pearson, 2005）所说，

"法律本来就是政治经济学一个很自然的关注对象"。例如重农学派和亚当·斯密都很重视法律问题。李嘉图之后，经济学家们致力于研究地租、工资、资本积累等现象，对法律制度的关注有所下降。随着以马歇尔为代表的新古典经济学的产生及其主导地位的确立，资源配置成为经济学研究的核心问题，政治经济学向经济学转型，社会制度问题被作为既定前提而被搁置。19世纪40年代开始，以罗雪尔为代表的德国历史学派重新挑起了经济学对法律问题的关注。他认为，只存在国家和民族的经济规律和法律体系，不存在普遍适用的经济规律和法律体系，所有的法律都只是适应国家和民族的特殊需要而产生的，并且只有这些需要决定法律的存在（魏建等，2004）。1960年，罗纳德·科斯的《社会成本问题》一文的发表，被视为现代法经济学范式开始形成的标志（史晋川，2007）。这与科斯为代表的新制度经济学的兴起有关。新制度经济学产生的历史条件，也可以看作法经济学产生的历史条件。而新制度经济学是在20世纪60年代末70年代初经济学界对凯恩斯主义的财政政策和货币政策的反思中兴起的，从而使法经济学从新制度经济学中逐步分离出来，成为相对独立的一门学科。

但是，对法律进行经济分析并不是现代西方经济学者的专利。马克思最初对法律进行经济分析，是在《1844年经济学哲学手稿》中。这是马克思运用历史唯物主义基本原理对法学开始进行分析的标志，因此，马克思历史唯物主义的产生与马克思经济分析法学方法是分不开的。马克思经济分析法学的基本内容可以概括为：从经济角度看法律，对法律现象进行经济分析，探寻隐藏在法律背后的经济逻辑；从法律角度看经济，对经济现象进行法律分析，揭示经济现象背后的法律逻辑。在创立历史唯物主义理论中，马克思也完成了历史唯物主义法学理论的建立。1845年4月初至1846年间，马克思、恩格斯共同撰写了《德意志意识形态》，第一次明确地、系统地阐发了历史唯物主义的基本原理，并以此为理论根据，深刻揭示法的产生、发展及其消灭的历史运动规律，科学分析法的本质及其特征，提出和论证了一系列法学范畴的命题。马克思历史唯物主义经济法学理论的基本内涵有三个。

1. 经济关系决定法权关系

在 16、17 世纪，法经济学要回答的核心问题是，在不同社会中，财产权和其他权利在功能上和历史上是如何决定的。资产阶级哲学家对此的回答是由自然法决定的，因此自然法在逻辑上是凌驾于任何实际的法律体系之上的。而马克思的回答则撕下了资产阶级哲学回答的伪装，深刻揭示了法律的经济关系和财产占有的最本质的属性。《共产党宣言》针对资产阶级法的本质指出："正像你们的法不过是被奉为法律的你们这个阶级的意志一样，而这种意志的内容是由你们这个阶级的物质生活条件决定的。"① 财产关系就是一定的法权关系，它"是一种反映着经济关系的意志关系，这种法的关系或意志关系的内容是由这种经济关系本身决定的"②。

2. 重大经济关系是以法律形式刻画的

基于财产的占有、使用、收益和处分而发生的相互之间的关系——财产关系，马克思不仅强调它的经济属性，而且也强调它的法律属性。他说，"财产是和一定的条件，首先是同以生产力和交往的发展程度为转移的经济条件有联系的，而这种经济条件必然会在政治上和法律上表现出来"③。在这里，马克思强调了法律对于经济关系的反作用。18 世纪，一些资产阶级经济学家主张，每个人的经济地位属于他自己，因此他的经济地位是一种"自认权利"，不需要其他形式来证明。马克思的结论与此相反，他认为，社会经济地位等权利是由法律来证明的，法律制度又与经济制度不可分割，在财产私有制的经济制度下，经济自由、财产权利、契约关系等都是被当时的法律刻画的，成为社会认知的根据，立法权力的改变也可以使这些经济关系发生改变，因而也是可以更改的历史

---

① 《共产党宣言》（单行本），人民出版社 1997 年版，第 44 页。
② 《马克思恩格斯全集》（第 44 卷），人民出版社 2001 年版，第 103 页。
③ 《马克思恩格斯全集》（第 3 卷），人民出版社 1960 年版，第 412 页。

变数。

3. 法律对财产占有的社会意义

基于财产的占有、使用、收益和处分而发生的相互之间的关系——财产关系，马克思不仅强调它的经济属性，而且也强调它的法律属性。它是一种人们之间基于财产而发生的法律关系。财产不是单纯作为权利客体的物，而是人与人之间权利义务关系。财产与财产权的联系，只有从权利的角度进行理解才更有意义。财产占有只有通过法律形式的完成才有社会意义。马克思的这一理论观点实际是批评了古典经济学那种重视市场交易分析而忽视制度分析的传统倾向，同时也是间接地批评了否认国家和法律对经济的干预和影响作用的倾向，提出了法律形式自身的运行和完善对于社会经济制度确立和完善的普遍意义，为我们在社会主义市场经济条件下完善法治的努力提供了科学的依据和理论指导。

三 法治经济的核心：打造约束权力的笼子

在依法治国的指导思想上，习近平总书记说，不是就法治论法治，而是要围绕全面建成小康社会、全面深化改革、全面推进依法治国这"三个全面"的逻辑联系，体现推进各领域改革发展对提高法治水平的要求。而经济体制改革的核心问题是如何使市场在资源配置中起决定性作用和更好发挥政府作用。因此这也是法治经济要解决的核心问题。法治经济要提供"两个笼子"的制度，一个是不允许做什么的笼子，另一个是可以做什么的笼子。

政府退出微观领域是保障市场在资源配置中起决定性作用的前提。为什么政府应当尽可能减少在经济事务，特别是在微观经济领域中的干预？这是法经济学必须解释的首要问题，也是现实经济活动中要解决的迫切问题。政府过度渗入微观领域、直接参与经济运作，特别是在招商引资、土地经营方面所具有的强烈冲动，都表现出鲜明的公司化行为特征。美国斯坦福大学政治系教授戴慕珍

（Jean Oi，1992）曾使用"地方政府公司主义"（local state corporatism）这一概念相对直接地剖析了中国地方政府的企业化行为：一方面，在经济发展的过程中，地方政府具有公司的许多特征，官员们如董事会成员那样行动；另一方面，在地方经济的发展过程中，地方政府与企业密切合作。客观地分析，在经济发展水平尚低、工业化进程尚处在起步加速阶段、市场尚不完善的情况下，地方政府在经济发展过程中的积极介入有一定的合理性。特别是应看到，地方政府在引资竞争中所表现出的种种"亲"企业行为对于改善企业运营环境有不少帮助。但在政府介入的过程中，基本的原则就是不能混淆相关行为方的权利边界和风险承担区间，造成过大的行政渗透和扭曲，从而影响市场的有效运行。

政府过多的强势介入，必然产生权力与资本合谋、权力与利益交换的权力市场化倾向。从而形成特殊的利益集团，并往往受到更强烈的激励去维持现状，抵制某些具有帕累托改进性质的改革政策。由于这些特殊的利益集团具有较一般的利益集团更强的行动能力，可以对政治决策过程施加更强的政治影响力，因此更有可能妨碍尚未完成的市场化转轨，使深度介入的政府权力无法随着经济发展阶段和市场成熟度的变化而适时退出，进而使制度安排长期被锁定在低效率均衡状态。因此，法治经济要求提供一个政府不能做什么的笼子。这个笼子要借鉴国外法治的有益经验，但决不能照搬外国法治理念的模式。

西方法治理论的基本定义是，政府干预越少、交易成本越低。科斯从个人主义出发，指出交易成本、产权与资源配置的关系。其核心思想是，如果交易成本为零，只要产权界定清晰，产权可交易，资源配置就是有效率的，法律体系对资源配置没有影响，社会自然实现帕累托最优；如果交易成本为正，法律制度对资源配置具有重要作用。政府干预过多，必然增加交易成本，而这种交易成本正是"租金"交易的来源。

减少政府干预对于法律的要求就是：法无授权不可为，这就是不允许做什么的笼子。因此，要坚决纠正乱作为的现象，行政机关不得在法外设定权力，没有法律法规依据不得做出减损公民、法人和其他经济组织合法权益或者增加其义务的决定，推行政府权力清单制度，坚决消除权力设租寻租空间。只有这样，才能保证市场在资源配置中起决定性作用。

政府退出微观领域，尽量减少干预并不意味着政府不作为。政府要做的事情仍然很多，要保持宏观经济稳定、维护公平竞争与市场秩序、提供公共服务、保护生态环境、弥补市场失灵等。但这一切都需要依法履行职能。法律规范是更好发挥政府作用的保障，这就是可以做什么的笼子。

管制（规制）（regulation）经济学是政府干预的法理依据。政府管制的建立与完善有赖于一系列管制法律法规的完善。政府管制不仅是政府的经济管理活动，而且是政府的法律活动。管制的经济学定义，在《新帕尔格雷夫经济学大辞典》中，管制被定义为"政府为控制企业的价格、销售和生产决策而采取的各种行为，以努力制止不充分重视'社会利益'的私人决策"。在经济领域，政府的管制对象主要集中在经济活动及其所涉及的垄断、外部性、信息不对称等领域，包括反垄断管制，经济性管制和社会性管制。其目的是实现经济效率和社会效率的帕累托改进，维护社会公平与公正。

从当前改革的要求来看，政府管理经济活动的方式应重点从市场准入的事前审批更多向事中、事后监管转变入手，在管理对象方面，当前就"市场失灵"的各种表现而言，垄断是最值得关注的一种，其中又以行政性垄断的问题最为突出，应该说，这是中国现阶段反垄断的主要矛盾对象。"负面清单"制度的引入，是市场准入改革的一种法治手段，应当成为政府管制的重要依据；同时还要进一步健全和完善反垄断的法律制度。在推行经济性管制的同时，还要大力完善社会性管制（social regulation）。为了增进社会福利，应对经济活动中存在的外部性（特别是外部不经济）、非价值性物品、信息不完全和信息不对称以及为提供某些公共产品，在某些领域和环节也有必要加强或维持社会性管制，如对安全、健康、环境、服务质量以及技术标准的管制等。但对于社会性管制的内容，应该采取灵活机动的原则，适时进行调整，以保证管制的有效性。此外，《决定》还要求：推进各级政府事权规范化、法律化，完善不同层级政府特别是中央和地方政府事权法律制度，强化中央政府宏观管理、制度设定职责和必要的执法权，强化省级政府统筹推进区域内基本公共服务均等化职责。

四　法治经济的基础：产权的制度规范

产权保护制度是社会主义市场经济的基础，健全以公平为核心原则的产权保护制度是完善社会主义市场经济制度的基本要求。而财产法的目的是最大化地促进资源与其最佳使用者之间的结合，合同法的目的则是最大化地提高交换效率，直接降低自愿交易中的交易成本。法经济学通过研究法律和不同法律传统对财产和合同保护的效果，进而分析其对经济社会的影响，因此财产与合同的分析无疑是法经济学研究的重要依据和内容。

在法经济学体系中，财产法是核心，这也是经济学家关注的重点领域。科斯的《社会成本问题》实际上就是讨论了产权保护问题。在这里他提出了财产法的两个关键问题，一个是产权如何界定，另一个是产权如何保护。对此，法经济学的分析框架是，首先要明确财产法的经济目的，明确它对于经济运行的主要作用就在于促进资源的最佳利用；其次是分析不同产权类型所具有的经济作用；最后分析不同产权在资源利用中达到最优的途径。从理论上分析，不同的产权形态，具有不同的资源利用效率，各种产权形态往往具有优势的同时也具有劣势。但这并不意味着不同产权形态具有天然的高低好坏的区别，因为在实际经济活动中，产权形态只是决定资源是否最佳利用的一个因素，它必须和技术、资本、文化等因素结合在一起才能最终决定资源的利用效率。因此，在不同的社会和不同的经济社会发展阶段，必然有不同产权的最优配置问题，私人产权和公有产权的存在都是必然的，它们之间的最优配置不取决于人们的偏好，而取决于社会其他多种因素的条件。财产法的功能，一方面是确认这些产权形态及其制度安排，另一方面是按照技术和资本、文化以及国家发展目标等要求设定相匹配的产权形态，从而构建一个有利于促进产权最优配置的法律体系，通过对产权形态的选择和保护，来影响财产的利用效率。

我国的基本经济制度是以公有制为主体、多种所有制经济共同发展，这种制度为产权与资源的最佳利用提供了最广阔的空间，具有最大的优越性。如何发挥其优越性，关键在于如何进行产权治理。我国在一些关系国计民生的领域实行财产的公有制度，这正是因为其资源的最佳利用需要合作，且具有公共利用水平越高其价值越大的特征。但同时财产公有制度又面临对组织内成员提供激励的困难。公共选择理论的研究表明，成员数量较少的"小集体"较之成员数量较多的"大集体"具有更直接的成员激励和组织效率。因此，公有制度的实现形式就成为我们深化改革需要解决的突出问题。这就是产权治理要研究和解决的问题。例如，农地制度，我国实行集体所有制的公有形式，改革后引入了家庭承包制度，这种产权形态解决了财产公有与农业生产的家庭激励相结合的矛盾，这种组织产权的治理方式取得极大成功。随着农业现代化的发展，每个农户未必都是合格的现代农业经营者，产权还需要继续细分，还需要更加细致地界定，才能进一步提高农地的公共资源利用效率。因此，在农地所有权中分离出承包权后，还要分离出经营权。同样，农户的其他财产使用权，如宅基地，也要实行产权细分，使之具有抵押、转让的处分和收益权。在深化国有资本改革中，将推进混合所有制经济，混合所有制经济也是一种共有产权，也会面临组织成员内部的矛盾与冲突，因此也需要产权治理，其主要方式也是采取尽可能细分产权并尽可能细致地界定产权内部不同使用者之间的关系与边界。

所谓完善产权制度，就是完善产权治理，其重点就是要区分产权与所有权的关系：所有权主要反映由财产引起的人与物的关系，仅分析财产所有者怎样占有自己的财产，不考虑财产使用过程中对他人产生的后果。产权则主要反映财产所引起的人与人之间的行为关系，不仅考虑所有者如何对自己的财产行使权利，还要分析行使这项权利会给他人带来什么影响，是否有损其他社会成员的利益，要不要为此付出代价。

在深化改革中，产权制度规范即产权治理的重要意义是，它为农村土地制度的完善以及国有资本改革、混合所有制经济的发展提供了法律保障。正如《决定》指出，要创新适应公有制多种实现形式的产权保护制度，加强对国有、集体资产所有权、经营权和各类企业法人财产权的保护。完善激励创新的产权制度、知识产权保护制度。

产权制度规范即产权治理的基本原则是：产权是一种行为权，其初始界定方式主要是通过"第三方"界定来完成。第一界定原则是一物一权，一个标的物只能存在一个所有权，而不允许有互不相容的两个以上物权同时存在于一个标的物上。避免因物的关系不确定而造成混乱，降低交易费用，提高经济效率。第二是公示和公信原则。第三是物权法定原则。物权的种类、效力、变动要件、保护方法等只能由法律规定，不允许当事人自己创设，由法律界定主体利益，以形成稳定激励。在深化农村土地制度改革中，实行土地确权、土地流转和抵押等改革试点工作，在制度设计上都需要明确：产权只有在实现权利主体、权利确认者、权利责任主体三个相关主体的收益大于成本的前提下，产权才能被界定和执行。

促进财产的自愿交易也是产权保护制度的一个重要问题。财产的最优利用其实是个很复杂的问题，这既取决于可供选择的财产使用技术，也取决于财产使用者是否拥有最优利用的技术和能力，而且它们之间的组合还是动态变化的。如果在信息披露充分和完整的情况下,产权制度建设应致力于直接将产权赋予使用效率最高的主体,但信息往往是不充分的,在这种情况下,发现使用效率最高的主体是困难的,因此要通过促进财产的自愿交易来发现最有效率的主体,来实现产权的最优利用。这就是为什么要发育和完善要素市场的原因,也是制定要素市场法律法规和各项管理制度的目标取向。

五　法治经济的主线:设置和完善市场运行规则

在市场经济条件下,市场运行规则之所以产生和必要,其中一个重要原因是由于产权使用的外部性。财产法和产权制度的经济目标是使资源得到最佳利用,但正是产权制度的外部性会使资源最佳利用难以实现。外部性有正外部性和负外部性,而负外部性恰恰是由于产权使用中发生的相互冲突的外在表现。例如,车辆使用道路的权利和行人使用道路的权利就可能发生负外部性,这两种产权使用行为发生冲突就会出现社会中常见的现象——交通事故,因此制定交通规则就成为社会生活的必需公共品。在市场经济中,两种产权使用行为的相互影响以至于造成资源利用难以实现最优的情况是经常发生的,因此制定市场运行的交通规则就成为市场经济运行的题中应有之意。市场运行规则的实质就是针对同一资源的不同产权代表的利用方式所产生的竞争和冲突进行调整和选择安排。

解决产权使用的外部性问题的基本思路通常是内部化处理,即通过有关的制度安排来使外部性产生的后果完全由当事人承担。由当事人来权衡自己的使用行为所产生的收益和成本来决定自己的资源利用,从而达到资源利用的社会最优选择。这种制度安排应当有较大的包容性和弹性,因此可以有自愿谈判(这是科斯首先提出的)、矫正税、责任追究、行为管制等方式。例如,农村土地流转制度就应当给予承包权使用者与经营权使用者的谈判空间,同时制定两种权利使用中产生冲突的管制措施;投资管理制度也应当给予投资者与当地居民行使各自权利的谈判空间，同时制定两种权利使用中产生冲突的管制措施。解决产权使用外部性的另外一个重要思路是市场交易。即政府（或其他公共机构）建立一个市场来进行外部性权利的交易。这里最典型的是排污权的交易。用交易方式来解决产权使用的冲突应当成为一种重要的社会管理措施，在社会主义市场经济条件下，政府除了应用传统的思想政治工作优势，还应当恰当使用市场交易方式。这里关键是要控制外部性总量，这是组织市场交易的前提，而要做出正确的总量判断，则要求政府具备获得社会最优外部性水平的信息和能力。

市场运行规则的经济学要求自然是交易成本最小化，因此这也是制定规则的立法标准。例如，合同法的经济目标是最大化地提高交换效率，合同成立的法学标准和经济学标准保障了经济合同制度对于交换效率最大化的功能，这应当成为制定相关民法制度的案例标准。但市场运行制度建设又必然涉及对侵犯权利问题的分析和判断。合同法是关于实现权利自愿流转交易的制度体系，而侵权法涉及的是权利的非自愿流转。科斯在他的《社会成本问题》一文中早就论述过侵犯的相互性，认为这也是两种社会经济活动的成本与收益间的比较。例如，在城镇化、工业化过程中经常发生的征用土地和拆迁的矛盾，究竟是让征用土地行为拥有更大权利，还是土地占有者拥有更大权利，往往体现了政策制定者的分析判断。以往的实践证明，政策制定者通常认为让土地征用者拥有更大权利更有利于社会，因此，强制的非自愿的交易经常发生。当城镇化发展的导向从过去的土地、房地产城镇化转向新型城镇化之后，这种非自愿的强制交易自然会减少，但也不可能完全消失，因为只要存在产权就必然会有侵权，这是一个事物的两个方面。正如科斯所说，侵权行为是社会不得不付出的成本。因此法律要在侵权的收益和成本之间进行权衡，既要允许某些非自愿的强制交易，但同时又要使侵权造成的损害最小化，这就是允许侵权行为的制度设计的经济目标。要对侵权行为进行约束，需要有补偿和威慑的制度设计。对侵权行为的制度约束,通过补偿和威慑共同作用于当事人,在允许当事人从事可能产生损害行为的同时,要求当事人付出一定的预防成本,这就是法治经济学提出的社会选择侵害行为的制度安排,这是市场经济运行中十分必要的制度规则。

然而,侵权法的赔偿实际上默许侵害的发生,允许被"禁止"的交易发生,因此实际上并不能达到有效威慑的目的,而要达到有效威慑的目的,需要有刑法这种有效的禁止性法律制度,这就是市场经济运行中也需要有刑法这种法律制度安排的原因。即便有刑法,但制度设计也需要考虑法经济学的规律。明显的事实是,是否犯罪受到犯罪机会成本的影响,如果犯罪的收益远高于非犯罪活动的收益,即便犯罪受到法律的威慑,也仍然会使选择犯罪的概率较高。例如,打击破坏生态环境、打击侵犯知识产权,都由于犯罪的机会成本较低,导致威慑力度不够而影响法律效率。

打不起官司是社会生活中的常见现象,对社会中的弱势群体尤其如此。因此,制定完备的市场经济运行规则,并不是要鼓励人们经常使用它,因为执行和使用这些规则是有成本的(当然制定规则本身就需要成本,而这是难以避免的),如何降低执行和使用规则的成本,是任何社会提高治理能力和效果无法回避的问题。在党全面推进依法治国的《决定》中,同时提出了"以德治国"的主张,通过制定完备的规则体系和制度安排,提高全社会和人们的法治观念,再通过道德约束,使全社会和人民自觉地贯彻和落实规则与制度安排的要求,必然大大降低执行法律的成本。即便如此,执行法律和规则仍然是不可避免的,那么这是否也需要考虑社会成本问题呢?这正是法治经济学需要分析的又一个问题。为了降低社会执行法律和规则的成本,需要设计有关的程序法,用以保障执行法律和规则的成本最小化。这种制度设计的要点就是选择纠纷解决机制。纠纷解决机制大体可分为私力救济和公力救济两类,以及一些过渡形态,如仲裁。从依靠私力到依靠公力排列,大致有协商、调解、仲裁、诉讼。私力救济依靠民间力量来解决纠纷;公力救济则依靠国家机器即各类司法机构来支持对纠纷的判决，诉讼就是这种纠纷解决机制，其社会成本最高，因此在纠纷解决中越少使用越有利于社会资源的节约。相反，以协商为代表的纠纷解决机制依靠民间力量，其社会成本较低，同时也容易发挥道德约束的力量，应当成为纠纷解决实际应用中经常使用的制度，市场经济中的程序法规则应当给予协商解决机制以更大的空间，并同时给予更多的社会传播和认知，使其发挥更有效的功能，从而降低社会主义市场经济运行的社会成本。

显然，借助经济分析中的成本—收益方法，可以帮助我们回答制度设计和法律规范是否达到了目的，是否实现了资源的最佳利用。但任何制度设计都是有成本的，所以，现实问题导向是建设法治经济的边际效益最高点，从而也是出发点。为此，《决定》提出，要加强市场法律制度建设，编纂民法典、制定和完善发展规划、投资管理、土地管理、能源和矿产资源、农业、财政税收、金融等方面法律法规、促进商品和要素自由流动、公平交易、平等使用。市场法律制度的目的就是最大化地促进资源与其最佳使用者之间的结合，以及最大化地提高交换效率，直接降低自愿交易中的交易成本。什么是最好的经济法治？科斯定理说明，能使交易成本最小的法律就是最好的法律。它提供了根据效率原理理解法律制度的一把钥匙，也为朝着实现最大效率的方向改革法律制度提供了理论依据。但是，社会主义市场经济不同于资本主义市场经济，所以虽然科斯定理很重要，但市场交易法则不仅要遵循交易成本最小化原理，也要遵循自然规律和和谐包容的社会发展规律。不重利轻义，既是中华法律文化的精华，也是习近平社会主义市场法治经济理论的重要指导思想。

参考文献

裴长洪：《中国公有制经济的量化估算与发展趋势》，《中国社会科学》2014 年第 1 期。

《中共中央关于全面推进依法治国若干重大问题的决定》,人民出版社 2014 年版。

吴莉莉、夏方舟:《土地市场化程度及其对房价的影响研究——基于面板数据模型的山东省实证分析》,《东岳论丛》2014 年第 6 期。

魏建、黄立君、李振宇:《法经济学:基础与比较》,人民出版社 2004 年版。

史晋川主编:《法经济学》,北京大学出版社 2007 年版。

Oi, Jean, "Fiscal reform and the economic foundations of local state corporatism in China", *World Politics* 45, 1992, (1).

Pearson, Heath, *Origin of Law and Economics: The Economists' New Science of Law 1830-1930*, Cambridge University Press, 2005, p. 6.

The Heritage Foundation, *Inder of Economic Freedom*, In partnership with *The Wall Street Journal*, 2014.

(原载《经济学动态》2015 年第 1 期)

习近平经济思想的理论创新与实践指导意义[*]

从党的十八大、十八届三中全会、十八届四中全会，到最近的2015年中央经济工作会议，习近平总书记关于我国经济建设的系列重要讲话，在围绕经济建设为中心、经济"新常态"、经济质量与效益、法治经济以及开放的空间经济战略等方面的系统性论述，形成了完整的经济思想体系和理论架构。习近平经济思想所展现的开放视野、战略前瞻、实践路径和价值理念，是马克思主义政治经济学在当代中国的生动实践，是我国社会主义市场经济建设理论的最新成果，是中国特色社会主义理论体系的丰富和完善。本文拟就习近平总书记的经济"新常态"论、经济质量效益中心论、法治经济论和基于高度开放的空间经济战略论等方面的讲话和论断，来深入领会其经济思想的理论创新含义和对实践的指导意义。

一 从"三期叠加"到经济"新常态"：习近平经济思想的理论升华

自党的十八大以来，习近平总书记始终强调，解放和发展生产力是中国特色社会主义的根本任务，发展是解决中国一切问题的金钥匙，是解决所有问题的关键。"中国所有问题的核心依旧是经济问题"，必须坚持以经济建设为中心，在经济不断发展的基础上，协调推进政治建设、文化建设、社会建设、生态文明建设以及其他

---

[*] 合作者：李程骅。

方面建设。为此，他在围绕以经济建设为中心、立足提高质量和效益、推动经济持续健康发展的一系列论述，特别是从"三期叠加"的判断到经济"新常态"的特征论断，充分体现出善于把握大势、抢抓机遇、稳中求进、主动调控和深化改革开放的战略思维和掌控能力。

对中国经济发展新态势的认识与把握，是党的十八大以来习近平一直高度关注的重大问题。就党的十八大之后国内经济大势和所处的阶段，以习近平为总书记的党中央做出了"经济增长速度换挡期、结构调整阵痛期、前期刺激政策消化期"三期叠加的判断，这是对我国经济发展阶段性的理性认知，也是我国深化经济体制改革和制定重要经济政策的客观依据。充分认识和理解这一重大判断，是促进经济理论研究、正确处理现实经济生活中各种矛盾的基本前提。基于对我国"经济增长速度的换挡期"的大势把握与战略判断，表明我国经济增长到了从高速换挡到中高速的发展阶段，结构调整成为最迫切的事情，这是一种高度战略把握下的理性选择。

面对"三期叠加"的现实挑战，谋划中国经济"新常态"下的"顶层设计"与战略路径，是习近平经济思想发展的主脉。实际上，在党的十八大之后召开的第一次中央经济工作会议上，习近平就提出了"保持清醒头脑，增强忧患意识，深入分析问题背后的原因，采取有效举措加以解决"的方法和思路。在部署2014年经济工作时，习近平继续强调："要积极推动全面深化改革，坚持问题导向，勇于突破创新，以改革促发展、转方式调结构、促民生改善。"由此，进入2014年，对中国经济发展"总体"方式和方法的战略思维和顶层设计的"新常态"经济思想，构成了习近平经济思想的核心内容。从2014年5月习近平主席在河南考察工作时第一次提及新常态："我国发展仍处于重要战略机遇期，我们要增强信心，从当前我国经济发展的阶段性特征出发，适应新常态，保持战略上的平常心态。"到11月，习近平在亚太经合组织

（APEC）工商领导人峰会上发表的《谋求持久发展 共筑亚太梦想》主旨演讲中，向包括130多家跨国公司领导人在内的世界工商界领袖们，阐述了什么是经济新常态、新常态的新机遇、怎么适应新常态等关键点，表明"新常态"给中国带来新的发展机遇的同时，也将为处于缓慢且脆弱复苏中的全球经济注入持久动力。2014年12月11日闭幕的中央经济工作会议首次明确"经济发展新常态"的九大趋势性变化，强调我国经济正在向形态更高级、分工更复杂、结构更合理的阶段演化，经济发展进入"新常态"：经济增速正从高速增长转向中高速增长，经济发展方式正从规模速度型粗放增长转向质量效率型集约增长，经济结构正从以增量扩能为主转向调整存量、做优增量并存的深度调整，经济发展动力正从传统增长点转向新的增长点。认识新常态，适应新常态，引领新常态，是当前和今后一个时期我国经济发展的大逻辑。

习近平的"新常态"经济思想，是全面科学理解与引领中国经济发展走向的"总开关"和"金钥匙"。认真理解和遵循其思想要义，我们一是要走出高速增长的"纠结"，在保持合理增长速度的前提下，让经济运行处于合理区间，以保持经济总体的健康运行。毕竟，中国作为世界第二大经济体的体量可观，即使经济增速放缓，实际增量依然可观，2013年中国经济一年的增量就相当于1994年世界全年经济总量，可以在全世界排到第17位。即使是7%左右的增长，无论是速度还是体量，在全球也是名列前茅的。据IMF的测算，尽管2014年前三季度中国经济增速回落至7.4%，但中国经济增长对世界经济增长的贡献率仍为27.8%，超过美国。对亚洲而言，中国经济每增长1个百分点，将带动亚洲经济增长0.3个百分点。国家统计局的最新统计数据表明，2014年我国国内生产总值为636463亿元，首次突破60万亿元，以美元计则首次起过10万亿美元大关，中国成为继美国之后又一个"10万亿美元俱乐部"成员。

二是"新常态"下的中国经济增长更趋平稳，增长动力更为多元。有人担心，中国经济增速会不会进一步回落，能不能爬坡过坎。风险确实有，但没那么可怕。中国经济的强韧性是防范风险的最有力支撑，创新宏观调控思路和方式，以目前确定的战略和所拥有的政策储备，我们有信心、有能力应对各种可能出现的风险。与此对应，我国正在协同推进新型工业化、信息化、城镇化、农业现代化，这有利于化解各种"成长的烦恼"。

三是"新常态"下的中国经济结构优化升级，发展前景更加稳定。2014年前3个季度，中国最终消费对经济增长的贡献率为48.5%，超过投资；服务业增加值占比为46.7%，继续超过第二产业；高新技术产业和装备制造业增速分别为12.3%和11.1%，明显高于工业平均增速；单位国内生产总值能耗下降4.6%。这些数据显示，中国经济结构正在发生深刻变化，质量更好，结构更优。

四是适应"新常态"的政府大力简政放权，使市场活力进一步释放。在放开市场这只"看不见的手"的同时，也要用好政府这只"看得见的手"。2013年12月出台的《中共中央关于全面深化改革若干重大问题的决定》，对民营企业的发展产生了积极影响。在改革了企业登记制度后，2014年上半年全国新登记企业168万户，同比增长57%。其中新登记私营企业158万户，从业人员达1009万人，同比增长43%。2014年前3个季度全国新登记注册市场主体920万户，新增企业数量较2013年增长60%以上。

此外，在经济"新常态"下，创新驱动主导下的我国经济转型升级出现新的趋势与特征：消费升级带来了需求机制转换，大众消费热潮转向个性化、多样化消费；原来高强度大规模开发投资，加速转向基础设施互联互通和新技术、新产品、新业态、新商业模式的投资；出口的低成本比较优势转向培育新的比较优势。同时，技术创新与产业升级又加快了供给机制转换，要素规模驱动转向依靠人力资本质量、技术进步和创新；市场竞争机制从数量扩张和价格竞争转向质量型、差异化为主的竞争；风险防控机制的转换则使经济增速下调的风险总体可控。由此，面向 2015 年和"十三五"期间，我国经济工作的关键是保持稳增长和调结构之间的平衡，促进"三驾马车"更均衡地拉动增长，同时积极发现培育新增长点，推进新型工业化、信息化、城镇化、农业现代化同步发展，逐步增强战略性新兴产业和服务业的支撑作用，着力推动传统产业向中高端迈进。全面系统谋划高效率、低成本、可持续经济发展态势，真正形成经济持续健康发展的"新常态"，实现我国社会生产力水平总体跃升。

从"三期叠加"的重要判断到系统的"新常态"经济思想的形成，是习近平思想新意涵的体现。面对"新常态"下的新挑战，尽管我国发展仍处于重要战略机遇期的基本判断没有变，但这个重要战略机遇期的内涵和条件正在发生变化。就国内外的竞争环境来看，我们面临的机遇，不再是简单纳入全球分工体系、扩大出口、加快投资的传统机遇，而是倒逼我们扩大内需、提高创新能力、促进经济发展方式转变的新机遇。紧紧抓住我国发展面临的新机遇，乘势而上，是推动我国经济发展不断上新台阶，顺利实现"两个一百年"战略目标的重要前提。

二 着力提高经济质量和效益：习近平经济思想的实践指导意义

党的十八大后的我国经济工作指导思想，与改革开放以来我国长期追求经济高速增长的惯性思维明显不同，那就是在立足提高质量和效益的前提下，在合理增长速度的维系下，来推动经济持续健康发展，不再让速度掩盖深层的结构性矛盾和愈积愈多的社会风险。党的十八大以来，习近平总书记围绕以经济建设为中心，立足提高质量和效益、推动经济持续健康发展，发表了一系列重要讲话，不仅从根本上转变了传统的速度为上的经济发展观，还在发展哲学层面上起到了价值的引领作用，体现了习近平经济思想的深邃远见与实践指导性。

经济持续健康发展，必须以提高经济质量和效益为中心。习近平在多个重要场合的讲话中持续强调指出"增长必须是实实在在和没有水分的增长，是有效益、有质量、可持续的增长"，抓经济工作"要以提高经济增长质量和效益为中心"。2012年11月15日，习近平在党的十八届一中全会上的讲话中指出，"在前进道路上，我们一定要坚持以科学发展为主题，以加快转变经济发展方式为主线，切实把推动发展的立足点转到提高质量和效益上来，促进工业化、信息化、城镇化、农业现代化同步发展，全面深化经济体制改革，推进经济结构战略性调整，全面提高开放型经济水平，推动经济持续健康发展"。2013年11月3日至5日，习近平在湖南考察时语重心长地说，"我们这么大个国家、这么多人口，仍然要牢牢坚持以经济建设为中心。同时，要全面认识持续健康发展和生产总值增长的关系，防止把发展简单化为增加生产总值，一味以生产总值排名比高低、论英雄。转方式、调结构是我们发展历程必须迈过的坎，要转要调就要把速度控制在合理范围内，否则资源、资金、市场等各种关系都绷得很紧，就转不过来、调不过来。各级都要追求实实在在、没有水分的生产总值，追求有效益、有质量、可持续的经济发展"。2014年7月8日，习近平主持召开经济形势专家座谈会时进一步强调：实现我们确定的奋斗目标，必须坚持以经济建设为中心，坚持发展是党执政兴国的第一要务，不断推动经济持续健康发展。发展必须是遵循经济规律的科学发展，必须是遵循自然规律的可持续发展。各级党委和政府要学好用好政治经济学，自觉认识和更好遵循经济发展规律，不断提高推进改革开放、领导经济社会发展、提高经济社会发展质量和效益的能力和水平。

党的十八大确定的我国新型城镇化战略，就是要着重提高城镇化的质量，彻底破除城乡二元结构，实现城乡一体化的健康发展。新型城镇化倒逼产业升级与城市空间转型，是经济发展的重要引擎，是促进产业升级的重要抓手，因而是提高经济发展质量和效益的重要方面。党的十八大以来，习近平总书记始终强调要走中国特色新型城镇化道路，要坚持"四化同步"，着力提高质量。2013年3月8日，习近平在参加全国人大会议江苏团审议时指出，"在推进城镇化的过程中，要尊重经济社会发展规律，过快过慢都不行，重要的是质量，是同工业化、信息化、农业现代化的协调性"。2013年10月，习近平在亚太经合组织工商领导人峰会上演讲中进一步指出，"中国经济发展的内生动力正在不断增加，并将继续增强。持续进行的新型城镇化，将为数以亿计的中国人从农村走向城市、走向更高水平的生活创造新空间"。

以提高经济发展质量和效益为中心，必须在科学把握经济发展规律的前提下做好"顶层设计"，并体现在创新的实施路径中。对此，习近平总书记始终强调，提高经济发展质量和效益的主线，是推进经济结构战略性调整和经济发展方式转变。党的十八大之后，习近平总书记就指出，要充分利用国际金融危机形成的倒逼机制，积极推进产能过剩行业调整，坚决遏制产能过剩和重复建设。要把使市场在资源配置中起决定性作用和更好发挥政府作用有机结合起来，坚持通过市场竞争实现优胜劣汰。同时，要推动战略性新兴产业发展，支持服务业新型业态和新型产业发展，加快传统产业优化升级，扎实推进产业结构转型。加快转变经济发展方式，关键是要实施创新驱动。对此，习近平总书记多次警醒广大干部、科学家和企业家："从全球范围看，科学技术越来越成为推动经济社会发展的主要力量，创新驱动是大势所趋。""实施创新驱动发展战略决定着中华民族前途命运。""我国经济发展要突破瓶颈、解决深层次矛盾和问题，根本出路在于创新，关键是要靠科技力量"，推动中国制造向中国创造转变、中国速度向中国质量转变、中国产品向中国品牌转变。2013年9月30日，习近平在党的十八届中央政治局第九次集体学习时的讲话中强调，要着力推动科技创新与经济社会发展紧密结合。关键是要处理好政府和市场的关系，通过深化改革，进一步打通科技和经济社会发展之间的通道，让市场真正成为配置创新资源的力量,让企业真正成为技术创新的主体。同时,实施创新驱动的发展战略,必须坚定不移地走中国特色自主创新道路,人才创新是创新驱动的根本。习近平同志2014年6月在中国科学院第十七次院士大会、中国工程院第十二次院士大会上,明确指出创新驱动实质上是人才驱动,"知识就是力量,人才就是未来","必须在创新实践中发现人才、在创新活动中培育人才、在创新事业中凝聚人才,必须大力培养造就规模宏大、结构合理、素质优良的创新型科技人才"。

经济增长方式转变的过程,就是人的发展观念不断进步的过程,也是人和自然关系不断调整、趋向和谐的过程。习近平总书记对生态文明建设的相关论述,系统体现了他的经济思想中,对经济与环境形成浑然一体的关系、和谐统一的价值追求。他的"绿水青山、金山银山"论,是阐述经济发展与环境保护的关系的经典例证:"两座山"之间有矛盾,又辩证统一,绿水青山可以源源不断地带来金山银山,保护生态环境就是保护生产力,改善生态环境就是发展生产力。既要绿水青山也要金山银山,宁要绿水青山不要金山银山,绿水青山就是金山银山。保护生态环境和经济发展是完全可以处理好的,因为二者不是矛盾的,是可以相互转化的。"绿水青山",并非一定要以"不要金山银山"为代价,"绿水青山"可以转化为经济发展的优势,是发展绿色经济、低碳经济的巨大资本。可见,从提高经济增长质量和效益为中心的价值理念来看,如果我们坚持原来粗放的发展方式,为获得短期的经济收益去毁坏"绿水青山",那就背离了发展的初衷、增长的真谛,"金山银山"也是虚幻的、有毒的,也是无法保住的,那就进入了发展的歧路,是万万要不得的。正如习近平总书记在2014年12月视察江苏时的讲话中所强调的那样,"保护生态环境、提高生态文明水平,是转方式、调结构、上台阶的重要内容。经济要上台阶,生态文明也要上台阶。不能经济上去了,生态环境恶化了,那就得不偿失了"。

三 "从法治上提供制度建设方案"：习近平法治经济思想的系统构成

存在决定意识，中国经济是社会主义市场经济，这是法治经济提出的现实客观依据。社会主义市场经济本质上是法治经济，从法治上为推动经济社会持续健康发展提供制度化的方案，是习近平社会主义市场经济理论新亮点，也体现了习近平经济思想的新发展。在新发布的《中共中央关于全面推进依法治国若干重大问题的决定》中，对经济体制改革的核心问题、产权的制度规范以及制定完备的市场经济的运行规则等方面的要求，构成了习近平社会主义市场法治经济理论的核心体系。

在党的十八届四中全会上，习近平总书记就《中共中央关于全面推进依法治国若干重大问题的决定》进行说明时指出："要推动我国经济社会持续健康发展，不断开拓中国特色社会主义事业更加广阔的发展前景，就必须全面推进社会主义法治国家建设，从法治上为解决这些问题提供制度化方案。"显然，在经济领域中，要继续完善社会主义市场经济体制，构建社会主义市场经济的治理体系，也需要从法治上提供制度建设方案。这不仅是社会主义市场经济的外在保障，而且也是社会主义市场经济的内在要求，正如该《决定》所指出的那样："社会主义市场经济本质上是法治经济。"

法治经济的核心是要打造约束权力的笼子。在依法治国的指导思想上，习近平总书记说，不是就法治论法治，而是要围绕全面建成小康社会、全面深化改革、全面推进依法治国这"三个全面"的逻辑联系，体现推进各领域改革发展对提高法治水平的要求。而经济体制改革的核心问题是如何使市场在资源配置中起决定性作用和更好发挥政府作用，这是法治经济要解决的核心问题。对此，习近平总书记在2014年5月主持十八届中央政治局第15次集体学习时指出，在市场作用和政府作用的问题上，要讲辩证法、两点论，努力形成二者有机统一、相互补充、相互协调、相互促进的格局，推动经济社会健康发展。更深一步探究，法治经济要提供两个笼子的制度，一个是不允许做什么的笼子，另一个是可以做什么的笼子。从当前改革的要求来看，当前政府管理经济活动的方式应重点从市场准入的事前审批更多向事中事后监管转变入手，在管理对象方面，当前就"市场失灵"的各种表现而言，垄断是最值得关注的一种，其中又以行政性垄断的问题最为突出，应该说，这是中国现阶段反垄断的主要矛盾对象。因此，需要管制的法律化措施。"负面清单"制度的引入，是市场准入改革的一种法治手段，应当成为政府管制的重要依据。

法治经济的基础是产权的制度规范。建立中国法治经济的基础是完善产权制度规范，构建一个有利于促进产权最优配置的法律体系，通过对产权形态的选择和保护，提高财产的利用效率。产权保护制度是社会主义市场经济的基础，健全以公平为核心原则的产权保护制度是完善社会主义市场经济制度的基本要求。我国的基本经济制度是以公有制为主体、多种所有制经济共同发展，这种制度为产权与资源的最佳利用提供了最广阔的空间，具有最大的优越性。如何发挥其优越性，关键在于如何进行产权治理。在深化改革中，产权制度规范即产权治理的重要意义，在于为农村土地制度的完善以及国有资本改革、混合所有制经济的发展提供了法律保障。正如《决定》指出，要创新适应公有制多种实现形式的产权保护制度，加强对国有、集体资产所有权、经营权和各类企业法人财产权的保护。完善激励创新的产权制度、知识产权保护制度。

法治经济的主线是设置和完善市场运行规则。建立法治经济的主体要求是完善市场运行规则，从而使交易成本最小化，资源利用效率最大化。在城镇化、工业化过程中经常发生的征用土地和拆迁的矛盾，究竟是让征用土地行为拥有更大权利，还是土地占有者拥有更大权利，往往体现了政策制定者的分析判断。以往的实践证明，政策制定者通常认为让土地征用者拥有更大权利更有利于社会，因此，强制的非自愿的交易经常发生。法律要在侵权的收益和成本之间进行权衡，既要允许某些非自愿的强制交易，但同时又要使侵权成本最小化，这就是允许侵权行为的制度设计的经济目标。要对侵权行为进行约束，需要有补偿和威慑的制度设计。这是市场经济运行中十分必要的制度规则。当然，任何制度设计都是有成本的，所以，现实问题导向是建设法治经济的边际效益最高点，从而也是出发点。为此，该《决定》提出，要加强市场法律制度建设，编纂民法典、制定和完善发展规划、投资管理、土地管理、能源和矿产资源、农业、财政税收、金融等方面法律法规、促进商品和要素自由流动、公平交易、平等使用。市场法律制度的目的就是最大化地促进资源与其最佳使用者之间的结合，以及最大化地提高交换效率，直接降低自愿交易中的交易成本。

什么是最好的经济法治？科斯定理说明，能使交易成本最小的法律就是最好的法律。它提供了根据效率原理理解法律制度的一把钥匙，也为朝着实现最大效率的方向改革法律制度提供了理论依据。但是，社会主义市场经济不同于资本主义市场经济，所以虽然科斯定理很重要，但市场交易法则不仅要遵循交易成本最小化原理，也要遵循自然规律和和谐包容的社会发展规律，不可重利轻义。该《决定》中的这些内容，既是中华法律文化的精华，也是习近平社会主义市场法治经济理论的重要指导思想。

四 搭建参与全球经济治理的多重平台：习近平经济思想的"空间张力"

党的十八大以来，习近平总书记提出的实现中华民族伟大复兴的中国梦的系列表述，体现了当代中国共产党人的历史担当与使命。中国梦的"宏大叙事"愿景与"两个一百年"目标的实现，决定了中国必须"加快从经济大国走向经济强国"。建设经济强国，是"两个一百年"奋斗目标在经济建设领域的具体化，不仅要经济总量高，更重要的是经济质量和效益高，要在全球的经济、科技的创新力以及文化软实力等方面掌握话语权，要具备参与全球经济治理的主导权。

确立参与全球经济治理的主导权的目标，就必须构建体现国家战略利益与意志的高水平的开放型经济的新体系、新机制和新优势，整合全球资源，谋划合作共赢的经济战略，制定国际贸易规则，无论在境内还是境外，都能站在价值链的高端，而不仅仅是原来中国企业"走出去"的问题。在党的十八大报告中，完善互利共赢、多元平衡、安全高效的开放型经济体系，覆盖的范围是全方位的，它包括了开放的部门和领域、空间配置、开放方式、边境上和边境内的改革内容以及参与全球经济治理的要求，从总体上体现了新的历史阶段的国家战略意志。党的十八大之后，习近平总书记对扩大开放、全面提升开放型经济发展水平的系列重要论述，既体现了他积极促进世界经济合作发展的思想，也彰显了中国作为负责任大国的胸怀。更值得整个世界点赞的是，习近平总书记主动把握和平、发展、合作、共赢的国际大势，从容统筹国际国内两个大局，主动参与全球经济治理，形成了多元开放的全方位开放型经济新格局。从与东盟等的区域性经济合作，与新西兰、新加坡、智利等国的双边经济合作，以及大湄公河次区域经济合作、大图们江流域次区域合作到"中巴经济走廊""中蒙俄经济走廊"的构想，以及推动自由贸易区的建设，建设"丝绸之路经济带"和"21世纪海上丝绸之路"等大手笔、大动作，可以说是习近平的空间经济战略的全面展现，在亚太地区乃至整个世界产生了积极的影响，多层次诠释了习近平经济思想的"空间张力"。

参与全球经济治理，需要加快培育参与和引领国际经济合作竞争的新优势，搭建多重的合作共赢的战略平台。党的十八届三中全会《决定》中提出，培育参与和引领国际经济合作竞争的新优势，不仅要有人力资本、技术创新和管理等方面的市场竞争优势，还要有以开放促改革，使社会主义市场经济体制成为参与国际经济合作与竞争优势因素的制度优势,而更重要的是建构规则优势,即培育参与制定国际规则的能力,在国际经济活动中发起新倡议、新议题和新行动,更有能力提供全球公共品,履行大国责任。基于这种优势建构的综合考量,我国实施新一轮高水平对外开放,着力推进三大国家战略:"走出去"战略、"自贸区"战略和"一带一路"战略。尽管在以往党和国家的文献中,对外开放举措中被冠以"战略"的名称只有"走出去战略"和"自贸区战略",但从两年多来习近平总书记有关对外开放的多次讲话以及中央关于对外开放的决策部署来看,"一带一路"事实上已经成为国家战略。

新形势下三大战略的实施,搭建了我国参与全球经济治理的多重平台。"走出去"战略有了新目标。中国企业"走出去",过去追求的目标只是开拓国内国外两个市场,利用国内国外两种资源,促进国际收支平衡。新形势下还要求体现互利共赢,增加中国企业对外投资的东道国福利。同时还要为保障国家能源、粮食、食品安全做出贡献,把自身培育成为当代的跨国公司,构建自主的跨国生产经营价值链、整合全球资源,并成为人民币国际化进程中流通循环的重要载体。自由贸易区战略要上新台阶。我国目前实施的自由贸易区有两类,一类是我国单方自主的对境外所有开放的自由贸易区,如中国上海自由贸易试验区。一类是双边或区域的贸易投资自由化协议的自贸区。自贸区包含了许多的对外开放的内容,其中最重要的是接受国际新规则压力测试的政策含义。目前,已经取得突破性进展,中央经济工作会议提出要推广上海自由贸易试验区经验。第二类自由贸易区是推进贸易便利化改革,相互提供关税最惠国待遇,在原有贸易规则基础上有选择地扩大少数领域开放中韩自贸区的意义,就在于表明中国有能力也有自信,全面地参与全球无论是多边还是诸边的高标准的自贸协定谈判。更具有历史标志性意义的是亚太自贸区议程的启动。2014年,亚太经合组织(APEC)领导人非正式会议上,习近平提议启动亚太自由贸易区进程,这是第一次由中国首倡、中国设置议题、中国提出行动计划和时间表的国际经济治理新方案，也是未来中国在制定国际规则中占据主导地位的新标志，是具有历史标志性意义的事件。

在战略上坚定大胆，在战术上做细做实，是习近平经济思想的鲜明特点。"一带一路"战略，堪称习近平的空间经济思想理论与实践的完美融合。建设"丝绸之路经济带"和"21世纪海上丝绸之路"，是我国主动应对全球形势深刻变化、统筹国内国际两个大局做出的重大战略决策，当前的亚欧国家都处于经济转型升级的关键阶段，需要进一步激发大区域内发展活力与合作潜力。"一带一路"战略构想的提出，契合沿线国家的共同需求，将进一步推动实现区域内政策沟通、道路联通、贸易畅通、货币流通、民心相通，也是"新常态"下中国自身培育经济增长动力的新途径。我国通过"一带一路"战略，可以撬动西部基础设施建设，扩大向西和向南的对外开放，带动中国过剩产能和优势产能（如高铁及相关的装备制造能力），开辟新的出口市场。中国实施"一带一路"，还有助于应对美国主导的试图绕开孤立中国而推进 TPP（跨太平洋伙伴关系协议）、TTIP（跨大西洋贸易与投资伙伴协议），在国际经贸中抢占全球贸易新规则制定权。长期以来，中国的油气资源、矿产资源对国外的依存度较高，这些资源主要通过沿海海路进入中国，渠道较为单一。"一带一路"能增加大量有效的陆路资源进入通道，从而保障中国的能源安全，同时也就是保障世界经济的稳定和安全。同时，亚洲基础设施投资银行和丝路基金等国际开发性金融机构的设立，也将是对整个全球经济治理和金融治理结构的一个补充，它有利于发展中国家在基础设施建设方面获得资金支持，从而改善和优化全球经济治理结构。

"一带一路"战略，让世界见识了一个负责任大国的气度和胸襟，也集中体现了习近平的空间经济思想的大视野、大开放、大整合的特征，是对传统空间经济学理论的重大拓展，也转变了传统狭义的国内区域发展观，并对国内经济转型与区域转型产生积极的重大影响。一方面，从全球经济空间的大格局来看，"丝绸之路经济带"和"21世纪海上丝绸之路"最终形成欧亚非三大洲陆地与海上的大闭环；另一方面，"一带一路"的大空间资源整合战略，也从根本上打破了国内原有的点状、块状的本位性区域发展模式。无论是原先的经济特区，还是新成立的自由贸易区，以及一批国家级新区，都是以单一区域为发展突破口的，而"一带一路"战略彻底改变了原来点状、块状的格局，在东西向形成了一个互联互通的经济带，沿线的城市、省份占据不同等级的节点区域位置，在东部、南部沿海则串起了所有的港口及沿海城市，向东盟和中亚延伸，由此彻底改变中国传统的区域发展版图，那就是国内所有地区性的、省域的区域一体化进程，都必须以区域经济一体化为核心主线，来全面融入"一带一路"的国家大开放战略，由此建立起开放型经济的新体系、新体制和新优势。国家推进的长江经济带规划建设以及京津冀一体化等战略，都要全面体现大空间整合资源的精神，全面提升区域能级、经济质量和民生福利。面向"十三五"及今后更长一个时期，我国要把国内经济发展空间格局的优化，各地区的协调发展、协同发展，强化主体功能区的定位等战略行动，与"一带一路"的战略规划的实施、重大项目的推进，实行前瞻性的呼应与互动，分享"一带一路"发展的红利，同时以自身的创新驱动为"一带一路"大战略注入新的内涵，同步提升区域经济一体化的水平和质量。

参考文献

裴长洪、李程骅：《中国特色社会主义理论体系的新发展——习近平总书记系列重要讲话学习体会》，《南京社会科学》2014年第5期。

裴长洪：《法治经济：习近平社会主义市场经济理论新亮点》，《经济学动态》2015年第2期。

裴长洪：《经济新常态下的对外开放》，《经济日报》2015年1月22日。

双传学：《论民族复兴中国梦的国际视野——学习习近平总书记关于中国梦的有

关论述》,《南京社会科学》2014 年第 7 期。

陈文玲、颜少君:《把握"新常态":2014—2015 年全球经济形势分析与展望》,《南京社会科学》2015 年第 1 期。

高虎城:《让中国梦点亮美好世界——学习贯彻习近平经济外交思想》,《求是》2014 年第 7 期。

陈宝生:《加快从经济大国走向经济强国——深入学习习近平同志的经济战略思想》,《人民日报》2014 年 10 月 15 日。

(原载《南京社会科学》2015 年第 2 期)

习近平新时代对外开放思想的经济学分析[*]

党的十八大以来，习近平总书记针对我国扩大对外开放发表了许多重要论述，党的十九大报告集中且系统阐述了这些论述的重要观点，形成了习近平对外开放新思想，这是习近平新时代中国特色社会主义思想的重要组成部分。它不仅是我国进一步扩大开放的行动指南，而且是研究阐释习近平新时代中国特色社会主义思想的重大理论命题。本文的研究任务是，探讨习近平对外开放思想的新贡献并论证其所具有的科学性依据这两个基本问题。

一 新时代历史站位上的新思想、新贡献

概括起来说，习近平对外开放新思想主要体现在四个方面：

第一，推动形成全面开放新格局。2013年4月，习近平提出中国将在更大范围、更宽领域、更深层次上提高开放型经济水平。①2013年10月，习近平进一步指出要完善互利共赢、多元平衡、安全高效的开放型经济体系。②2013年11月，党的十八届三中全会《中共中央关于全面深化改革若干重大问题的决定》（以下简称《决定》）提出"构建开放型经济新体制"。党的十九大报

---

* 合作者：刘洪愧。
① 习近平：《在同出席博鳌亚洲论坛2013年年会的中外企业家代表座谈时的讲话》，《人民日报》2013年4月9日。
② 习近平：《深化改革开放 共创美好亚太——在亚太经济组织工商领导人峰会上的演讲》，《人民日报》2013年10月8日。

告正式提出推动形成全面开放新格局,具体表述为:要以"一带一路"建设为重点,形成陆海内外联动、东西双向互济的开放格局;赋予自由贸易试验区更大改革自主权,探索建设自由贸易港。

第二,建设开放型世界经济与经济全球化新理念。2013 年习近平第一次提出"共同维护和发展开放型世界经济"的新理念,①党的十九大报告更明确提出:"中国支持多边贸易体制,促进自由贸易区建设,推动建设开放型世界经济。"针对近些年国际社会掀起的一股逆全球化思潮,习近平发表了一系列重要论述。他指出:"总体而言,经济全球化符合经济规律,符合各方利益。同时,经济全球化是一把双刃剑,既为全球发展提供强劲动能,也带来一些新情况新挑战,需要认真面对。我们要积极引导经济全球化发展方向,着力解决公平公正问题,让经济全球化进程更有活力、更加包容、更可持续。"② 习近平的这种经济全球化新理念在 2017 年 1 月的联合国演讲中得到更加精练的表达"建设一个开放、包容、普惠、平衡、共赢的经济全球化"③,并被写进党的十九大报告,表述为:"同舟共济,促进贸易和投资自由化便利化,推动经济全球化朝着更加开放、包容、普惠、平衡、共赢的方向发展。"

第三,改革全球经济治理体系。2013 年 4 月,习近平指出:"要稳步推进国际经济金融体系改革,完善全球治理机制。"④ 2015 年 7 月,习近平提出全球经济治理改革的主要目标是:"完善全球经济治理,加强新兴市场国家和发展中国家在国际经济金融事务中的代表性和话语权,让世界银行、国际货币基金组织等传统国际金

---

① 习近平:《共同维护和发展开放型世界经济——在二十国集团领导人峰会第一阶段会议上关于世界经济形势的发言》,《人民日报》2013 年 9 月 6 日。
② 习近平:《深化伙伴关系 增强发展动力——在亚太经合组织工商领导人峰会上的主旨演讲》,《人民日报》2016 年 11 月 21 日。
③ 习近平:《共同构建人类命运共同体——在联合国日内瓦总部的演讲》,《人民日报》2017 年 1 月 20 日。
④ 习近平:《共同创造亚洲和世界的美好未来——在博鳌亚洲论坛 2013 年年会上的主旨演讲》,《人民日报》2013 年 4 月 8 日。

融机构取得新进展,焕发新活力。"① 此后,习近平在许多国际场合都发表了有关论述和演讲。党的十九大报告把习近平十八大以来所形成的全球经济治理新思想凝练为"中国秉持共商共建共享的全球治理观,倡导国际关系民主化,积极参与全球治理体系改革和建设"。

第四,构建人类命运共同体。这是习近平最先提出的一个新理念。2013年3月23日,习近平担任国家主席后首次出访的第一站,便提出"人类生活在同一个地球村里,生活在历史和现实交汇的同一个时空里,越来越成为你中有我、我中有你的命运共同体"②。此后,习近平在各种场合反复提及和阐述该概念。2015年9月28日,在第七十届联合国大会一般性辩论时的讲话中,习近平倡导:"和平、发展、公平、正义、民主、自由,是全人类的共同价值,也是联合国的崇高目标。……构建以合作共赢为核心的新型国际关系,打造人类命运共同体。"③ 习近平关于人类命运共同体的新理念在十九大报告中得到进一步丰富和完善,出现达6次之多。在阐述新时代中国特色社会主义思想时,习近平指出"明确中国特色大国外交要推动构建新型国际关系,推动构建人类命运共同体"。党的十九大报告甚至把坚持推动构建人类命运共同体作为新时代中国特色社会主义思想和基本方略之一。

从改革开放以来,对外开放就成为我国基本国策,党和国家领导人以及重要文献都有大量论述,与以往相比,新时代习近平对外开放思想有什么不同?最主要的不同就是历史站位的高低所产生的区别。我们过去经济落后,处于为实现小康社会和全面小康社会的艰难爬坡阶段。对外开放的视野主要是站在中国经济发展的立足点

---

① 习近平:《共建伙伴关系 共创美好未来——在金砖国家领导人第七次会晤上的讲话》,《人民日报》2015年7月10日。
② 习近平:《顺应时代前进潮流 促进世界和平发展——在莫斯科国际关系学院的演讲》,《人民日报》2013年3月24日。
③ 习近平:《携手构建合作共赢新伙伴 同心打造人类命运共同体——在第七十届联合国大会一般性辩论时的讲话》,《人民日报》2015年9月29日。

上考虑如何利用国外的资源与市场，推动国内经济贸易体制改革以适应国际经贸体制的关系。虽然也注重统筹国内国外两个大局，但努力地被动适应和追随国际经济贸易潮流和国际经贸体制是主要特点。今天，我们已经成长为经济贸易投资大国、站在即将全面决胜小康社会前沿、比历史上任何时期都更接近中华民族伟大复兴中国梦新的历史起点上，这样的历史站位赋予了习近平对外开放思想全新的内涵。今天，我们已经有条件站在全球视野和全人类命运的高度来观察和审视中国的改革开放大业，有条件、有责任也有义务站在世界经济持续健康发展、世界各国人民福祉的高度来部署中国的对外开放举措，来引领世界经济潮流、来塑造和完善国际经济体制。"不谋全局者不足以谋一域，不谋万世者不足以谋一时"，已成为新时代谋划中国扩大开放的新要求，习近平对外开放思想就是这个历史要求的时代产物。它的历史性贡献主要是：

1. 为中国开放型经济与开放型世界经济的内外联动提供了中国方案

"一带一路"建设是习近平最先提出的倡议，对中国而言，这个倡议是要形成陆海内外联动、东西双向互济的开放格局；解决中国自身对外开放不平衡、不充分的空间布局问题。更重要的是，"一带一路"倡议中特别强调的基础设施互联互通，实际是着眼于世界经济增长的大局。正如习近平所说，"我们要下大气力发展全球互联互通，让世界各国实现联动增长，走向共同繁荣"。[①] 联动增长、利益融合是"一带一路"倡议的初心，也是开放型世界经济的内在要求。同时，我国先后设立的 11 个自由贸易试验区，一方面，是要解决我国改革开放的深化与扩大问题，为更广泛的地区提供可复制、可推广的改革经验；另一方面，是要为开放型世界经济探索发展创新的经验，提供汇聚各方利益共同点的试验场所。探

[①] 习近平：《共担时代责任　共促全球发展——在世界经济论坛 2017 年年会开幕式上的主旨演讲》，《人民日报》2017 年 1 月 18 日。

索自由贸易港建设更进一步深化了全球利益融合的发展潜力。这就是习近平所指出的,"努力塑造各国发展创新、增长联动、利益融合的世界经济,坚定维护和发展开放型世界经济"①。

2. 科学总结了以往经济全球化正反两方面的经验教训

怎样总结经济全球化的经验教训,习近平做出了三个重大判断:首先,经济全球化符合经济规律,符合各方利益。这当然已经被近 40 年世界经济多极化,特别是新兴市场经济和多数发展中国家经济的发展所证明。其次,更要看到经济全球化进程不会改变。毋庸讳言,我国过去是经济全球化的最大受益者之一,经济全球化向何处去,关乎我国是否还有战略机遇期,关乎我国扩大开放的战略部署是否具有前瞻性、科学性。习近平的判断坚定了中国和世界各国顺应贸易投资自由化潮流的信心。最后,经济全球化进程正进入再平衡并展现新趋势的新阶段。他说,我们要主动作为、适度管理,实现经济全球化进程再平衡;还要准确把握经济全球化新趋势。这个新趋势就是,顺应大势、结合国情,正确选择融入经济全球化的路径和节奏;讲求效率、注重公平,让不同国家、不同阶层、不同人群共享经济全球化的好处。

3. 阐明了互利共赢、多边汇聚利益共同点和谋求最大公约数的政治经济学新理念

现代西方经济学依以构建的逻辑体系是以"经济人假设"和充分自由竞争为前提的,弱肉强食的丛林法则被认为是天经地义的事情;零和博弈的商业游戏规则以及工业品与原料品交换中的主权利益不平等是国际经济关系的普遍现象。因此,着力解决公平公正问题是国际经济关系的重大课题。习近平主张,要维护新兴市场国家和发展中国家的正当权益,确保各国在国际经贸活动中机会平等、规则平等、权利平等。合作共赢、互利共赢,成为中国对外经

---

① 习近平:《共同维护和发展开放型世界经济——在二十国集团领导人峰会第一阶段会议上关于世界经济形势的发言》,《人民日报》2013 年 9 月 6 日。

济关系的鲜明理念，正如习近平所说，巴比伦塔，毁于无法协力。身处"一荣俱荣、一损俱损"的全球化时代，协调合作才是必然选择，互利共赢才是发展之道。正是秉持这样的信念，中国希望与各国一起做大共同利益的蛋糕，不断寻求各国利益交汇的最大公约数。英国剑桥大学马丁·雅克教授就认为："中国提供了一种'新的可能'，这就是摒弃丛林法则、不搞强权独霸、超越零和博弈，开辟一条合作共赢、共建共享的文明发展新道路。这是前无古人的伟大创举，也是改变世界的伟大创造。"①

4. 揭示了实现中国梦的发展道路必须与人类命运共同体紧密相连的历史必然性

依靠殖民扩张和掠夺，依靠"中心—外围"关系的不平等交换，甚至依靠帝国主义战争对战利品的瓜分，这曾经是西方大国崛起走过的道路。历史没有给中国这样选择的机会，中国共产党人的价值观也不允许自己选择这样的崛起道路。中国要实现中华民族伟大复兴的"中国梦"，中国的崛起只能走和平发展道路。这样一条发展道路的外部环境只能是"以合作共赢为核心的新型国际关系和人类命运共同体"，以及"和平、发展、公平、正义、民主、自由的全人类共同价值"。因此，人类命运共同体是中国自身的需要，是中国探寻一条与西方列强截然不同崛起道路的需要，是中国最大的利益，也是实现伟大中国梦的历史必然性。2017年2月，"构建人类命运共同体"的理念已被写入联合国决议，说明这已经成为世界各国的共识。

二 习近平新时代对外开放思想的政治经济学新观点

习近平新时代对外开放思想还提出了许多政治经济学新理念，这是因为建设开放型世界经济和推动经济全球化向新的阶段发展客

---

① 转引自刘宏《"中国方案"为世界发展注入新内涵》，人民论坛网2017年12月12日。

观上需要这些新理念。西方学者早就意识到了"理念"的重要性，罗宾逊（2009）、马孔姆·沃特斯（Malcolm Waters，1995）和罗兰·罗伯逊（Roland Robertson，1992）等在他们的著作中都认为，归根结底，观念是推动全球化的关键力量。西方国家曾经提供了推进世界经济发展的理念，例如中心—外围理论、盛行多年的"华盛顿共识"和新自由主义。但实践证明它们都不符合时代潮流的发展。俱往矣，习近平的新理念应运而生，从经济学逻辑看，这些新理念涉及两个重要的经济学观点：

（一）"非经济人假设"的价值观和正确的义利观

"经济人假设"指"人是完全自利的、绝对理性的、总是试图最大化自身的利益"。从理论和实践层面，该假设都存在很大缺陷。它并不是一直就存在，而是经济学家为了分析问题的简单化、为了模型推导的需要，所构造出来的一个概念。虽然经济学鼻祖亚当·斯密在《国富论》中认为人有自利倾向，但是他在《道德情操论》中也认为人的行为受道德的约束。马克思主义政治经济学则从来没有出现过"经济人假设"的概念。马克思认为"人的本质不是单个人所固有的抽象物，在其现实性上，它是一切社会关系的总和"[1]。这意味着，每个人都受其生活环境、文化、阶层、经历的影响，而表现出不同的特性。当然，不赞同"经济人假设"的价值观和世界观，并不意味着在经济活动的实践层面、在具体经济政策设计、企业管理和收入分配等领域可以完全不考虑物质利益的激励作用，并不是全盘否定它。这需要用一分为二的辩证法加以分析对待。

当代西方经济学也并不完全认同"经济人假设"。"利他主义经济学"就指出，不管是因为生物遗传学原因还是出于文化道德情感，人类的利他主义一直就存在，它驱使人们利用有限资源去生产类似受人尊重这种"个人的社会价值"。利他主义是个人获得他

---

[1] 《马克思恩格斯选集》第1卷，人民出版社1995年版，第56页。

人认同、社会尊重、社会地位的重要方式。行为经济学也发现了许多与"经济人假设"不相符的社会异象。诺奖委员会撰文评价2017年经济学诺奖得主塞勒的贡献时指出，"虽然很多情境都可由个体自利行为假设来近似解释。但在其他情境中，对公平和正义的关切等亲社会性动机起着重要的作用，亚当·斯密（Smith，1759）就指出了这一点"（诺贝尔经济学奖委员会，2017）。该文也指出，"贝克尔围绕人们对他人福利的关注构建了相关理论，阿玛蒂亚·森指出同情和承诺都是重要的个人动机。塞勒提出公平感对经济主体的决策有重要影响，揭示了公平偏好在人际交往中的三个重要表现：一是，即使在匿名环境中，一些人也会公平对待他人；二是，一些人宁愿放弃自身所得来惩治对自己不公的人；三是，即使他人遭到不公平对待，一些人也宁愿放弃自身所得来惩治这种不公平行为"。

"经济人假设"与一系列社会经济发展实践不吻合。从大的方面看，联合国千年发展目标、碳排放、气候变化、动物保护等国际议题都不是基于"经济人假设"所提出的。中国自古以来就主张"和为贵"，一直都凭借自身在文化制度上的先进性来感化外围地区和民族。古时候的朝鲜、日本都是主动学习和引进中国的文化、制度和生产力，中国也主动提供人力、物力来帮助周边国家建设文明社会，基本不侵略别国。这证明中国自古以来就不是按照"经济人假设"来处理对外关系的。西方社会的经济全球化进程则是一部武力侵略和经济掠夺史，他们信奉的是达尔文的"优胜劣汰"自然生存法则，这是提出"经济人假设"的部分原因。当然也不能否认，随着西方国家自身社会关系的调整，他们也有许多符合"非经济人假设"的举措。

"非经济人假设"的价值观诠释了我国的对外开放实践、新时代的对外开放思想。中国人讲究"义利相兼，以义为先"。所以，中国的对外开放实践体现出与"经济人假设"完全不同的理念。习近平在2017年世界经济论坛年会开幕式上的主旨演讲指出：

"1950年至2016年，中国在自身长期发展水平和人民生活水平不高的情况下，累计对外提供援款4000多亿元人民币，实施各类援外项目5000多个，其中成套项目近3000个，举办11000多期培训班，为发展中国家在华培训各类人员26万多名。"[1] 中国对发展中国家的援助，特别是对非洲的援助绝不是"经济人假设"能够解释的，按照该假设，这些援助根本就不会发生。这体现出中国与西方国家完全不同的人类社会发展追求，即关注自身发展的同时，也关心全人类的幸福、全人类的共同发展。

新时代习近平对外开放思想突出共商、共建、共享、互利共赢发展理念，受到了世界各国的积极响应和支持。"经济人假设"作为当代西方经济学的理论逻辑前提，遭到了挑战。西方在"经济人假设"基础上推行的经济全球化造成了一系列负面效应，例如贫富差距不断扩大，根据瑞士信贷银行《2017年全球财富报告》，全球最底层一半人口拥有的财富不足全球全部财富的1%，但全球最富有的10%的人口却拥有全球财富的88%，最富有的1%人口更是占有了全球一半的家庭财富。[2] 同时，不同地区、种族和信仰的人们之间摩擦不断，反映出传统的经济全球化模式越来越难以持续。习近平提出的"一带一路"倡议是应对这个难题的伟大创举和未来出路。它不仅把广大发展中国家纳入其中，拓展了经济全球化的新版图，而且它与原来美国主导的以往经济全球化的根本不同点是，要实现互利共赢的目标，要在共商、共建、共享的前提下寻找各国利益的最大公约数。

与"非经济人假设"相一致，坚持正确义利观是中国对外经济合作始终坚持的原则。党的十九大报告阐述："奉行互利共赢的开放战略，坚持正确义利观，树立共同、综合、合作、可持续的新安全观，谋求开放创新、包容互惠的发展前景。"我们不否认这是

---

[1] 习近平：《共担时代责任　共促全球发展——在世界经济论坛2017年年会开幕式上的主旨演讲》，《人民日报》2017年1月18日。

[2] 转引自《参考消息》2017年11月16日第4版。

一种道德愿望，但是它并不单纯是道德说教，更重要的是，它是新时代中国发展的需要和责任，是历史的客观必然。中国的对外开放服务于中国经济社会发展的目标，过去要解决的是投资与外汇、工业化和增长速度，今天要解决的是增长质量和发展问题。所以，对外开放需要在更高层次上解决两种资源和两个市场的利用问题。我国说互利共赢，既面对发展中国家，也面对发达国家，只有提倡这个理念，才更有利于我们引进先进技术，实施创新驱动，实现增长联动和利益融合。而且，今天我们提对外开放已经与过去有很大不同：过去我们是穷国，开放主要是为了获取国际资源、资金、技术和服务，现在发展中国家对我们的开放战略已经有不同于过去的期待；过去我们对世界经济秩序和理念只有被动接受的资格，现在我们已经在相当程度上具有影响和塑造世界经济格局和秩序的实力，我们的道德愿望已经具有变成现实的可能性，我们已经无法逃脱这种历史责任。所以说，树立正确的义利观，不仅仅是唱高调，而是我们自己的现实需要，也是国际社会对我们的期待和中国的大国责任所系。

（二）"非经济人假设"对资源优化配置的重新定义

与"非经济人假设"的价值观和正确的义利观相一致，该假设下的社会经济发展目标更关注发展质量、自然环境、人的需求、人类共同发展等。这必然引起金融资源资本配置的战略方向转变，即从过去的要素驱动型向科技创新型转变；从过去基本上是生产型向生产和消费型并重转变；从过去主要是使土地、矿产等物质资源的资本化以及高碳领域的产业化，向现在主要向低碳和绿色产业转变；从过去单纯是资本高回报型向资本回报与普惠型转变。科技金融、消费金融、普惠金融和绿色金融象征着这一战略方向的转变。

服务于"一带一路"建设的金融机构是这个趋势的先行者。亚洲基础设施投资银行（亚投行）专门投资具有普惠、绿色、共赢属性的基础设施项目，从而促进当地经济发展。它成立两年来投资24个项目，贷款总额为42亿美元，其中只有1个对华项目,即帮助北京进行煤改气,其他都投资于菲律宾、印度、巴基斯坦、孟加拉国、缅甸、印度尼西亚等国,内容涉及贫民窟改造、防洪、天然气基础设施建设、高速公路、乡村道路、宽带网络、电力系统等。为更好为中低收入国家基础设施发展提供融资支持,中国政府决定在亚投行成立的初期不大量从亚投行贷款。① 另外,截至 2017 年 12 月,丝路基金已经签约 17 个项目,承诺投资约 70 亿美元,支持项目所涉及的总投资额高达 800 多亿美元。② 丝路基金在"一带一路"框架下推进合作项目,主要以股权形式投资中长期基础设施项目、产能合作等项目,投资规模大、回报期限长、风险大,是"经济人假设"下的投资者所不可能投资的。榜样的号召力是强大的,新理念和新实践带动和影响了国际金融界。2017 年 5 月,中国财政部与 26 个国家的财政部共同核准了《"一带一路"融资指导原则》,与世界银行、亚投行、新开发银行、亚洲开发银行、欧洲投资银行、欧洲复兴开发银行共同签署了加强"一带一路"合作备忘录。③ 此外,根据中国日报网消息④,美洲开发银行愿意为更多拉美国家参与"一带一路"倡议提供平台,推动中拉合作;渣打银行、星展银行、花旗银行都表示支持"一带一路"建设。IMF 总裁拉加德在 2017 年"一带一路"国际合作高峰论坛上表示,未来 IMF 将进一步通过融资,向"一带一路"建设提供帮助。

金融资源配置工具的多样化也将助力普惠金融的拓展,这里的普惠金融是着眼于全球企业投融资大局的概念。世界经济多极化趋势,突显了美元在这种经济大格局中仍然作为全球资源配置主要工具的不合理性。人民币国际化的发展,再次证明经济全球化新时代

---

① 新加坡联合早报网 2017 年 12 月 26 日。
② 转引自《21 世纪经济报道》2017 年 12 月 11 日第 5 版。
③ 中新社华盛顿 2017 年 10 月 13 日电(记者邓敏):《中国财政部与世界银行 12 日在美国华盛顿共同举办"一带一路"高级别研讨会》。
④ 《打通"一带一路"金融血脉,世界金融机构纷纷支持》,中国日报网 2017 年 5 月 23 日。

需要多种国际货币参与作为全球资源配置的工具，以削弱美元造成的"特里芬难题"对全球经济的负面影响。人民币等新兴国家货币作为全球金融资源配置工具的出现，使世界各国有条件在贸易结算、投资工具和官方储备等各方面有更多选择，从而分散金融风险。这不仅有利于投资者降低风险，也有利于补足中国等新兴国家金融资源来源匮乏的短板，新兴国家企业的融资方式将更加多样化、融资成本也会更低。因此，人民币国际化的道路，实际上就是金融资源配置方向转变的重要标志和力量。

（三）非霸权主义的国际公共产品供给模式

西方学者认为，几乎只有霸权主义的国家才有能力提供国际公共产品，这确实是以往经济全球化的真实写照，本文作者对此有较为系统的阐述（裴长洪，2014）。工业革命以来，英国和美国凭借其在经济和军事上的霸权地位，依次充当了全球公共产品提供者的角色，由于是霸权主义供给方式，对它们最有利。随着世界经济多极化发展，特别是新兴经济体作为一个集体力量的崛起，使霸权主义国际公共品供给方式难以为继。

虽然WTO框架下的多边贸易投资自由化谈判进程受阻，多哈回合谈判历时15年无果，但是国家之间的区域贸易协定（RTAs）（包括区域多边或双边自由贸易协定）快速增加，图1显示1958年以来，每年都签订相当数量的RTAs。此外，一国自主设立的自由贸易试验区也越来越多，开放度越来越大，例如中国已经设立11个自贸试验区，且要把上海建成自由贸易港。区域贸易协定、自由贸易区、自由贸易港将成为新的推动经济全球化的载体，使世界经济联系依然日益紧密，相互依存继续提高。这些区域性的自由贸易协定，都产生了大量的区域贸易投资自由化制度安排和政策规定，打破了过去由一两个霸权主义国家制定国际规则、提供国际公共产品的垄断局面，国际规则制定和公共产品供给的民主化趋势是当今世界发展的大潮流。非霸权主义的国际公共产品供给模式必然走近世界舞台的中心。

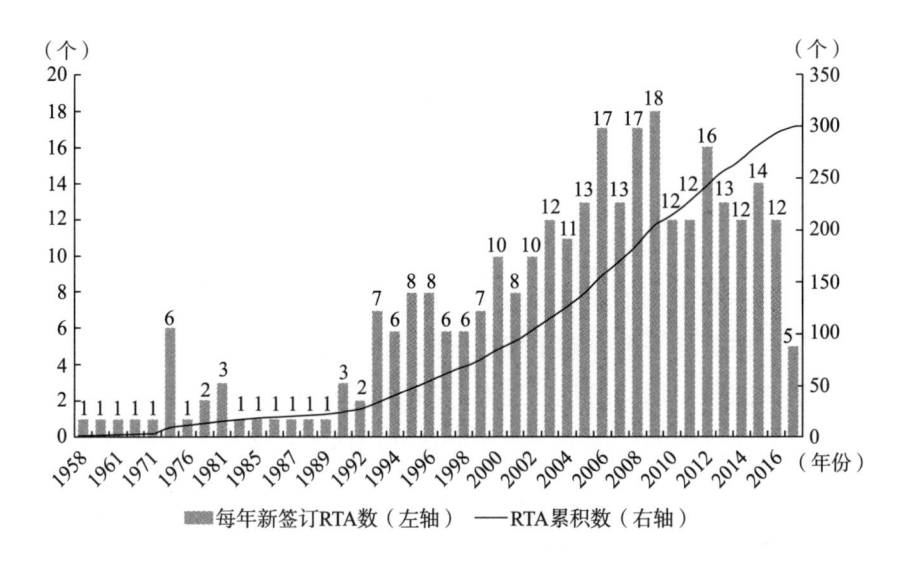

图1 世界区域贸易协定（RTAs）发展情况（1958—2017年）

资料来源：作者根据WTO秘书处RTA数据库数据绘制。

"一带一路"倡议提供了一种非霸权主义的国际公共产品供给模式，即共商、共建、共享。它将更多反映发展中国家的话语权，推动构建公正、合理、透明的国际经贸投资规则体系。"一带一路"也将促进政策、规则、标准三位一体的联通，为互联互通提供机制保障，使各类国际公共品更好适应各国发展需要。在国际公共产品的供给上，"一带一路"倡议的创新之处还在于：（1）它把精神世界的升华融入其中。中国自古就讲究"和而不同"。"一带一路"建设试图以文明交流超越文明隔阂、文明互鉴超越文明冲突、文明共存超越文明优越，推动各国相互理解、相互尊重、相互信任。（2）它把人文合作机制作为国际公共产品的必要衍生品。例如，搭建更多合作平台，开辟更多合作渠道；推动教育合作，扩大互派留学生规模，提升合作办学水平。再譬如，在文化、体育、卫生领域，要创新合作模式，推动务实项目；要利用好历史文化遗产，联合打造具有丝绸之路特色的旅游产品和遗产保护。（3）它反映了构建人类命运共同体的必然性。当今世界，一方面，表现出经济增长动能不足,贫富分化日益严重,地区冲突此起彼伏、恐怖主义、网络安全、重大传染性疾病、气候变化等非传统安全威胁持续蔓延,人类面临许多共同挑战。共同应对这些挑战是各个主权国家的现实需要和最理智的必然选择。另一方面,世界多极化、经济全球化、社会信息化、文化多样化以新的方式深入发展,全球治理体系和国际秩序变革加速推进,各国相互联系和依存日益加深,国际力量对比更趋平衡,和平发展大势不可逆转。人类命运由一两个霸权主义国家操纵的时代已经渐行渐远,每个主权国家都只能是人类命运共同体中的一部分,人类命运共同体的整体利益已经超越主权国家利益,每个国家的经济社会发展都必然以人类共同利益的发展为前提。而人类的共同利益,则是各个主权国家的最关切利益的集合体,因此它需要非霸权主义公共品供给模式来书写和表达,从而成为构建人类命运共同体的智慧结晶和设计。

三 习近平新时代对外开放思想的物质基础与实践依据

既立足于中国新时代的实际情况,又始终关注世界经济和人类整体的未来发展,这是习近平新时代对外开放思想的基本属性。因此,全球性新技术变革和生产力发展的客观规律构成了习近平对外开放思想的物质基础和实践依据。概括起来,新的生产力、生产关系的物质力量主要表现为:

(一)技术变革与新的生产力

劳动资料是生产力范畴中最重要的概念之一,科学技术的发展极大改进了旧有的劳动资料,创造了新的劳动资料,例如新的生产工具、新的资本形式和新的生产要素,从而形成新的生产力。

1. 以互联网技术为核心的新技术突破,正在开拓网络经济的新空间,生产和消费的国别界限更加模糊

一是互联网技术发展的硬指标。互联网核心技术、传输技术、工程技术、网络硬件基础设施、核心软件、芯片等技术正在取得新

的突破，且不断应用到新的领域。例如，互联网基础设施投入不断增加，互联网宽带传输技术快速发展。2013—2017 年，国际互联网宽带增长了 196Tbps（Tbps = 2^{40} 字节/秒），目前已达 295Tbps；互联网使用人数不断增加，截至 2017 年 6 月，全球网民总数达 38.9 亿，普及率为 51.7%［《世界互联网发展报告（2017）》］。更为快捷的移动互联网用户不断增加，截至 2017 年 6 月已达 77.2 亿（全球移动供应商协会数据，GSA）。二是新一代互联网技术正在不断成熟并开始运用。以物联网、工业互联网、云计算、大数据、人工智能等为代表的第四代信息技术高速发展。5G、量子通信、卫星通信等新通信技术开始成熟，其中 5G 技术预计在 2020 年正式投入商业使用。特别地，基于互联网的物联网技术将使互联网突破虚拟空间，连接越来越多的实物设备，包括科技、服务业、医疗生命科学、无人驾驶、交通运输业等领域。依靠物联网连接的设备将变得更加智能，从而改变全球范围的生产和消费模式，真正意义的全球生产和消费即将到来。根据英国金融时报网 2017 年 12 月 20 日文章：一个与众多快递公司相连的大数据平台，每天能处理 9 万亿条信息，并调动 170 万名物流及配送人员；中国有数百万家公路运输企业，其中 95% 都是个体户或小公司，缺乏透明的实时行程信息意味着公路运输的空载率约为 40%，与德国和美国的 10%—15% 的空载率差距甚大。物联网技术的应用有望大幅提升运输效率且降低空载率。三是数据信息成为互联网经济的最重要生产要素，数字经济成为与生物经济、化学物理经济相对应的新经济形态。数据信息的开放、共享和广泛应用将极大提高全社会的资源配置效率，成为提高全要素生产率的关键要素。研究表明，目前全球 22% 的 GDP 与涵盖技能与资本的数字经济紧密相关，到 2020 年，数字技术的应用将使全球实现增加值 2 万亿美元，到 2025 年，全球经济总值增量的一半将来自数字经济。① 互联网技术的应用和大数据的

---

① 埃森哲战略 2016 年报告《数字化颠覆：实现乘数效应的增长》。

开发，使生产、流通、消费的链条更加国际化了。

2. 机器人和智能制造将极大扩张工业化的版图

机器人替代人工生产已成为未来制造业重要的发展趋势，工业机器人作为"制造业皇冠顶端的明珠"，将推动制造业自动化、数字化、智能化的早日实现，为智能制造奠定基础。根据《世界机器人报告（2017）》（IFR，2017），2016年将销售29.4万台工业机器人，且预测从2017—2020年，总共将有约170万台新的工业机器人被生产并运用于世界各地工厂，中国是世界最大的机器人市场，世界范围内工业机器人销售量如图2所示。机器人的广泛使用，将满足生产方式向柔性、智能、精细转变，构建以智能制造为根本特征的新型制造体系已在全球工业国家中普遍出现。

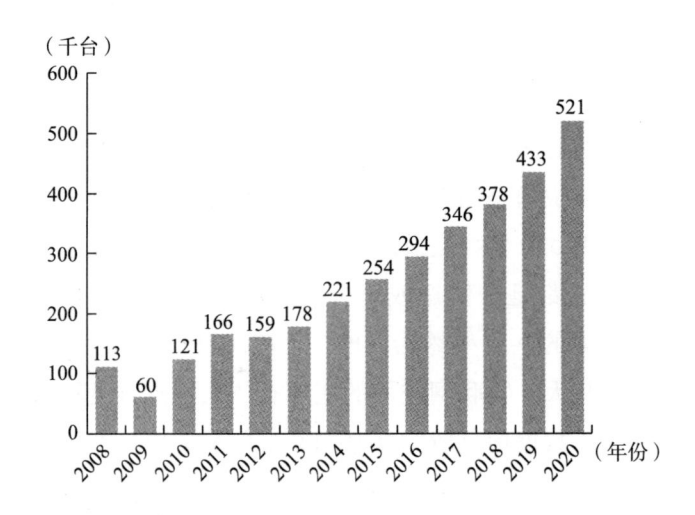

图2 世界范围内工业机器人销售量（2008—2020年）

注：2017—2020年为预测值。

资料来源：International Federation of Robotics（2017）。

工业互联网、物联网、大数据、云计算等新技术也正在向智能化制造方向延伸。以中国的三一集团构建的"树根互联的根云服务平台"为例，该平台覆盖了40多个细分行业，接入高价值设备

40万台，连接千亿元级资产，为客户开拓超百亿元收入的新业务；并能够支持45个国家和地区的设备接入。① 这为工业化在世界更广大地区的普及和发展创造新机遇和新模式，也为中国和其他发展中国家工业生产模式升级和发展方式转变提供了新的关键因素。

3. 高速运输技术引发新产业形态并将影响未来的贸易版图和产业布局

近年来，由航空运输、高速铁路运输（简称高铁）、城市地铁，以及把它们连为一体的换乘服务网络所组成的高速运输技术快速发展。例如，现在中国、日本、法国和德国的高铁时速普遍高达300km/h（km/h＝公里/小时），法国地中海线和东欧线最高时速可达320km/h，法国高铁试验更是创造了574.8km/h的高速。另外，根据世界铁路联盟（UIC）发布的数据，截至2017年4月，中国高铁已投入运营里程高达2.39万公里，在建里程达1.07万公里。日本已投入运营的新干线里程高达3041公里，在建和规划里程分别为402公里和179公里。其他国家如法国已投入运营的高铁里程为2142公里，在建和规划里程分别为634公里和1786公里，欧洲主要发达国家联合建成了欧洲高铁网络。图3给出了2009—2017年全球高铁运营里程数，截至2017年4月，全球已投入运营和在建高铁总里程达5.32万公里。

此外，航空运输也越来越普遍，表1给出了2008—2015年全球航空运输货物量变化情况，可见总体增长趋势较为明显。航空运输的普及催生了临空经济，即促使航空港相邻地区及空港走廊沿线地区出现生产、技术、资本、贸易、人口的聚集，从而形成多功能的经济形态区。从国内外实践看，临空经济区大多集中于空港周围6—20公里范围内，或在空港交通走廊沿线15分钟车程范围内，以空港为核心，大力发展临空产业。城市地铁与轻轨交通技术的普及，则提升和扩展了城市发展空间与城市群，把城市的经济集聚功

---

① 转引自《参考消息》2017年12月8日第4版。

能提升到空前水平,特别是把城市的公共产品生产和公共服务功能的意义提升到前所未有的水平,从而改变现代化城市的内涵和条件。航空运输、高铁和城市地铁组成的高速运输网络把世界空前紧密地结合在了一起。

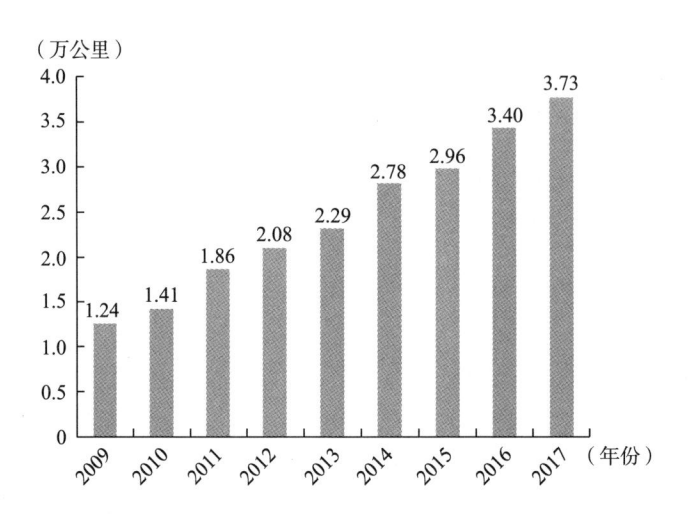

图3 全球高铁运营里程数(2009—2017年)

(万公里)
- 2009: 1.24
- 2010: 1.41
- 2011: 1.86
- 2012: 2.08
- 2013: 2.29
- 2014: 2.78
- 2015: 2.96
- 2016: 3.40
- 2017: 3.73

资料来源:世界铁路联盟。

表1　　　　　　　　全球航空运输量(2008—2015年)

年份	总运输量(10亿吨公里数)	国际运输量(10亿吨公里数)
2008	168.57	142.28
2009	153.61	129.76
2010	183.98	158.03
2011	184.53	158.03
2012	182.43	156.3
2013	184.97	158.98
2014	194.01	167.29
2015	198.28	171.47

资料来源:OECD and ITF(2017)。

"一带一路"建设利用上述高速运输技术,将推动沿线国家基础设施互联互通,引发国际贸易和生产的变革。中国古代的"丝绸之路"曾经创造了千年的东西贸易路线和陆权经济，宋代航海技术的发展和"海上丝绸之路"的开辟，创造了海上贸易路线和海权经济并替代了陆路贸易路线。今天的"一带一路"建设推动陆上、海上、天上、网上四位一体联通，其"蝴蝶效应"将是世纪性的变革。短期看，中亚国家的谷物和农产品将比通过海路运输到达中国市场的北美和澳大利亚农产品更有竞争力，从而改变原有的生产和贸易垄断格局、定价权格局和农产品加工的产业布局。

4. 纳米技术和新材料产业、生命科学和新医药产业为世界各国的创新发展提供了新的技术选择

这种新的技术选择有利于摆脱现代工业生产对矿物资源，特别是金属矿物资源的依赖，建立新的国际分工和产业体系，从而为各国增长联动、利益融合提供新的国际分工机遇，支撑全人类的共同价值理念。

5. 能源新技术重大突破带来能源生产与消费的革命

新能源技术与电网的改造、能源与云计算、大数据、物联网和移动通信等新技术的结合，将催生"数字能源"新业态，推动传统"一对多"的集中供能模式转变为"多对多"网络互动供能模式，并衍生出虚拟能源货币等新型能源消费模式，使每个能源消费者成为潜在的能源供给者。例如，欧洲最大的储能企业 Sonnen 正在打造能源行业的 Facebook，实现每一块储能电池与邻居和社区的太阳能、电动汽车电池、用能设备相连接，实现在物联网中的能源共享。"互联网+能源"将改变传统生产者经过多环节到达消费者的价值链，消费者可和生产者直接相连，甚至可参与生产、研发和流通环节，建立起消费者生产的社交生态系统，消费者也变成了潜在的能源供给者，从而改变能源的传统生产与消费格局。这在德国、美国等发达国家都已有地区性和单个城市的成功案例。

（二）新产品、新业态与新的社会化生产

从经济学意义上讲，新时代生产力变化的重要标志不仅是弱化了生产者与消费者的界限，而且还表现为：生产过程中的投入品、

中间品从物质产品向数据信息产品转变；产业形态从物质商品生产向各类公共产品生产和供给转变；生产集聚从产品生产协作集聚向生产性服务集聚、公共服务集聚转变。所以，新产品不仅包括有形的物质资料产品，更重要的是无形的数字信息产品，其中后者更具有划时代意义。数字信息产品不仅是必不可少的中间产品，也是越来越常见的直接消费品。随着人类物质商品生产能力的极大提高，制约人类生活质量提高的关键因素已经转变为公共产品和服务，例如医疗卫生、继续教育、健身养老、城市公园、文化艺术、体育娱乐等领域。随着生产集聚告一段落，新的社会化生产表现为生产性服务集聚和公共服务集聚。

最值得关注的是数字经济，李克强总理早在2017年两会工作报告中就提及过数字经济，党的十九大报告再次出现数字经济的新提法。数字经济包括互联网、电子商务、机器人、人工智能、物联网、云计算、大数据、3D打印、数字支付系统等。它不仅是新的产业形态，更是新的社会化生产方式。它使大量消费转移到互联网，网上直接消费是数字经济的重要特征。它也使生产过程更加紧密联合，以物联网为例，根据国际数据公司（IDC）的最新物联网报告，全球物联网投资在2017年预计将超过8000亿美元；到2021年，企业针对物联网所需的硬件、软件、服务和连接的投资接近1.4万亿美元。① 根据思科公司的调研报告，到2020年全球物联网接入设备将达到500亿台，越来越多的工业设备连接在一起，将产生更多的数据为现有网络服务，改变现有生产模式。

在人类发展历史中，首先出现的是农业生产和农业产品，体现为农业经济并表现为自然科学意义上的生物经济；之后出现了工业产品和工业生产，体现为工业经济，表现为自然科学意义上的物理化学经济；再之后出现了服务生产和服务劳动产品，体现为服务业

---

① 新浪科技：《IDC：2017年全球物联网花费增长16.7%，将超过8000亿美元》，2017年6月15日，新浪网：tech.sina.com.cn/roll/2017-06-15/doc-ifyhfhrt4283937.shtml。

和服务劳动经济。当今及未来一个时期，随着数据信息产品的生产和信息化产品的快速发展，产业经济学原有的三类产业划分面临挑战，数字经济和第四产业将成为社会化大生产的重要组成部分。经济学需要解释这样一种现象：一种产品的生产，主要不依靠固定资本投入，而主要依靠无形资本投入；主要不依靠有形市场交换，而主要依靠虚拟市场交换；主要不依靠线下消费，而主要依靠线上消费，这可能就是未来的第四产业。

事实上，数字经济已经粗具规模。2017年10月，联合国贸易与发展会议（UNCTAD）发布了《信息经济报告2017——数字化、贸易与发展》（UNCTAD，2017），综合阐述了数字经济的发展现状、带来的机遇及挑战等。表2整理了该报告的若干数据，目前信息及通信技术（ICT）商品和服务的全球产值已占到全球生产总值的6.5%，仅ICT服务部门就解决了1亿人的就业。2015年，全球电子商务销售额达到25.3万亿美元，约3.8亿消费者在国外网站上进行消费，跨境B2C电子商务价值约为1890亿美元。在数字化制造方面，机器人的销售量处于有史以来的最高水平，全球3D打印机的出货量在2016年增长了一倍多，达到45万多台，预计到2020年将达到670万台。表3则整理了世界主要国家数字经济重要发展指标，各国互联网使用人数、ICT服务增加值、电子商务都已具有相当大规模。

表2　　　　　　　　　　全球数字经济发展指标

指标	表现
ICT商品和服务的生产（2016年）	全球GDP的6.5%
ICT服务部门就业人数（2016年）	1亿人
ICT商品贸易额（2015年）	2万亿美元
ICT服务出口上升百分比（2010—2015年）	40%（2015年已达4670亿美元）
全球电子商务销售额（2015年）	25.3万亿美元（2013年才16万亿美元）

续表

指标	表现
跨境 B2C 电子商务交易额（2015 年）	70 亿美元
海外网站购买人次（2015 年）	3.8 亿人次
全球互联网通信使用流量	2019 年将是 2005 年的 66 倍

资料来源：整理自 UNCTAD（2017）。

根据《中国经济周刊》2017 年第 49 期采集的数据，2016 年中国数字经济规模高达 22.58 万亿元，占 GDP 比重为 30.3%，位列全球第二；中国电子商务交易额占全球比重超过 40%；中国个人消费移动支付额 7900 亿美元。预计到 2020 年，中国信息产品消费额将达到 6 万亿元，电子商务交易额达到 38 亿元。而且，数字信息已经成为一种重要的生产要素，将改变经济和社会生产模式。中共中央政治局 2017 年 12 月 8 日就"实施国家大数据战略"进行第二次集体学习时提出"要构建以数据为关键要素的数字经济"。这一论述首次明确数据是一种生产要素，并肯定其在发展数字经济过程中所起的关键作用。美国《财富》杂志网站 2017 年 12 月 5 日发表了麦肯锡全球研究所所长乔纳森·威策尔的文章《中国如何成为数字领袖》，称三类数字化正在推动生产力变革：脱媒：数字化解决替代中间商；分解：汽车和不动产等大件商品被分解重新包装或服务；虚拟化：网络消费的兴起。这种力量到 2030 年将转移和创造中国 10%—45% 的产业收入，这是一种大规模的创造性破坏。

表 3　　世界主要国家数字经济重要发展指标（2015 年）

国家	互联网使用人数（百万人）	国家（地区）	ICT 服务增加值（10 亿美元）	占 GDP 比重（%）	国家	电子商务规模（10 亿美元）	占 GDP 比重（%）
中国	705	美国	1106	6.2	美国	7055	39
印度	333	欧盟	697	4.3	日本	2495	60
美国	242	中国	284	2.6	中国	1991	18

续表

国家	互联网使用人数（百万人）	国家（地区）	ICT 服务增加值（10 亿美元）	占 GDP 比重（%）	国家	电子商务规模（10 亿美元）	占 GDP 比重（%）
巴西	120	日本	223	5.4	韩国	1161	84
日本	118	印度	92	4.5	德国（2014）	1037	27
俄罗斯	104	加拿大	65	4.2	英国	845	30
尼日利亚	87	巴西	54	3.0	法国（2014）	661	23
德国	72	韩国	48	3.5	加拿大（2014）	470	26
墨西哥	72	澳大利亚	32	2.4	西班牙	242	20
英国	59	印度尼西亚	30	3.5	澳大利亚	216	16

资料来源：整理自 UNCTAD（2017）。

数据信息的生产成为互联网经济的重要投入要素，通过互联网向传统产业的不断延伸，互联网交易成为新的市场活动，虚拟市场交易使交换的附加值明显提高，甚至成为附加价值的主体部分，从而才有"互联网+"，而不是"+互联网"的说法。特别地，当数据信息直接进入消费领域的时候，其产业性质更明显发生了变化。根据工业和信息化部 2017 年 9 月发布的数据，我国移动应用程序（APP）市场持续活跃：截至 2017 年 8 月，市场上移动互联网 APP 数量超过 404 万款；游戏类、生活服务类、电子商务类、主题类、办公学习类、运动健康类、影音播放类 APP 分别达 112 万、52.8 万、42.6 万、34.5 万、33.6 万、23.8 万、14.8 万款。其他如以物流企业、货运运输服务 APP 和具有自有物流服务能力的电子商城为代表的智慧物流类 APP 数量超过 14000 款；提供二维码扫码、转账等金融支付功能的网络支付类 APP 数量则超过 9400 款。

（三）分工与交换的变化

根据马克思主义政治经济学，技术和生产力的变化，必然带来分工的深化和交换的扩大。分工反过来又促进了生产效率的提高。

进入新时代，上述新的技术进步和生产力的发展，直接促进了新的交换方式的出现和扩大，并深刻地影响一国经济和世界经济。

第一，跨境电子商务、数字贸易改变了传统国际贸易的业务形式，从而改变了分工、交换、金融服务等形式，海外仓库的普遍建立改变了跨国公司布局全球价值链的传统经营方式。跨境电子商务快速发展，根据《2015年全球电子商务发展指数》数据，2015—2018年全球跨境电子商务将实现两位数增长。UNCTAD则估计2015年的跨境B2C规模达到1890亿美元，有3.8亿人次的消费者有海外网站购买经历，各国的跨境B2C规模可见表4。第三方机构艾媒咨询发布的《2016—2017中国跨境电商市场研究报告》给出了2013—2018年中国跨境电商交易规模及预测（见图4）。2016年中国跨境电商交易规模达6.3万亿元，海外购买人次达4100万，预计到2018年达8.8万亿元，海外购买人次达7400万。根据英国《金融时报》网站2017年12月20日文章，中国已经拥有世界上最庞大的电商市场，占全球电商交易总额的40%并且仍有极大上升空间。跨境电商的核心是仓储，在国内是保税仓，在国外是海外仓。目前，由于自由贸易协定及各国自由贸易试验区在政策上支持并降低了保税仓和海外仓建立的成本，各种类型的保税仓和海外仓不断增多。世界各国政府也都高度重视跨境电商，中国国务院2015年发布的《促进跨境电商的指导意见》明确提出，2016—2020年跨境电商年均增速要达到30%以上。美国2015年发布的跨境电商10年发展规划也提出要在2025年实现跨境电子商务规模占整个国际贸易的70%，欧盟、日本也都出台了相应的发展规划。

表4　　　　跨境B2C购买额和购买人次（2015年）

国家	购买额（10亿美元）	购买人次（百万人次）
美国	40	34
中国	39	70
德国	9	12

续表

国家	购买额（10亿美元）	购买人次（百万人次）
日本	2	9
英国	12	14
法国	4	12
荷兰	0.4	4
韩国	3	10
加拿大	7	11
意大利	3	6
加总	119.4	182
世界	189	380

资料来源：整理自 UNCTAD（2017）。

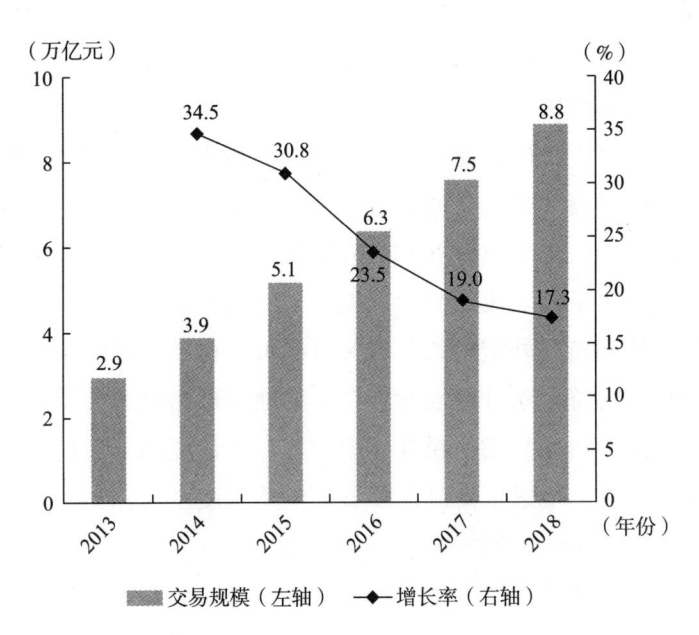

图 4　中国跨境电子商务规模及预测（2013—2018 年）

资料来源：商务部、海关总署、艾媒咨询。

第二，中欧班列的大量开行、站点和海外仓库的建立，不仅开创了新陆地运输物流贸易方式，而且改变了以往"投资—生产—

贸易"的传统经济合作形式，形成了"运输物流—贸易—生产—运输物流—贸易—生产"新的经济循环形式。近6年来中欧班列发展迅猛，开行路线和里程不断增多，运输货物品种逐步拓展。根据《经济日报》2017年11月18日对中国铁路总公司的采访数据，自2011年开行以来，中欧班列累计开行数量已突破6000列，2017年中欧班列开行数量也已突破3000列，创年度开行数量历史新高，超过2011—2016年开行数量的总和。中欧班列运行线达到57条，国内开行城市35个，可达欧洲12个国家的34个城市。中欧班列作为运输大动脉，连接各国工业园区，形成了新的国际生产分工格局。中欧班列运营公司在运行站点建立各类海外仓，不仅促进跨境电商的发展，而且形成新的采购销售模式。所以，中欧班列不仅改变了国际贸易运输方式，更是形成了国际生产分工、交换的模式。

第三，贸易新模式新业态的发展。跨境电子商务、一站式仓储运输、市场采购贸易等对外贸易新业态、新模式蓬勃发展。目前，我国已经培育一批电商龙头企业，搭建了覆盖范围广、系统稳定性强的大型电子商务平台，通过连接金融、物流、电商平台、外贸综合服务企业等，为外贸企业和个人提供物流、金融等供应链配套服务，大幅缩短了外贸流通时间，提高了外贸企业的效率。市场采购贸易方式作为新的外贸模式，有关机构可以在经认定的市场集聚区采购商品，由符合条件的经营者在采购地办理出口通关手续，简化了市场采购出口商品增值税征、退管理方式，提高了市场采购出口商品通关便利，推进了商品国际贸易汇兑制度创新。

（四）新的社会交换关系

分工与交换的变化也催生出新的社会交换关系。一是传统城乡关系被颠覆，工业生产与农业生产的对立，物理化学经济与生物经济的对立，曾是传统城乡生产交换以及城乡关系的基本内容。但这种格局已经被日益改变：乡镇中小城市以及非经济核心区域则以工农业生产、生物和物理化学经济为主，大城市和经济核心区以科技研发、服务经济、数据信息、数字经济与公共品生产为主，从而形成新型的城乡关系和区域关系。二是新型社会交换关系也将深刻影响国际社会,传统"中心—外围"论描述的国际经济关系也必然发生变革。数字经济的发展,将使生产者之间、消费者之间、生产者与消费者之间发生更为直接的交换,中小企业可以借助平台企业服务于全世界的市场主体,从而使传统的发达国家依托跨国公司,组织全球化生产、交换和消费,而发展中国家附属于发达国家的生产交换关系发生根本性变革。这种生产力范畴的变革进而会影响国际间的生产关系变革,朝着网状型、平等型国际经济关系转变。当然,这种变化将是世纪性的持续过程。

(五) 微观主体的变化与共享经济

这里的微观主体包括社会生产交换关系的组织主体和消费主体,它们是社会生产力的形成者和消费者。首先是生产交换关系的组织主体的创新。以往是依托大公司,例如经济全球化主要依托大型跨国公司,但它难以承担普惠性和共享性的使命。随着互联网和数字经济的发展,平台企业将逐渐成为新的生产交换关系的组织主体。根据全球企业中心(CGE)的《平台型企业的崛起——全球调查》报告(Evans & Gawer, 2016),平台企业指的是具有网络效应(network effect),能够捕捉、传递和加工数据的企业,可以分为4种类型。第一类是交易型平台,能便利化市场主体的交易,例如 Uber、腾讯。第二类是创新型平台,便于创新者在其基础上开发出各类应用型创新,例如微软、英特尔。第三类是复合型平台,兼具交易型平台和创新型平台属性,例如谷歌、苹果公司、亚马逊、阿里巴巴。第四类是投资型平台,主要指投资公司,如日本软银公司。其中,复合型平台企业一般市值更大。该报告识别出全球176家平台型公司,总市值超过4.3万亿美元。平台公司广泛分布于世界各地(见表5),其中亚洲82个,北美64个,欧洲27个,非洲和拉美总共3个。中国和美国占有亚洲和北美的绝大部分平台公司,分别为64个和63个。平台企业快速发展,根据普华永道数据①,截至 2017 年 3 月 31 日,全球市值前 6 位企业中,平台企业占 5 家,分别是苹果公司、谷歌、微软、亚马逊和 Facebook。平台企业能连接各类中小企业和消费者,降低它们之间的交易成本,使社会交换更快进行,从而使中小企业更好地参与社会化生产和交换,更具普惠性和共享性。所以,平台企业将主导未来的新经济业态,是继跨国公司之后又一个新经济现象。大平台将带来大市场,同时也要求交易规则创新和环境改善。其次,非平台类生产主体变得更加小型化、专业化。例如,互联网平台中的众多小微型企业更加专业化,临空经济中航空运输物流企业更加小型化、个性化、网络化,人工智能化的各类生产经营组织更加专业化和智能化。最后,消费主体的变化,主要是数字家庭的出现,家庭变得更加网络化、智能化。

表 5　　平台型企业数量、市值及雇用人数(2015 年)

地区	数量(个)	市值(10 亿美元)	雇用人数(百万人)
北美	64	3123	82
亚洲	82	930	35.2
欧洲	27	181	10.9
非洲和拉丁美洲	3	69	2.7
加总	176	4303	130.8

资料来源:整理自 Evans & Gawer (2016)。其中各国平台型企业数量如下:美国有 63 家;中国、印度、日本分别有 64、8、5 家;英国、德国、俄罗斯、法国分别有 9、5、3、2 家。

微观组织主体的变化也要求国际交易制度创新。由于国际贸易是在法律制度不同、文化语言和传统习俗不同的国家间进行,因此

---

① www.pwc.com/gx/en/audit-services/assets/pdf/global-top-100-companies-2017-final.pdf.

不仅发展出一套制度，而且衍生出各种专业服务机构，一般来说，发达经济体的国际贸易服务比较健全且容易获得，发展中经济体和落后地区则比较困难。出于提高效率的需要，国际贸易中的海关、商检、税务、金融等服务，主要是为大企业准备的，中小企业获取这些服务不仅难度大，而且成本高。跨境电子商务的发展，提供了普惠性国际贸易的便利性。因此，2017年12月14日，世界贸易组织发布了《电子商务联合声明》，呼吁全球电子商务的重要性以及为最不发达国家及其中小企业创造包容性贸易的机会。

平台企业不断取代传统跨国公司，具有更大共享性，中小企业可以直接与消费者对接，体现为共享经济。从经济学意义上概括，共享经济的含义是：生产方式较少依赖对固定生产条件的占有（例如，平台企业），或对生产条件的共同利用更有效率；而较多依赖生产者的智力、技术和数据，人力资本比物化资本更重要，在一定程度上摆脱了"死劳动对活劳动的统治"；生产过程中的分工与协作较少带有强制性，而更多体现个性化的意愿与参与；在分配中，人力资本和各类无形资产在虚拟空间中的报酬所得要高于物化资本的所得。人力资本成长、无形资产和新的社会交换关系将促进共享经济的发展。城市的集聚和城市群、公共产品生产的集聚，高速交通运输的便利性，为人力资本成长提供了前所未有的有利因素。城市间的"通勤"现象，实际是服务贸易便利化的突出表现，"通勤"成为技术、信息、教育、医疗、文化等各种服务贸易的常见形式。人的"通勤"背后体现的是服务的"通勤"，其实质就是共享经济。当然，一些平台企业也使许多物质资本可以共同利用，直接成为共享，例如爱彼迎（Airbnb）、优步（Uber）、滴滴等。

新型微观主体的勃兴和共享经济特征继续发展的另一个重要表现是全球无形资本投入的增长。2017年12月5日世界知识产权组织发布了《2017年世界知识产权报告：全球价值链中的无形资本》，由于在全球范围内还没有无形资本投入的统一标准和统计，因此该报告实际是采用无形资本在产品销售份额中的比重来显示无形资本投入的重要性。报告显示，2000 年无形资本平均占销售制成品总值的 27.8%，2014 年上升到 30.4%；同期，无形资本收入实际增长 75%，2014 年达到 5.9 万亿美元。其中食品、机动车和纺织品这三大类产品占全球制造业价值链中无形资本总收入的 50%。该组织总干事弗郎西斯·高锐说，当今全球价值链中，无形资本将逐渐决定企业的命运和财富，它隐蔽在产品的外观、感受、功能和整体的吸引力中，决定了产品在市场上的成功率，而知识产权是企业维持无形资产竞争优势的手段。无形资本与有形资产具有许多不同，它可以反复出售，具有延展性和溢出性，其独占性特征比固定资产弱；同时它还具有协同性，因而也更具有共同开发、共同使用和占有的特性。联合国贸发会议出版的《世界投资报告 2017》也间接地统计了这类无形资本投入的增长：2014—2016 年全球专业和商务服务业外商直接投资平均规模达到 1625 亿美元，比 2009—2011 年平均水平增长了 63%，占全球外商直接投资的比重从 2009—2011 年平均水平的 7.79% 上升到 2014—2016 年的 11.5%，提高了 3.71 个百分点，是比重上升最明显的产业。无形资本投入的不断发展将使传统经济学面临严峻挑战。传统经济学经济增长理论中的投资概念，主要是指固定资本投资，增长的投资需求是指"固定资本形成"。无形资本投入不断增长的现实，正在颠覆传统经济增长理论逻辑，需要统计学和经济学重新研究资本投入的概念和经济增长的逻辑。

四 结语

习近平新时代对外开放思想是中国特色开放型经济理论的最新境界，也是中国对外开放领域马克思主义政治经济学的最新发展。一方面，它顺应了世界经济多极化、各国经济联系日益紧密的客观历史潮流，吸收了前人理论中（包括西方学者）关于贸易投资自由化、经济全球化以及国际经济治理和调控的合理成分,成为构建开放型世界经济观点的思想来源;另一方面,它又旗帜鲜明地提出了不同于"经济人假设"和霸权主义国际公共品供给方式的理论观点,用创新发展、增长联动、利益融合等朴素的语言建构了中国语境的政治经济学体系的价值观和理论基础。

如何论证习近平新时代对外开放思想的马克思主义科学性,我们遵循的是马克思主义的观点和方法论。马克思和恩格斯通过对资本主义生产力和生产方式等物质基础的分析,以及工人阶级力量成长的认识,完成了社会主义理论从空想到科学的创造,论证了科学社会主义的真理性。本文力图遵循这种研究范式,通过对新的技术变革和生产力的发展,分工和交换关系的变化,数字经济和新微观主体的涌现,以及共享经济的萌芽等实际经济活动,来论证习近平新时代对外开放思想的马克思主义科学性。本文初步完成了这个论证,但并不意味着这个工作已经结束,理论工作者的任务就是去不断发现和论证这种已经被实践证明了的科学思想,并且不断从新的实践发展中总结新的经验事实,不断完善自己的发现和论证。

参考文献

诺贝尔经济学奖委员会:《理查德·塞勒:将心理学融入经济学》,张延、张轶龙译,《经济学动态》2017年第12期。

裴长洪:《全球经济治理、公共品与中国扩大开放》,《经济研究》2014年第3期。

[美] 威廉·I. 罗宾逊:《全球资本主义论》,高明秀译,社会科学文献出版社2009年。

中国网络空间研究院编:《世界互联网发展报告(2017)》。

Evans, P., and A. Gawer, 2016, "The Rise of the Platform Enterprise: A Global Survey", *The Emerging Platform Economy Series*, No. 1.

International Federation of Robotics (IFR), 2017, *World Robotics Report* 2017.

OECD and International Transport Forum (ITF), 2017, *ITF Transport Outlook* 2017.

Roland, Robertson, 1992, *Globalization: Social Theory and Global Culture*, Thousand

Oaks, Calf: Sage.

UNCTAD, 2017, *Information Economy Report* 2017 – *Digitalization*, Trade and Development, United Nations Publication.

Waters, Malcolm, 1995, Globalization, London: Routledge.

WIPO, 2017, *World Intellectual Property Report* 2017, Intangible Capital in Global Value Chains, Geneva.

（原载《经济研究》2018 年第 2 期）

习近平经济全球化科学论述的学习与研究*

自 2008 年国际金融危机以来,经济全球化不复往日的高速增长态势,国际贸易和投资的增长速度都有一定程度下降。"逆经济全球化"思潮在世界各国泛滥,认为国际贸易将出现"大崩溃"(great slowdown)。经济危机使部分国家民众的生活水平有所下降,一些国家的贸易保护主义措施也卷土重来。针对这种"逆经济全球化"思潮和行动,习近平总书记在国内,国外多个场合阐述了他的观点和理念,这是我们正确认识当前和未来经济全球化新趋势的思想理论基础,也是经济全球化在未来再平衡过程中朝着健康方向发展的行动指南。

一 习近平经济全球化科学论述的新观点、新理念

党的十八大以来,习近平针对经济全球化新形势阐述了一系列新观点、新理念,可概括为以下几个方面:

(一) 经济全球化新阶段的定位

习近平敏锐地察觉到经济全球化趋势正在发生变化,在不同时期和不同场合的一系列观点有力驳斥了"逆经济全球化"思潮和论调,为正确把握经济全球化未来发展趋势提供了理论指导。2014 年 12 月,在党的十八届中共中央政治局第十九次集体学习时指出:"要准确把握经济全球化新趋势和我国对外开放新

---

* 合作者:刘洪愧。

要求。"① 2014 年 11 月,习近平指出:"要充分估计世界经济调整的曲折性,更要看到经济全球化进程不会改变。"② 2016 年 11 月,他进而阐释:"经济全球化进入阶段性调整期,质疑者有之,徘徊者有之。应该看到,经济全球化符合生产力发展要求,符合各方利益,是大势所趋。"③ 2016 年 11 月,习近平进一步说明:"新一轮科技和产业革命正孕育兴起,国际分工体系加速演变,全球价值链深度重塑,这些都给经济全球化赋予新的内涵。"④ 2017 年 1 月,习近平更加坚定地阐明:"历史地看,经济全球化是社会生产力发展的客观要求和科技进步的必然结果,不是哪些人、哪些国家人为造出来的。"⑤

一段时间以来,随着世界贸易和投资增速下降、英国脱欧、特朗普当选美国总统、TPP 夭折、全球范围内的贸易保护主义措施上升等,"逆经济全球化"越来越成为经济学家和政策制定者们关注的焦点,甚至成为普通人谈论的热词。国际贸易近年来的增速放缓是一种暂时性现象,还是代表经济全球化新阶段,甚至意味着"逆经济全球化"?正确解答这些问题具有重大的现实意义。在一些人的意识里,"经济全球化新阶段"和"逆经济全球化"可能是一个意思,但事实上,两者存在重大的差别。失之毫厘,谬以千里,正确区分两者的差别意义重大,有助于纠正我们在认识和观念上的偏差。习近平的上述观点和各种迹象均表明,经济全球化确实进入了一轮结构性减速转型时期,可能会持续很长一段时间,但是

---

① 习近平:《在十八届中共中央政治局第十九次集体学习时的讲话》,《人民日报》2014 年 12 月 7 日。

② 习近平:《习近平出席中央外事工作会议并发表重要讲话》,新华网 2014 年 11 月 29 日。

③ 习近平:《面向未来开拓进取 促进亚太发展繁荣——在亚太经合组织第二十四次领导人非正式会议第一阶段会议上的发言》,《人民日报》2016 年 11 月 22 日。

④ 习近平:《深化伙伴关系 增强发展动力——在亚太经合组织工商领导人峰会上的主旨演讲》,《人民日报》2016 年 11 月 21 日。

⑤ 习近平:《共担时代责任 共促全球发展——在世界经济论坛 2017 年年会开幕式上的主旨演讲》,《人民日报》2017 年 1 月 18 日。

这并不意味着"逆经济全球化",而是意味着进入了经济全球化新阶段,这也是本文下一部分论述的重点。

(二) 经济全球化新理念的提出

在肯定经济全球化总体趋势不可逆转以及利大于弊的同时,习近平也指出经济全球化造成了一系列负面影响,需要倡导经济全球化新理念。习近平意识到并不是所有国家、所有群体都从经济全球化中获得同等收益。2014年3月,他指出:"推动经济全球化朝着普惠共赢的方向发展。"① 2016年11月,习近平在两次讲话中进行了详细阐述:"经济全球化是一把双刃剑,既为全球发展提供强劲动能,也带来一些新情况新挑战,需要认真面对。我们要积极引导经济全球化发展方向,着力解决公平公正问题,让经济全球化进程更有活力、更加包容、更可持续。"②③ 这两次讲话也构成了习近平经济全球化思想的基础。习近平不仅注意到经济全球化所引起的若干负面问题,而且指出了解决问题的方向。2017年1月17日,在达沃斯世界经济论坛开幕式主旨演讲中,习近平指出:"我们要主动作为、适度管理,让经济全球化的正面效应更多释放出来,实现经济全球化进程再平衡;我们要顺应大势、结合国情,正确选择融入经济全球化的路径和节奏;我们要讲求效率、注重公平,让不同国家、不同阶层、不同人群共享经济全球化的好处。"④ 习近平的这种思想在2017年1月18日联合国的演讲中,在2017年5月14日"一带一路"国际合作高峰论坛开幕式上的讲话中,以及在

---

① 习近平:《在中法建交五十周年纪念大会上的讲话》,《人民日报》2014年3月29日。
② 习近平:《深化伙伴关系 增强发展动力——在亚太经合组织工商领导人峰会上的主旨演讲》,《人民日报》2016年11月21日。
③ 习近平:《面向未来开拓进取 促进亚太发展繁荣——在亚太经合组织第二十四次领导人非正式会议第一阶段会议上的发言》,《人民日报》2016年11月22日。
④ 习近平:《共担时代责任 共促全球发展——在世界经济论坛2017年年会开幕式上的主旨演讲》,《人民日报》2017年1月18日;《携手推进"一带一路"建设——在"一带一路"国际合作高峰论坛开幕式上的演讲》,人民出版社2017年单行本;《深化金砖伙伴关系 开辟更加光明未来——在金砖国家领导人厦门会晤大范围会议上的讲话》,《人民日报》2017年9月5日。

2017年9月4日金砖国家领导人厦门会晤的讲话中，有了更加精练的表达："推动建设一个开放、包容、普惠、平衡、共赢的经济全球化。"① 这种经济全球化新理念也写进了党的十九大报告，表述为："推动经济全球化朝着更加开放、包容、普惠、平衡、共赢的方向发展。"

（三）中国应对经济全球化新阶段的思路：由被动参与到主动引领

2014年12月，习近平指出："我们必须审时度势，努力在经济全球化中抢占先机、赢得主动。"② 怎样才能赢得主动？历史经验表明只有通过引领经济全球化、主导国际规则制定才能赢得主动。2014年12月9日，习近平更加明确提出："过去只是被动适应国际经贸规则，现在则要主动引领和影响全球经济治理。"③ 2016年1月，习近平阐述："二十年前甚至十五年前，经济全球化的主要推手是美国等西方国家，今天反而是我们被认为是世界上推动贸易和投资自由化便利化的最大推手。"④ 2016年11月，习近平强调："我们要积极引导经济全球化发展方向。"⑤ 这一系列讲话表明随着中国经济和综合国力的增强，我们已经可以且有必要引领经济全球化的新进程。

---

① 习近平：《共同构建人类命运共同体——在联合国日内瓦总部的演讲》，《人民日报》2017年1月20日。

② 习近平：《在十八届中共中央政治局第十九次集体学习时的讲话》，《人民日报》2014年12月7日。

③ 中共中央文献研究室：《习近平关于社会主义经济建设论述摘编》，中央文献出版社2017年版。

④ 习近平：《在省部级主要领导干部学习贯彻党的十八届五中全会精神专题研讨班上的讲话》，人民出版社2016年单行本，第22页。

⑤ 习近平：《深化伙伴关系　增强发展动力——在亚太经合组织工商领导人峰会上的主旨演讲》，《人民日报》2016年11月21日。

二 习近平经济全球化新阶段论断的科学性

经济全球化的发展过程、主要特征以及历史规律都表明：经济全球化进程并不是一帆风顺，总会出现暂时性的停滞甚至倒退，但是其总趋势是不断深化的。新经济地理的不断融入、新科技革命的突破、国际贸易理论的自由化取向、全球经济治理的完善都将使经济全球化继续发展。这些构成了习近平经济全球化新阶段论断的科学性依据。

（一）经济全球化发展过程和主要特征

1. 经济全球化发展过程

经济全球化是历史的、动态的发展过程，事实上很早就开始了。学术界关于经济全球化的起点有不同的判定（罗宾逊，2009），哪种判定标准更为科学合理不是本文研究的重点，我们暂且认为经济全球化开始于第一次工业革命。但需要指出的是，我们通常所谈论的经济全球化一般指第二次世界大战以后，由发达国家的跨国公司所主导的经济全球化。

根据我们能够收集到的数据，本文给出了自1830—2015年共185年以贸易开放度（进口占GDP比重）衡量的经济全球化进程（见图1）。在这段时间内，经济全球化出现了3次持续时间较长的上升阶段（分别是1830—1879年、1903—1920年、1946—2008年）和两次持续时间较长的下降阶段（分别是1880—1902年、1921—1945年）。从1830—1879年间的第一次经济全球化浪潮主要归功于第一次和第二次工业革命的兴起及其在全世界范围的扩散。作为当时世界上最强大的军事、科技、经济和贸易强国，英国主导了此次经济全球化进程。1775年，美国开始其脱离英国的独立战争，随后法国、西班牙、荷兰相继参战支持美国，战争一直持续到1783年。美国的独立战争对当时的世界贸易体系造成了一系列负面影响，使英国再也无法主导经济全球化进程，此后美国以及欧洲大陆国家相继采取贸易保护措施（Taylor，1996），可能引起了 1880—1902 年间的经济全球化下降。经过一段时间的调整，经济全球化在 1903—1920 年间继续深化。虽然第一次世界大战造成了一定干扰，但影响时间很短，此轮经济全球化在 1920 年达到顶峰且超过了以往最高水平。从 1921 年开始，经济全球化再一次进入下降通道，但起初并没有严重衰退，且有复苏的趋势。然而，1929 年爆发全球性"大萧条"，主要经济体纷纷变得内向，采取了保护主义贸易政策，美国 1930 年出台的《斯姆特—霍利关税法案》（Smoot – Hawley Tariff Act）便是例子；紧随其后，发生了第二次世界大战。这些事件共同使经济全球化进一步严重衰退，到 1945 年下降到历史最低水平（1830—2015 年）。第二次世界大战之后，世界重回和平与发展路径，美国替代英国完全主导世界秩序，经济全球化不断深化，超出了历史上任何时期。值得指出的是，"二战"之后的经济全球化进程可进一步划分为两个阶段。1946—1986 年为经济全球化开始提速阶段，1987—2008 年是经济全球化加速发展阶段。考察图 1，我们也发现，即使第二次世界大战之后的经济全球化，它也不是始终上升的，经历了许多短期的下降过程，例如 1980—1986 年间就经历了较为严重的下降过程。

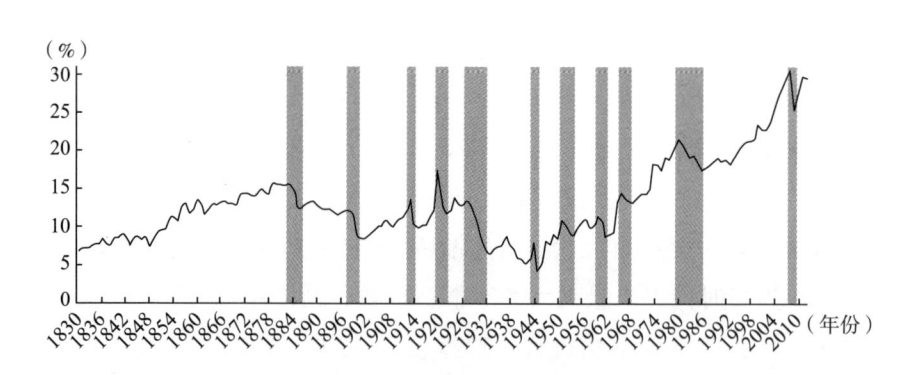

图 1　经济全球化发展历史

资料来源：1830—1976 年数据来自 Chase – Dunn et al.（2000），1977—2015 年数据来自世界银行的世界发展指标（WDI）数据库。

2. 第二次世界大战以来经济全球化阶段的主要特征

第一，制造业国际生产分工深化推进贸易投资自由化。第二次世界大战以后，制造业的国际分工从产业间向产业内、产品内，甚至公司内分工不断深化，产业不断被细分。制造业内部的不同行业成为产业，各行业内部的不同产品成为产业。产品生产过程的技术可分性也使各个工序、各个生产环节成为产业。各个产品内部垂直专业化分工的不断深化和细化，推动了产业内、产品内、公司内贸易的发展，进而推动了国际直接投资的发展，引发了贸易投资自由化的巨大需求和动力。第二，中国融入新经济地理。国际分工的深化和扩大恰恰与中国的改革开放历史性相遇，广袤的中国版图和庞大的中国人口进入新的国际分工体系，扩展了国际分工的能量，扩大了全球贸易投资的规模，成为这个时期经济全球化的最大加速器，也成为贸易投资自由化的最大推动因素，同时也使中国成为经济全球化的重要受益者。第三，跨国公司在全球生产和贸易中的作用日趋重要。跨国公司的经济地位日益重要，它垄断了全球生产的60%、全球贸易的80%和国际直接投资的90%（UNCTAD，2013）。世界500强跨国公司主要集中在美国、欧洲和日本等发达国家和地区，一些新兴市场国家虽然也出现了数量可观的跨国公司，但这些跨国公司也主要集中在少数经济增长较快的经济体中。第四，美元作为全球资源配置工具的影响无处不在。虽然布雷顿森林体系已经瓦解，但美元依然是全球资源配置的主要工具，美元在全球外汇市场中的交易比重、在贸易结算支付、投资计价以及官方储备中始终占据主导地位；美元汇率在很大程度上影响贸易平衡、资本流动以及能源的生产和供给。全世界都追逐美元，美元把自己捧上了国际交易的神坛，美元的衍生品都成为可贸易性的商品。第五，国际经贸政策、国际规则的自由化取向。无论是国际经济贸易政策的协调，还是国际交易的规则制定，都围绕制造业国际分工深化和贸易投资的自由化以不断开辟新的经济地理，不断为跨国公司的全球网络扫清障碍，不断为美元制造范围更大的"特里芬"难题。世界贸易组织成立以及中国加入世界贸易组织，树立了全球经济治理的两大里程碑。第六，国际经济学理论的偏向。这个时期产生的国际经济学理论，其主要偏向是追踪国际分工的深化，从而产生了新贸易理论和新新贸易理论等流派；追踪贸易投资自由化进程，从而产生了经济全球化理论；追踪国际经济贸易政策协调的发展，产生了新凯恩斯主义学说；追踪国际经济贸易规则的制定，产生了全球经济治理的新学说。

（二）习近平力排"逆经济全球化"论述的历史依据

1. 从历史规律看，在没有发生世界性动荡或战争的情况下，"逆经济全球化"根本不可能出现，但是经济全球化确实会出现扩张、停滞和收缩调整的周期性规律

根据上文对经济全球化发展过程的描述，不难发现虽然经济全球化有上升和下降，但是上升阶段更长，而下降阶段更短，且每次下降之后都会上升到一个更高的水平。第二次世界大战以来，和平与发展成为时代主题，经济全球化持续扩张，只是偶尔有所调整（例如，1980—1986年），之后继续扩张。所以说，只要世界处于和平时期，经济全球化都会不断深化；只要不发生世界性的战争，经济全球化就不会长期衰退。考察当前经济全球化面临的全球政治经济背景，虽然各国出台了许多贸易保护措施，但是并不十分严重；虽然存在局部性的地域冲突，但是不可能演变成世界性的战争；虽然旧有经济全球化动力基本消耗殆尽，但是新科技革命和新经济正在破土而出。而且，推动第二次世界大战以来经济全球化进程的主要特征仍然存在，未来将继续发挥作用。例如，国际经贸规则的总体取向仍是自由化，中国进一步融入世界经济并带领许多新的国家融入全球经济地理，跨国公司和市场主体追求利润最大化的动机仍没有改变。所以，当前经济全球化只是在经历较为缓和的调整，未来的经济全球化可能继续深化，也可能稳定在当前状态但有小幅上升和下降，但是不可能发生"逆经济全球化"现象。

2. 从反映经济全球化的贸易和投资数据看，经济全球化的增速在减缓，但是并没有猛烈地下降，而是保持了较平稳的较低增速

全球贸易增速确实已连续多年低于全球GDP增速，很多人便据此认为正在发生"逆经济全球化"。但是这只是对名义贸易增速和名义GDP增速而言，如果仔细考察实际贸易增速和实际GDP增速（见表1），会发现实际出口仍一直大于实际GDP增速。2013年之前，实际进口增速都高于实际GDP增速，2013年以后，实际进口增速也只是偶尔略低于实际GDP增速，两者相差微小。而且，世界银行预计2017年和2018年世界贸易增速将会有所回升，并不会一直下滑。然后看国际投资，全球FDI流量仅在2012—2014年出现连续下降，此后年份交替上升与下降，2015年上升34%，2016年下降2%，2017年预计上升5%左右（UNCTAD，2017a）。根据国家统计公报，中国2016年和2017年实际利用FDI分别高达1260亿美元和1310亿美元（上升4.1%和7.9%）。这说明虽然全球FDI没有达到金融危机前的水平，但其实也没有急剧下降，只是在一个相对低的位置上震荡。

表1　　　　　世界GDP和进出口增速　　　（单位:%）

年份	名义出口增速	实际出口增速	名义进口增速	实际进口增速	名义GDP增速	实际GDP增速
1978—1982	11.50	3.13	11.33	2.41	9.65	2.53
1983—1987	7.16	5.00	6.34	5.30	8.88	3.57
1988—1992	11.03	5.36	9.53	4.92	8.32	2.90
1993—1997	6.87	7.50	7.22	7.37	4.47	2.94
1998—2002	3.06	4.87	3.35	5.21	1.98	2.85
2003—2007	16.51	7.28	16.40	8.04	10.80	3.98
2008—2012	6.74	2.71	6.84	2.52	5.46	2.01
2013—2015	-2.03	3.18	-2.12	2.71	-0.16	2.60
2008	13.82	2.71	14.72	3.13	9.68	1.82
2009	-19.44	-10.21	-19.85	-11.93	-5.19	-1.74

续表

年份	名义出口增速	实际出口增速	名义进口增速	实际进口增速	名义GDP增速	实际GDP增速
2010	19.21	11.65	18.79	12.40	9.62	4.32
2011	18.74	6.61	18.83	6.90	11.11	3.18
2012	1.51	2.81	1.42	2.49	2.20	2.45
2013	2.82	2.89	2.71	2.46	2.80	2.63
2014	1.96	3.64	2.32	3.22	2.67	2.85
2015	-10.86	3.40	-10.68	2.49	-5.42	2.82
2016	-2.20	2.68	-1.89	2.42	1.45	2.49

注：根据世界银行《全球经济前景报告》（2018年1月）估计，2017年和2018年的GDP增速分别为3.0%和3.1%，实际贸易量增速分别为4.3%和4.0%。

资料来源：作者根据世界银行的世界发展指标（WDI）数据库计算。

3. 虽然全球贸易保护主义思潮在上涌，但是并没有出台特别严厉的贸易保护措施，而且历史经验表明，贸易保护措施的作用非常有限

WTO的一项统计研究表明，WTO成员国自2008年全球金融危机以来已经推出2100多项限制贸易的措施。美国更是高举保护大旗，2015年实施贸易保护措施624项，为2009年的9倍（张茉楠，2017）。贸易保护措施的上升确实反映各国经济趋于保守，但是它们并不会对各国进出口有大的影响。

一方面，许多保护措施都是细枝末节性的，只是无关大局的情绪性表达，影响不大。目前最严重的贸易保护措施可能是美国总统特朗普2018年3月8日签署的，针对进口钢材和铝产品分别征收25%和10%关税的公告。有人便据此认为世界（特别是中美两国）已经进入全面贸易战的前沿，但是这种担忧可能并无必要。一是从特朗普提出该项措施的原因来看，他更多是为了履行竞选时的承诺，从而赢得中期选举的筹码。在竞选时，特朗普曾经提出把中国列为汇率操纵国、对中国征收45%的关税等贸易保护措施，但是

至今为止这些措施没有一项得到实施。特朗普也一直宣扬致力于减少美国的贸易逆差。此次签署的公告可认为是部分兑现了他的承诺，从而给美国人民一个交代。所以，其越是搞得声势浩大，越表明其是一种宣传手段和姿态表达。这可从特朗普后来对欧盟、加拿大、墨西哥等国进行豁免来推测。二是从特朗普和美国政府的理性认知角度，贸易战不可能是他们的选项。作为一个成功的商人，特朗普深知贸易战所带来的风险。中美两国作为世界第一大和第二大的贸易国，贸易战对两国经济发展都没有好处。贸易战可能诱发的两国政治经济关系的恶化也是美国所不愿看到的，因为美国在很多国际事务中需要中国的合作和支持。而且，特朗普也明白，如果美国真的发动贸易战，必然会受到来自中国的反制。事实上，中国已经提出对来自美国的农产品、肉类和金属原材料等产品征收15%或25%的关税。由于中国是这些产品的主要进口国，所以一旦该项措施得到实施，美国的许多企业主和农场主将受到极大损失，从而给特朗普和美国政府极大压力，这是其难以承受的。所以，我们认为中美两国之间大范围的贸易战是不太可能发生的。特朗普所提出的这种声势浩大的贸易保护措施最终将以中短期的贸易摩擦收尾。在高姿态宣传之后，两国政府还是会回到正常的谈判轨道。

另一方面，贸易保护措施不一定能够起到作用。研究表明贸易保护主义措施很少起作用（Bairoch，1993）。数据也表明，虽然美国出台了许多贸易保护措施，但是根据UNCTAD《世界贸易和发展报告：2016年》（UNCTAD，2016）的数据，美国2014年和2015年的货物进口量仍分别高达4.3%和4.8%。事实上，贸易保护主义从没有停歇过，经济全球化一直是在克服贸易保护主义的阻挠中前行的。当今的贸易保护主义有扩大之趋势，只是从一个侧面反映出经济全球化可能走得太快太远，没有处理好经济全球化与国内收入分配之间的关系（各国收入分配差距加大，低收入阶层把不利处境迁怒于全球化和市场开放）；也没有处理好区域一体化与主权国家权力分配的关系，更没有处理好国家之间的利益分配关系。当今的经济全球化减速，正是为了腾出时间和资源来处理这些关系。

4. 虽然WTO框架下的多边贸易投资自由化谈判进程受阻，如多哈回合谈判历时15年无果，但是国家之间的区域贸易协定（RTA）（双边自由贸易协定）持续增加

图2显示2008年以来，每年都签订相当数量的RTA。此外，一国自主设立的自由贸易试验区也越来越多，开放度越来越大，例如中国已经设立13个自贸试验区，且要把上海建成自由贸易港。区域贸易协定、自由贸易区、自由贸易港将成为新的推动经济全球化的举措，使世界经济联系依然日益紧密，相互依存继续提高。

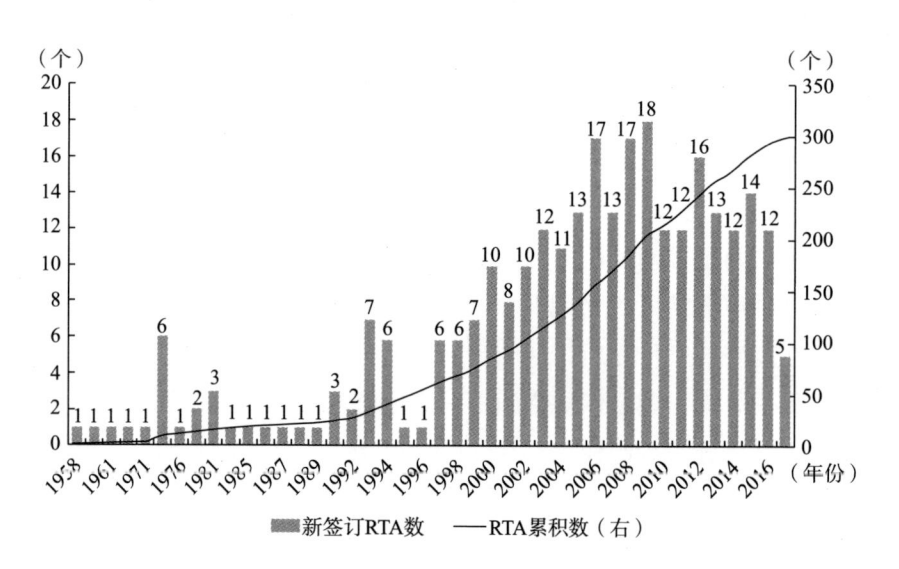

图2　世界区域贸易协定（RTA）发展情况（1958—2016年）

资料来源：作者根据WTO秘书处RTA数据库数据绘制。

（三）习近平经济全球化新阶段判断的现实基础

既然"逆经济全球化"论断并不能成立，那么如何理解当今的经济全球化现状？我们认为经济全球化进入了一个减速转型的新阶段，包括两方面内涵。

1. 经济全球化不可能继续维持危机前的高速增长态势

第一,制造业的全球价值链分工基本成熟定型。自20世纪80年代以来的经济全球化很大程度归功于全球价值链的不断细化和发展,促进了产业内和产品内贸易的发展。但是当全球价值链分工细化到一定程度之时,继续分工的成本就会大于收益,进而使分工停滞。许多研究表明制造业的全球价值链已经成熟(Constantinescu et al.,2015)。数据也显示,在世界总出口中,国外增加值与国内增加值的比重在1995—2005年间上升了8.5个百分点,但是在2005—2012年间只上升了2.5个百分点(Frankel,2016)。对于中国,自2005年后,国外增加值占总出口的比重一直下降;对于美国,进口中的零部件比重也开始下降。这些事实都说明全球制造业价值链已经成熟定型。第二,中国经济增速的放缓和换挡以及经济结构的调整。在过去的30多年中,中国经济的高速增长为经济全球化注入了新的活力。中国的低成本劳动力进一步促进了产品生产的国际分工,中国也提供了广阔但有待开发的消费和投资市场。但是自2012年以来,中国经济增速进入新常态,投资需求开始下降。此外,中国经济结构也在发生变化,服务业比重不断提高,由于服务业的贸易和投资密集度相对于制造业来说都更低,这不可避免将降低中国对世界消费品和投资的需求。中国也越来越由出口和投资驱动型经济增长模式转向消费增长模式,外向型经济不断下降而内向型经济不断上升,对经济全球化造成了一定的挑战。考虑到中国的经济增速和经济结构调整将是一个长期过程,那么对经济全球化的影响也是长期的。第三,新科技革命的创造性作用还没有完全发挥出来。根据熊彼特的"创造性毁灭"理论,新科技革命既有创造性的一面,也有毁灭性的一面。在短期,创造性的一面难以发挥出来,则更多地体现为毁灭性的一面,所以此时的贸易、投资都有可能下降,经济全球化会出现短时的停顿。更为具体地,互联网技术的突破以及广泛运用将覆盖制造业技术进步,从而创造网络经济和制造智能化经济的新空间,但这个过程将是渐进的,而不是突发的，因此新的国际分工体系的形成也将是渐进发展的过程。在这个过程中，体现既有产品和服务结构的国际贸易和投资在数量上的增长将明显减速。第四，全球经济治理正在重构中。经济全球化需要一套满足各国需要的国际经济贸易规则和体系，即全球公共品。没有这套规则，经济全球化将无秩序可循，当现有规则不能反映大多数国家的需要，或者不能满足大多数国家的利益时，经济全球化一般会出现停滞或者倒退。随着新兴经济体经济实力的崛起（特别是中国的崛起），加速了世界经济多极化，发展中国家的经济总量、贸易和投资总量都超过了全球总量的半数，已有国际经济力量对比发生了很大变化。然而，全球经济治理体系仍没有反映这种变化。现有的全球经济治理或者全球公共品仍是以美国为主导建立的，主要的国际经济治理实体如世界银行、IMF 和 WTO 等基本被少数发达国家所把控，掌握着主要的投票权。例如，世界银行的行长一直来自美国，IMF 的总裁总是来自欧洲，副总裁总是来自美国。特别地，美元仍是国际金融领域的主导性全球公共品，在这种经济大格局中仍然作为全球资源配置主要工具有很大不合理性，美元造成的"特里芬"难题对经济全球化有很大的负面影响。

2. 经济全球化的总趋势不会改变

第一，中国的崛起以及持续稳定发展将给经济全球化提供新动力。历史发展规律表明，一个全球性大国的崛起将有利于经济全球化。19 世纪英国崛起，其作为主导者推动了长达一个多世纪的经济全球化进程。第二次世界大战之后美国担负起维护世界秩序、推动经济全球化的任务，使世界经历了从第二次世界大战后到 2008 年金融危机长达半个多世纪的经济全球化浪潮。2008 年金融危机之后，中国继续崛起并开始担当经济全球化引领者，也将推动经济全球化继续深入发展，并呈现新的特色。第二，全球生产分工体系已经建立，很难逆转。第三，跨国资本寻求最优化资源配置的动机没有改变。只要各国的资源、要素禀赋仍然存在差异，跨国资本全球配置资源的动力就不会停滞。第四，新的科技革命不仅已经孕育出生,有的已转化为生产力,新产业、新业态已经出现,新的经济发展周期终将到来。第五,服务的跨国贸易、服务生产的跨国外包日益成为可能,已经成为经济全球化的新动力。第六,"一带一路"建设将使更多国家作为新经济地理因素融入经济全球化。第七,以平台企业为代表的新国际贸易微观载体的兴起,将使广大的中小微企业直接参与经济全球化进程。

三 经济全球化的正负效应及其启示

20世纪90年代,美国曾经作为经济全球化的主要推手,不遗余力发挥引领作用。在贸易投资自由化声浪日益高涨之中,按照美国垄断资本的意愿,结束了长达10多年的乌拉圭回合谈判,于1995年成立了世界贸易组织,建立了全球第一个多边贸易体制。当时美国对经济全球化的积极性来自哪里?美国学者口无遮拦地说破了秘密。第一,美国精英阶层认为,经济全球化将是资本主义制度完胜世界的利器,资本主义生产方式将借助经济全球化不战而胜。1993年美国杜克大学教授阿里夫·德里克在中国演讲时指出:"人类已经进入一个全球经济时代,资本主义的生产方式破天荒地真正成为全球的抽象。"(阿里夫·德里克,1993)第二,美国将成为经济全球化的大赢家。因出版《世界是平的:21世纪简史》而受到全球热捧的美国经济学家托马斯·弗里德曼曾傲慢地说:"在全球化体系中,美国是唯一居于统治地位的超级大国,所有国家都不同程度上从属于它。……我们不是老虎,全球化才是老虎。但是我们最会骑老虎,而且我们正在对其他所有的人说,要么骑上来,要么滚开。我们之所以最会骑老虎,是因为我们把它从虎崽子养大成老虎。"(李世安,2005)

但是,2008年爆发的美国金融危机,给美国人大大地浇了一桶冷水。美国精英们发现,资本主义制度并没有完胜,相反,中国特色社会主义道路很成功;美国也不是大赢家,相反,中国成了大赢家。"失算"的心态引动了民粹主义的潜流，加上失落群体的不满，美国率先掀起了逆全球化的思潮。王平等（2008）发现，从 2008 年 8 月至 10 月，美国媒体发表了大量反对经济全球化的言论，其中《华盛顿邮报》52 篇、《新闻周刊》43 篇、《时代》杂志 19 篇、《芝加哥评论》14 篇，这在美国新闻史上堪称奇观。

毋庸讳言，中国是经济全球化的受益者，但对经济全球化的评价却需要全球和历史的眼光。正如习近平在联合国日内瓦总部发表的《共同构建人类命运共同体》演讲中所说："经济全球化是历史大势，促成了贸易大繁荣、投资大便利、人员大流动、技术大发展。21 世纪初以来，在联合国主导下，借助经济全球化，国际社会制定和实施了千年发展目标和 2030 年可持续发展议程，推动 11 亿人口脱贫，19 亿人口获得安全饮用水，35 亿人口用上互联网等，还将在 2030 年实现零贫困。这充分说明，经济全球化的大方向是正确的。"

（一）经济全球化的积极作用

第一，促进国际贸易持续稳定增长，成为世界经济增长的稳定器。表 1 显示，自 20 世纪 80 年代到 2008 年金融危机，世界经历了很长一段时间的稳定时期（学界一般称为"大缓和"时期），GDP 稳步增长，世界贸易增速更是 GDP 增速的将近两倍。第二，促进资本跨国流动，世界经济一体化程度更高。为了参与经济全球化，各国纷纷取消对外投资和引进外资方面的壁垒，这使外商直接投资（FDI）呈现爆发性增长态势，FDI 的增速远远快于世界生产和贸易的增速（见表 2）。从 20 世纪 80 年代以来，不管是对于世界整体、发展中国家还是发达国家，FDI 增长率基本上都以两位数增长（金融危机以来除外），且远远快于世界生产和贸易的增速，从而使 FDI 占 GDP 比重稳步增长。这使世界各国经济从产权属性来看变得"你中有我，我中有你"，提高了世界经济一体化程度。第三，国际人员流动更加频繁，移民不断增加，促进了各国文化的交流和融合。荆林波、袁平红（2017）收集的数据表明，全球移民存量从 1970 年的 7838 万人上升到 2015 年的 2.432 亿人，增幅高达 210.3%。第四，许多发展中国家借经济全球化契机摆脱了贫困状态，少数甚至挤入发达经济体行列。从 1990—2015 年，世界绝对

表 2　　　　　FDI 存量、增长率及占 GDP 比重

（单位：现值百万美元，%）

年份	世界			发展中国家			发达国家		
	FDI 存量	增长率	占 GDP 比重	FDI 存量	增长率	占 GDP 比重	FDI 存量	增长率	占 GDP 比重
1980	701097	—	—	294491	—	11.03	406605	—	4.93
1985	986629	14.10	—	370388	3.97	13.87	616240	21.20	6.43
1990	2197015	19.91	9.59	509488	9.00	12.91	1685876	23.67	9.32
1995	3565332	20.26	11.53	843355	11.37	14.05	2711006	23.18	11.11
2000	7489631	5.65	22.39	1669073	8.38	23.33	5767578	4.68	22.25
2001	7463878	-0.34	22.44	1743864	4.48	24.68	5640875	-2.20	21.90
2002	7546204	1.10	21.79	1685613	-3.34	23.19	5755822	2.04	21.42
2003	9500425	25.90	24.41	1972155	17.00	24.48	7386984	28.34	24.43
2004	11011564	15.91	25.13	2296720	16.46	24.41	8533220	15.52	25.41
2005	11440924	3.90	24.10	2680267	16.70	24.10	8504685	-0.33	24.10
2006	14090422	23.16	27.41	3308695	23.45	25.51	10418167	22.50	28.11
2007	17955381	27.43	31.00	4397884	32.92	28.25	12930348	24.11	31.88
2008	15397114	-14.25	24.25	4064334	-7.58	22.34	10942705	-15.37	25.44
2009	18283079	18.74	30.38	4930017	21.30	27.52	12784979	16.84	31.54
2010	20244875	10.73	30.74	6102988	23.79	28.21	13443167	5.15	31.92
2011	20953297	3.50	28.60	6412565	5.07	25.32	13849955	3.02	30.66
2012	22801586	8.82	30.50	7304668	13.91	27.07	14746297	6.47	32.88
2013	24602934	7.90	32.04	7771797	6.39	27.17	16021622	8.65	35.52
2014	25107863	2.05	31.96	8335353	7.25	28.00	16145256	0.77	35.12
2015	25190641	0.33	33.99	8579767	2.93	29.68	16019692	-0.78	37.05
2016	26728256	6.10	35.07	9077653	5.80	30.20	16917653	5.60	38.21

资料来源：笔者根据 UNCTAD 数据计算得出。

贫困人口从19亿（约占世界人口的36%）减少到大约9亿（约占世界人口的12%），意味着超过10亿人口摆脱了绝对贫困；对于参与经济全球化程度最高的东亚和太平洋国家，绝对贫困人口的减少尤其明显，从20世纪80年代占总人口的80%减少到2012年的低于8%（UNCTAD，2017b）。而且，韩国、中国台湾、新加坡和许多东欧国家都借助经济全球化步入了发达经济体行列。根据《全球价值链发展报告：2017》，从2000—2015年，79个中低收入国家（总共为133个）的收入水平都有提高。表3表明，就全球来看，低收入群体分别由47.6%和4.8%的比重转变为中低收入和中高收入群体，中低收入和中高收入群体转变为高收入群体的比例则分别为3.8%和48.6%，而没有出现由更高收入群体转变为更低收入群体的。

表3　　　　　世界范围内各收入群体之间的转移概率矩阵　　　　（单位：%）

		收入群体：2015年				
		低收入	中低收入	中高收入	高收入	加总
收入群体：2000年	低收入	47.6	47.6	4.8	0.0	100
	中低收入	0.0	37.7	58.5	3.8	100
	中高收入	0.0	0.0	51.4	48.6	100
	高收入	0.0	0.0	0.0	100.0	100
	加总	14.6	24.4	25.8	35.1	100

资料来源：World Bank et al.（2017）。

中国是经济全球化的受益者。20世纪80年代以来，经济全球化进入新一轮快速发展通道，这恰好与中国的改革开放历史性相遇。在成为经济全球化的最大加速器和贸易投资自由化的最大推动因素的同时，中国也成为经济全球化的重要受益者。表4显示，改革开放40年来，中国GDP年均增长率接近10%，成为世界第二大经济体；进出口快速增长，成为第一大出口国、第二大进口国；人均收入不断上升，按世界银行标准，将近6亿人口摆脱绝对贫困状态，人均GDP超过5万元人民币，折合超过8000美元，基本建成

表4　反映中国参与经济全球化成果的相关指标变化情况

年份	GDP（亿元）	GDP增速（%）	人均GDP（元）	出口总额（亿元）	进口总额（亿元）	实际利用外商直接投资金额（万美元）	绝对贫困人口数（百万人）
1990	18873	3.9	1651	2986	2574	348700	755.8
1991	22006	9.3	1900	3827	3399	436600	—
1992	27195	14.2	2321	4676	4443	1100800	—
1993	35673	13.9	3010	5285	5986	2751500	671.7
1994	48638	13.0	4058	10422	9960	3376700	—
1995	61340	11.0	5064	12452	11048	3752100	—
1996	71814	9.9	5868	12576	11557	4172600	512
1997	79715	9.2	6448	15161	11807	4525700	—
1998	85196	7.8	6829	15224	11626	4546300	—
1999	90564	7.7	7200	16160	13736	4031900	507.9
2000	100280	8.5	7912	20634	18639	4071500	—
2001	110863	8.3	8686	22024	20159	4687800	—
2002	121717	9.1	9476	26948	24430	5274300	409.1
2003	137422	10.0	10634	36288	34196	5350500	—
2004	161840	10.1	12450	49103	46436	6063000	—
2005	187319	11.4	14326	62648	54274	6032500	244.4
2006	219439	12.7	16694	77598	63377	6302100	—
2007	270232	14.2	20452	93627	73297	7476800	—
2008	319516	9.7	24060	100395	79527	9239500	194.1
2009	349081	9.4	26158	82030	68618	9003300	—
2010	413030	10.6	30802	107023	94700	10573500	149.6
2011	489301	9.5	36316	123241	113161	11601100	106.2
2012	540367	7.9	39908	129359	114801	11171600	87.4
2013	595244	7.8	43745	137131	121037	11758600	25.1
2014	643974	7.3	47080	143884	120358	11956200	—
2015	689052	6.9	50127	141167	104336	12626700	—
2016	744127	6.7	53817	138455	104932	12600000	—

注：绝对贫困人口数按世界银行每天收入低于1.9美元（2011年购买力平价）的标准计算。

资料来源：第2—6列数据来自国家统计局，最后一列数据来自世界银行数据库。

全面小康社会。此外，随着中国经济实力增长，人民币作为世界货币的地位不断提高，已经成为国际货币基金组织（IMF）篮子货币，且为第三大权重货币，占比10.92%，其中美元、欧元、日元、英镑分别占41.73%、30.93%、8.33%、8.09%。人民币在2017年成为世界第六大支付货币。中国在全球经济治理体系中的作用和重要性也不断提高，由以往被动遵守已有全球治理规则到现在初步具备主动引导全球治理规则制定的能力。

（二）经济全球化的负面效应

肯定经济全球化的历史趋势，并不是说它一切都很完美。即便在获得经济全球化巨大收益的中国，也仍然存在发展不平衡、不充分的许多问题。截至2015年年底，中国还有7000万人均年收入不足2300元人民币的贫困人口，收入不平衡、城乡与地区差距依然很大、环境生态治理形势严峻、人民在生产和生活中仍然存在许多困难和不满意的地方。① 这些问题，在一国内部和国际社会都产生了经济全球化中的利益受损者。这些利益受损者中发达国家的普通民众更为敏感。此外，经济全球化也产生了许多其他负面效应，例如全球环境恶化、全球经济治理失衡、地区不稳定等。正如习近平所说："发展失衡、治理困境、数字鸿沟、公平赤字等各种各样的问题也客观存在。我们要正视并设法解决。"② 具体来看，以往经济全球化的教训有：

第一，国家之间利益分配不平衡。从全球价值链（GVC）角度，美国、欧洲和日本等发达国家和地区攫取了GVC的绝大部分收益。表5显示，在1995年，少数高收入国家占制造业GVC收益高达73.8%，尤其以美国、日本、德国所占份额最大，美日两国所占份额就超过所有中低收入国家。从1995—2008年，GVC收益的这种不平等分配状况有所改善，主要由少数几个新兴经济体崛起

---

① 《"十三五"期间有决心让7000万人脱贫》，中国新闻网2015年11月3日。
② 习近平：《共同构建人类命运共同体——在联合国日内瓦总部的演讲》，《人民日报》2017年1月20日。

引起，中国占制造业 GVC 收益的份额提高到 12.8%，是中低收入国家份额提高的主要贡献者。而世界其他国家和地区占制造业 GVC 份额仍只有 17.5%，增加幅度非常有限。总体来看，经济全球化的收益在国家之间的分配仍是严重不平衡的。

表5　世界主要经济体在制造业 GVC 收益中所占份额　（单位:%）

国家（经济体）	1995 年（1）	2008 年（2）	（2）-（1）
美国	19.9	15.8	-4.1
日本	17.5	7.8	-9.7
德国	9.4	7.6	-1.8
法国	4.4	3.8	-0.6
英国	3.8	3.0	-0.8
意大利	4.4	4.1	-0.3
西班牙	1.9	2.0	0.1
加拿大	1.9	2.2	0.3
澳大利亚	1.0	1.3	0.3
韩国	2.1	1.8	-0.3
荷兰	1.4	1.4	0.0
其他10个高收入国家	5.9	5.3	-0.6
高收入国家合计	73.8	56.0	-17.8
中国	4.2	12.8	8.6
俄罗斯	1.2	2.8	1.6
巴西	2.5	3.0	0.5
印度	1.7	2.6	0.9
墨西哥	1.5	2.4	0.9
土耳其	1.1	1.4	0.3
印度尼西亚	1.3	1.3	0.0
世界其他国家和地区	12.7	17.5	4.8
非高收入国家合计	26.2	44.0	17.8
世界	100.0	100.0	0.0

资料来源：Timmer et al.（2014）。

第二，市场主体利益分配不平衡。一是承载经济全球化列车高速运行的微观主体跨国公司占有了经济全球化的大部分利益。它们垄断了全球生产的60%和全球贸易的80%以及国际直接投资的90%（UNCTAD，2013）。而世界500强的跨国公司主要集中在美国、欧洲和日本等发达国家和地区。一些新兴市场国家虽然也出现了数量可观的跨国公司，但这些跨国公司也主要集中在少数经济增长较快的新兴经济体中，其他大部分发展中国家基本上没有大型跨国公司。这导致跨国公司和中小企业的处境和获得的利益截然不同，进而使跨国公司和中小企业的从业人员对经济全球化的感受和支持也不同。二是经济全球化导致各国劳动力需求发生剧烈变化，使各类劳动力之间的收入差距不断扩大。表6说明从1980—2016年，全球经济增长的收益主要被最高收入阶层的群体所占有，而占总人口数50%的低收入阶层获得的收益非常少。表7进一步表明，对于世界整体而言，全球价值链中的增加值大部分被资本家和高技术劳动力占有，中低技术劳动力的收入份额不增反减。所以，即便在发达国家内部和发展中国家内部，不同技术程度的劳动力、不同阶层的人对经济全球化的感受是不同的，对经济全球化的支持程度更是差异巨大。

表6　全球经济增长中不同收入群体所获得的份额（1980—2016年）

（单位：%）

收入群体	中国	欧洲	印度	俄罗斯	美国和加拿大	世界
所有群体	100	100	100	100	100	100
50%的低收入群体	13	14	11	−24	2	12
40%的中间收入群体	43	38	23	7	32	31
10%的高收入群体	43	48	66	117	67	57
1%的高收入群体	15	18	28	69	35	27
0.1%的高收入群体	7	7	12	41	18	13
0.01%的高收入群体	4	3	5	20	9	7
0.001%的高收入群体	2	1	3	10	4	4

资料来源：Alvaredo et al.（2017）。

表7　制造业全球价值链中各类生产要素所获得的份额　（单位:%）

增加值	1995年（1）	2008年（2）	（2）-（1）
总增加值（10亿美元）	6586	8684	2098
资本份额（%）	40.9	47.4	6.5
高技术劳动力份额（%）	13.8	15.4	1.6
中等技术劳动力份额（%）	28.7	24.4	-4.3
低技术劳动力份额（%）	16.6	12.8	-3.8

资料来源：Timmer et al.（2014）。

第三，国际金融市场持续动荡。其根源在于布雷顿森林体系所做出的国际货币制度安排虽然从短期来看有其合理性，推动了一段时间的经济全球化，但是从长期来看，存在巨大缺陷，引起了国际金融市场的结构性失衡。之后，虽然布雷顿森林体系瓦解，但美元依然是全球资源配置的主要工具，美元在全球外汇市场中的交易比重、在贸易结算支付、投资计价以及官方储备中始终占据主导地位。美元汇率在很大程度上影响贸易平衡、资本流动以及能源的生产和供给。全世界都在追逐美元，把其捧上了国际交易、国际金融市场中的神坛地位，美元的衍生品都成为可贸易性的商品。但是，仅用一国货币作为世界性货币存在不可调和的"特里芬"难题，当美元作为全球资源配置、全球支付、全球储备货币到达一定量的时候，这种难题必然会引起国际金融危机，进而威胁世界经济的稳定性，这是国际金融市场周期性动荡的根源。

第四，全球治理和全球经济治理体系失衡。全球经济治理规则作为世界通用的公共产品，是经济全球化顺利推进必不可少的要件。各国为了参与和获得经济全球化的利益，承认并遵守这套全球公共品，而且让渡了一部分国家主权。以美国为首的发达国家控制着主要的世界组织、行业协会，它们不仅主导国际经贸政策、国际规则、各类国际标准的制定，而且设定世界经济和社会的主要议题和谈判内容，几乎垄断了国际公共产品的供给，发展中国家只能是这些公共产品的被动消费者。这些公共产品不断为跨国公司的全球化网络扫清障碍,但并没有带来包容、普惠、平衡、共赢。这套公共产品越来越不能代表当今世界的力量格局,已经不能承担继续推进经济全球化新发展的历史使命。

第五,环境问题和地区不稳定。一方面,经济全球化与环境不平等是经济学家一直研究的问题,其主要观点是经济全球化并没有减轻环境污染问题,它只是把环境污染从发达国家转移到发展中国家,这就造成了环境污染的不平等分配。而且,由于发展中国家对环境问题的重视程度通常不够,所以从全球整体视角来看,环境问题反而更加严重了。另一方面,霸权主义方式推进的经济全球化,以及由此造成的地区不平等、阶层不平等导致了地区冲突和局部战争,并引起移民和难民流动,对一些国家的社会治理和社会稳定造成了许多麻烦。这些国家那些不堪其重的普通民众把它归因于经济全球化。

(三) 习近平经济全球化论述的启示

习近平关于经济全球化的许多重要论述以及中国融入经济全球化的生动实践,给予了国际社会一些重要的启示。

首先,世界各国应顺应大势、结合国情,正确选择融入经济全球化的路径和节奏。在融入经济全球化进程中,中国选择了社会主义市场经济。但中国走的是渐进式改革道路,这是因为"有效市场"的建立不可能一蹴而就,既需要与产权制度和价格体制等最主要领域的改革相匹配、相适应,还需要与中国特定时期、特定地区、特定产业的要素禀赋结构相匹配、相适应。而且,"有效市场"必定需要"有为政府"与之相伴,而在"有效市场"和"有为政府"之上,还需要有中国共产党的坚强领导。而所有这些事物又都是具体的和动态变化着的。中国并没有输出自己发展模式的意图,也不可能被别国完全复制,但中国故事是可以借鉴和参考的,中国领导人的总结是值得重视的。

其次,要讲求效率、注重公平,让不同国家、不同阶层、不同人群共享经济全球化的好处。现代西方经济学在微观主体和产业层面，在初次分配领域，从来只讲效率优先；而只有在宏观的再分配层面才有福利经济学的概念，在国际经济中有外国援助的概念。但对于广大发展中国家的人民来说，不讲微观层面和制度层面的机会公平，社会福利既有限也很难落到实处；发达国家的援助也往往带有政治上的附加条件，事实上也是不公平的。怎样把效率与公平结合好，一直是经济学家探讨的理论问题和实践问题。习近平提出的"发展创新、增长联动、利益融合"的新理念，指明了解决这一长期困扰经济学研究的新方向。发展创新不仅仅是科技创新，也包括制度安排、企业组织、商业模式以及运营管理等一系列创新，它有助于保障微观层面效率与公平的结合；增长联动与利益融合，则是宏观层面通过对国际经济活动的适度管理，再次实现效率与公平的结合。这种朴实无华的语言，其实包含了生机勃勃的经济学逻辑新思维。

最后，世界经济的新目标，必然是建设一个开放、包容、普惠、平衡、共赢的经济全球化。经济全球化前面的5个形容词，当然是一种愿景，也是一种价值观。经济学逻辑虽然讨论的是客观的社会化生产活动和蕴含其中的客观规律，但也都以特定的价值观为前提条件，例如社会化生产目的、经济人假设、竞争规则、优胜劣汰等，这些都涉及价值观问题。国际经济学中讨论的商品、服务、资本、技术和人员的跨国流动，照样也脱离不了以特定的价值观为导向。一种价值观被普遍认可，它将影响交易规则制定和参与经济活动的人的观念，最终对经济实践发生重要影响。这就是精神变物质。因此，经济学研究不能没有价值观的探讨和剖析。

四　中国应对经济全球化新趋势的实践思路

在经济全球化减速转型的新阶段，中国已经成为仅次于美国的世界大国，已经初步具备影响全球的实力。这意味着中国在夯实自身参与经济全球化新优势以获取收益的同时，也应该采取力所能及的措施以主动引领经济全球化新规则、新理念的走向，使经济全球化稳步发展。所以，我国的理念和思路也需要有所转变，以适应新形势的需要。在具体的对外开放实践工作中，要以我国自主建设的自由贸易试验区或自由贸易港、双边或多边的自由贸易区、"一带一路"建设等为抓手，推动形成全方位对外开放格局。

第一，弱化对贸易投资数量增长的追求，强化对新经济要素的学习和吸收，从而培育我国参与经济全球化新优势。我国的贸易投资体量已经非常大，继续增长的潜力和意义都不是很大。更重要的是以人工智能、物联网、大数据、云计算、工业机器人、智能制造、新能源、新材料、新一代生命医疗科学等为代表的新经济即将成为生产力。新经济的全球化生产分工将成为未来经济全球化的主要动能。但是，目前我国有关部门和智库对新经济还缺乏研究，这方面要借鉴发达国家的经验。如美国有研究新经济的专门机构，"美国信息技术与创新基金会"（Information and Innovation Technology Foundation，IITF）。该机构作为高端智库主要致力于帮助决策者更好地理解创新经济本质，更好地知悉推动创新、生产力和经济繁荣所需要的公共政策类型。该机构定期发布的《美国各州新经济指数》（The State New Economic Index）具有广泛影响力，至今已经出版 1999 年、2002 年、2007 年、2008 年、2010 年、2012 年、2014 年 7 个不同年份的年度报告，是研究美国新经济的重要资料。以 2014 年《美国各州新经济指数》报告为例，该报告主要致力于测度美国各州的经济结构，聚焦于回答 "各州的经济结构与新经济的理想化结构之间的匹配程度如何？" 这样一个很具体的问题。该报告通过设置 "知识型工作、全球化、经济活力、数字化经济、创新能力" 5 大类别、共 25 个指标作为评价基础。此外，美国国家经济研究所（National Bureau of Economic Research，NBER）也有新经济的相关研究。据此，建议我国国家统计局、政府各部门以及国内有关智库也开展类似的研究，统计国家和省市层面的新经济种类和比重，为我国新经济发展提供咨询和服务。在此基础上，要制定国家和省市层面的新经济发展规划，培育符合各地比较优势的新经济类型。

在对外开放实际工作中，要实施新一轮的"引进来"开放措施，努力吸引发达国家的新经济技术和产业。在国内，要总结和推广新经济创新经验，对工农业生产领域中的智能化技术、贸易领域的电子商务、金融领域的互联网金融等新生事物多予扶植，要在搞活的前提下规范发展，以生产力发展为第一标准，改革不适应生产力发展的管理措施和各种部门规则。

第二，在开放型经济的建设中，更加强调体制机制的转变，强调更高标准的贸易投资自由化，主动培育适用于国际的经贸规则制定能力。目前，我国自主设立的自由贸易试验区走在对外开放的最前列，应当起表率作用，且要加快探索自由贸易港建设。在自贸试验区的工作思路上，应当实现五个转变：从原来经济开发区的建设思路进一步向创新体制机制试验方向转变；从传统的货物贸易便利化改革向发展跨境电子商务方向转变；从以货物贸易投资自由化为主向以服务贸易投资自由化为主转变；从生产服务领域的要素自由流动为主向兼顾公共服务领域的要素自由流动方向转变；从物理围网监管方式向电子围网监管方向转变。要强调的是，我们现在设立的自贸试验区和将要设立的自由贸易港，是我国单方面的自主行为。所以，我们要对标国际最先进的自由贸易区和自由贸易港，大胆闯、大胆试，从而培育参与制定世界范围内新一轮更加开放的贸易投资自由化协定的能力。此外，在双边或多边的自由贸易区建设中，建议与某些发达国家商谈建立自由贸易区，如爱尔兰、加拿大等国，尽量使我国的现行贸易规则向更高标准的贸易投资自由化方向接近，同时更加便利地吸引这些国家的新经济要素。

第三，继续推动"一带一路"建设，通过努力撬动更多国家和机构参与。我们为什么要提出"一带一路"倡议？它绝不是像某些经济学家和媒体所认为的那样，仅为了消化我国的过剩产能，这种观点过于狭隘。从大处着眼，"一带一路"建设不仅是具体的经贸投资领域国际合作，更是一种全新的经济全球化发展理念。我们的目的更多是通过基础设施互联互通等"五通"（政策沟通、设施联通、贸易畅通、资金融通、民心相通）来开拓新的经济地理，打造新的贸易投资网络和生产分工网络、赋予经济全球化新的动能。这不仅有利于"一带一路"沿线国家发展，也是中国自身发展的需要。"一带一路"是一个世界性的开放包容的合作平台，坚持共商、共建、共享原则，是全球公共产品。所以它也将有助于引导形成开放、包容、普惠、平衡、共赢的经济全球化新理念。从小处着眼，"一带一路"有利于提升我国的国际影响力、塑造我国负责任大国的形象、增强我国处理国际事务时的协调和领导能力、培育跨国公司配置全球资源的能力、培养具有国际视野的人才。"一带一路"建设也有助于沿线发展中国家快速融入世界经济中，摆脱贫困落后状况。

　　在推进"一带一路"建设中，要突出"中欧班列"的重要作用、提高运行数量和效率，广泛建立海外站点和海外仓库，从而开创新陆地运输物流贸易方式，改变以往"投资—生产—贸易"的传统经济合作形式，形成"运输物流—贸易—生产—运输物流—贸易—生产"新的经济循环形式（裴长洪、刘洪愧，2018）。需要注意的是，虽然"一带一路"是中国倡导的，但是"一带一路"建设并不是中国的单打独斗，它需要所有国家的共同参与。所以，在推进"一带一路"建设中，不仅要强调与发展中国家合作，也要注重强调与发达国家合作，强调发达国家第三方技术和资金、第三方市场的作用。以往发展中国家被融入新经济地理，是由发达国家主导和推动的，这是由于它们站在技术和国际分工的最高端，它们主导国际分工体系和全球价值链。中国和新兴市场经济体的崛起，一定程度改变了这种状况，但并没有颠覆它，发达国家仍然掌握着最高端、最先进的科学技术，资金雄厚。我国倡议的"一带一路"建设，顺应世界经济发展的潮流，但并不意味着由中国一家包打天下，这既不现实，也与我国的国力不相称。我们提倡的"一带一路"建设，不是排他性的，是开放式的，欢迎任何国家参与。所以，其题中应有之义就是要与发达国家合作，共同推动亚洲基础设施建设，共同推动"一带一路"沿线国家的产业开发和贸易发展。在合作方式中，既要有项目建设中的资金和技术合作，也要有第三方市场合作。"一带一路"建设的成就，不应当单纯以我们具体实施了多少项目、我方投入多少资金、人力和物力来衡量，而应当更看重有多少国家响应并参与合作，特别是发达国家参与合作来衡量，即以合作总量来衡量。我们最大的成功在于让中国的符号成为世界更多国家参与的合作实践。为了达到这个目的，应当在公共外交、经贸合作和人文交流中，更有效地宣传我们的主张，消除误会，赢得更广泛的理解、参与和支持。

第四，扎实推进人民币国际化。我们能否在经济全球化新阶段的竞争中占据有利地位，取决于我们在全球资源配置中具备多少优势。无疑，货币优势是最重要的优势之一。在今天世界经济增量中，新兴市场经济体已经占有重要地位，美元作为配置全球资源的工具地位有所下降是必然的，新兴货币地位上升也是必然的。这意味着人民币国际化处在重要的战略机遇期。人民币国际化的战略目标是，更多参与全球资源配置，更多地使人民币成为贸易结算和投资的工具。为此，要发展境内外人民币债券市场、货币市场、结算中心、期货市场，特别是要发展为"一带一路"建设服务的各类人民币市场。在具体操作中，要利用上海自贸试验区建设契机，把上海打造成全球领先的人民币结算中心、人民币输送和服务中心、在上海建立"境外人民币管理中心"，从而完善人民币在全球的投放、回收和清算渠道，提高上海自贸区内各类面向世界的金融市场的影响力（例如，中国外汇交易中心的"国际金融资产交易平台"和中欧国际交易所），从而向全球提供以人民币计价的各类金融资产和服务。而且，要充分利用"一带一路"建设推动人民币国际化，在沿线国家率先实现人民币支付结算功能、储备货币功能、金融资产功能的新突破。为了推进人民币国际化,还应当保持人民币币值稳定,实施稳健的货币政策,不贪图下调人民币汇率促进出口贸易增长的蝇头小利。我们应当站在发展新经济、获取新技术要素、获取新经济的资源以及提升我国全球资源配置能力的高度,审视和处理人民币汇率以及货币政策等眼前的操作性问题。

参考文献

阿里夫·德克:《世界体系分析和全球资本主义——对现代化理论的一种检讨》,《战略与管理》1993年第1期。

荆林波、袁平红:《全球化面临挑战但不会逆转——兼论中国在全球经济治理中的角色》,《财贸经济》2017年第10期。

李世安:《全球化与全球史观》,《史学理论研究》2005年第1期。

裴长洪、刘洪愧:《习近平新时代对外开放思想的经济学分析》,《经济研究》2018年第2期。

王平:《年度社科界十大热点关注》(国外篇),《社会科学报》2008年第12期。

[美]威廉·I. 罗宾逊:《全球资本主义论》,高明秀译,社会科学文献出版社2009年版。

习近平:《决胜全面建成小康社会 夺取新时代中国特色社会主义伟大胜利——在中国共产党第十九次全国代表大会上的报告》,人民出版社2017年版。

张茉楠:《"特朗普主义"下的逆全球化冲击与新的全球化机遇》,《中国经济时报》2017年2月17日。

Alvaredo, F. et al. (2017), *World Inequality Report*: 2018, World Inequality Lab.

Bairoch, P. (1993), *Economics and World History: Myths and Paradoxes*, University of Chicago Press.

Constantinescu, C. et al. (2015), "The global trade slow down: Cyclical or structural?", IMF Working Paper, No. 15/6.

Chase‐Dunn, C. et al. (2000), "Trade globalization since 1795: Waves of integration in the world‐system", *American Sociological Review* 65 (1): 77–95.

Frankel, J. (2016), "Globalization and Chinese growth: Ends of trends?", Working Paper Series, 16–29, John F. Kennedy School of Government, Harvard University.

Taylor, P. (1996), *The Way the Modern World Works: World Hegemony to World Im-*

passe, New York: Wiley.

Timmer, M. P. et al. (2014), "Slicing up global value chains", *Journal of Economic Perspectives* 28 (2): 99–118.

UNCTAD (2013), *Global Value Chains and Development: Investment and Value Added Trade in the Global Economy*, United Nations.

UNCTAD (2016), *Trade and Development Report*, United Nations.

UNCTAD (2017a), *World Investment Report: Investment and the Digital Economy*, United Nations.

UNCTAD (2017b), *Development and Globalization: Facts and Figures: 2016*, United Nations.

World Bank et al. (2017), *Global Value Chain Development Report 2017: Measuring and Analyzing the Impact of GVCs on Economic Development*, World Bank Publications.

（原载《经济学动态》2018 年第 4 期）

中国流通领域改革开放回顾[*]

商品经济的运行离不开流通体制,中国流通领域的改革开放是建立社会主义市场经济体制的重要内容。改革开放之前,中国流通领域长期存在高度集中而又封闭分割的特征,国内市场与国外市场、内贸与外贸相互隔绝,存在两个管理体制和两种政策环境。随着改革开放的逐步深入,内外流通体制逐渐接轨,朝着市场化和国际化的方向不断演进。今天,内外一体的流通体制已经出现在新的历史起点上,认真总结流通领域改革开放的基本经验,探索客观经济规律,成为我国未来统筹两种资源、两个市场,提高驾驭现代市场经济能力的必要认知基础。

一 中国流通领域体制环境的基本描述

(一) 开放型现代流通体制框架已经初步建立

1. 流通组织基本成为竞争型的市场主体

在计划体制下,中国流通组织的经营范围不仅受国内外市场划分的限制,而且其本身所有制单一,在计划管理和行政审批严格限制下垄断经营,流通组织事实上是国家分配物资的手段和工具,基本没有经营自主权,当然也谈不上企业的经济效益。经过30年的改革,中国流通组织的面貌基本改观,已经形成以公有制为主体、多种经济形式并存的格局,绝大多数流通组织已成为自主经营、自

---

[*] 合作者:彭磊。

负盈亏的市场主体。在对外经济贸易领域，这个变化经历了一系列过程：20世纪80年代初期与中期，下放对外贸易经营权，实行工贸结合；80年代后期与90年代初期，实行对外贸易经营承包责任制，外贸企业自负盈亏；90年代中期以后，实行更彻底的外贸经营权改革，给予大多数国有大中型企业和一部分乡镇企业以及部分科研院所外贸经营权；90年代后期，开始了外贸经营登记制改革，一部分私营企业获得外贸经营权，从此，外贸经营不再是一种国家特许的权利，而是完全成为企业经营者考虑的业务内容。在国内流通领域，80年代初期，随着农副产品和日用工业品从计划管理转向市场调节，出现大量农民集体合作的流通组织以及非公有制的个体户和私营流通组织；从80年代中期推进城市改革开始，国有商业机构和流通组织普遍扩大企业自主权，建立多种形式的经营责任制；80年代后期和90年代初期，随着生产资料管理体制的改革，物资流通组织开始企业化并走向市场；90年代中期以后，开始全面推进流通企业建立现代企业制度的改革进程。

2. 市场化运行成为商品流通的主要方式

在计划体制下，商品流通基本被计划管理控制，实行计划分配和计划价格、财政补贴；对外贸易实行进口商品计划控制和配额管理、出口创汇计划管理和外汇管制，经营亏损由财政补贴。经过30年改革，流通运行模式已基本改变，计划管理手段已缩减到极少数资源性商品领域，市场调节手段已基本覆盖绝大多数商品流通领域。在对外经济贸易领域，随着1994年人民币汇率并轨、建立银行间外汇市场，外汇经常项目实现可自由兑换；外贸经营权不断下放；大幅度削减关税、减少进口许可证商品和进口配额管理、减少出口商品配额许可证管理以及出口配额实行招投标制度等一系列政策调整，使外贸经营主体已按市场运行机制自行开展进出口业务，这为中国顺利加入世界贸易组织奠定了体制基础。在国内流通领域，面对计划体制下商品分层分类计划管理的严重束缚①，伴随着流通组织市场主体地位的重塑，改革经历了从减少计划管理的品种和比例到基本全部放开的过程。20 世纪 90 年代后期以来，根据建立和培育社会主义市场体系的要求，我国发展了多层次、多形式、多功能的商品批发交易市场，初步形成了具有批发零售、期货现货、有形无形市场相结合的交易体系。

3. 国内外市场分割基本打破，内外贸一体化运营已经起步

在计划体制下，由于内外贸分割，外贸企业采取出口收购制和进口拨交制与国内的生产流通过程产生联系。外贸公司在执行进口计划中，按照国家计委、对外经济贸易部下达的货单完成订货、承付、托运、验收等对外业务后，将进口商品调拨转交给用货部门，用户可能是生产企业，也可能是内贸企业，用户企业可以派人参加技术谈判，但不与外商发生合同关系，不承担进口质量和效益的责任。改革后，这种内外贸分割、国内外市场严格划分的体制基本打破，内外贸一体化联动机制取得了实质性进展。但是打破内外贸分离、国内外市场割裂的状况不是一蹴而就的，其中经历了近 20 年的不懈探索，首先是从经济特区和沿海开放城市中外商投资企业的设立找到了突破点。这些外资企业的设立既打破了生产与流通的界限，又打破了内外贸划分的界限，它们既是制造企业，又兼有进口和出口功能。到 20 世纪 90 年代中期，利用外资政策进一步放宽，流通领域允许设立外商投资企业，对外资工业企业产品的内销限制也进一步放松，从而事实上加快了内外贸一体化的进程。这个过程虽然发生在利用外资的相关领域，但对全面改革产生了重大影响。20 世纪 80 年代开始实行工贸一体化战略，允许部分生产企业拥有进出口经营权，20 世纪 90 年代末全面放开外贸经营权②，允许绝

---

① 在计划体制下，国内商品流通由国有企业垄断经营，并按照政府层级和商品类别实行分层分类计划管理，即所谓国家统配分类物资、部管分类物资和地方管理分类物资。

② 对外经济贸易部：《关于赋予私营生产企业和科研院所自营进出口权的暂行规定》，1998 年。

大多数国有大中型企业、部分私营企业和有条件的科研院所拥有外贸经营权。伴随着逐渐深化的外贸经营权改革和外汇体制改革，内外贸经营的体制界限最终被抹平，从而为内外贸一体化创造了全国统一的体制条件。

（二）与 WTO 接轨的商务管理体制已见雏形

1. 建立了统一管理内外流通的行政管理机构

2003 年 3 月全国人大十届一次会议决定撤销国家经贸委和对外贸易经济合作部，成立商务部。根据机构改革方案，将原国家经贸委的内贸管理与对外经济协调和重要工业品与原材料进出口计划组织实施、原国家计委的农产品进出口计划组织实施以及原外经贸部的全部职能划归商务部管辖。这标志着我国内外贸分割、国内外市场分割和进出口配额分割管理体制的结束。在国务院批准的商务部组建方案中，特别强调要加强内贸工作和内外贸的综合协调，搞好市场运行和商品供求状况监测，整顿和规范流通秩序，深化流通体制改革，促进统一、开放、竞争、有序的现代市场体系的建立和完善。

2. 市场组织化载体已成为管理流通经济的重要平台

建立符合市场运行规律的市场组织化体系，是国家实现对市场运行进行宏观管理和调控的主要途径。这种组织化的载体是通过两种形式实现的：一是遍布城乡的商品市场体系。改革开放以来，各类市场迅速发展，初步形成了农副产品（含粮油）、日用工业品、生产资料的综合市场与专业市场相结合、现货市场与期货市场相结合的商品市场体系，构造了在市场经济条件下流通领域的组织化载体，为政府规范流通秩序、监测市场运行和商品供求、协调生产流通与消费提供了重要条件。二是重要商品对内和对外流通的宏观调控制度。在对外流通方面，中国对粮、棉、油、糖、羊毛、化肥等大宗商品的进口建立了完整、公开、透明的关税配额管理体制；在对内流通方面，建立了中央与地方两级重要商品储备制度、粮食和主要副食品风险基金制度和市场价格调节基金制度、进出口调节制度和生活必需品应急制度，完备了全国和区域性的市场信息监测网络,实行了"米袋子"省长负责制、"菜篮子"市长负责制。

(三) 商贸服务业的产业延伸促进了流通领域的体制创新

1. 传统商业改革和产业延伸扩大了流通领域的交换内容和体制覆盖范围

由于多元投资主体和对外开放格局的形成,各类现代商业业态对中国传统商业模式形成了挑战。在国际商业竞争的促进下,以传统批发、零售、仓储、运输为基础的商业模式纷纷向现代商业模式转型,催生了新的服务产业。最典型的是物流业,它集批发、仓储、运输为一体,通过电子信息平台,达到商品高效率配送的目的。超级市场、购物中心、连锁经营等各种商业业态的发展,把商品流通发展提高到空前的水平,带动了人员、信息和资金的流动,产生了对这些流动的消费需求。餐饮、酒店、金融、房地产、信息产业在商品流通业带动下应运而生,形成了比较完整的服务业产业体系,从而使流通领域的交换内容从物质产品向非物质产品扩展,并为体制创新提供了广阔的空间。

2. 电子商务和计算机网络通信为新体制提供了新的物质技术条件

电子商务在中国的运用,产生了对计算机网络通信的商业需求,拓展了计算机网络进入商业化经营的领域,使各种网络运营商、软件制造商获得了新的商业机遇,同时也为国外信息服务业的外包业务奠定了国内承接业务的基础。

3. 商业集聚带动了服务业产业集聚,中央商务区改变了城市经济发展模式和流通体制的空间环境

改革开放以来,特别是进入20世纪90年代以来,中国城市化加速发展,这既是一个人口集聚的过程,也是一个产业集聚的过程。在21世纪以前,产业集聚主要表现为制造业的集聚,城乡工业园区成为制造业集聚的中心,许多工业园区成为新的城市建成区。进入21世纪后,随着城市经济的发展和地产价格的上升,工业逐渐撤离城市,商业集聚成为城市产业集聚的主流,各种商品流通业态在城市商业区扩大和聚集,带动了各种生活服务业和生产服

务业的扩大和聚集，在城市中心区开始出现中央商务区，并成为服务业产业最集中的区域，同时也是服务经济最集约经营的区域。中央商务区的出现，改变了传统城市经济模式，从过去主要以物质产品为主的经济模式转变为以非物质产品为主的经济模式；从以居住型消费为特征的经济模式转变为以生产与投资型消费为特征的经济模式；从粗放利用土地空间的经济模式转变为集约利用土地空间的经济模式。服务业集聚改变了城市经济模式，使城市成为相对独立的经济发展空间，而且成为流通体制创新最重要的空间。

二 流通领域改革开放30年的主要经验

（一）以对外开放为先导，以开放促改革

1. 设立外商投资企业，打破商品流通计划体制，形成商品流通计划与市场的双轨制

改革开放初期，为吸收外资，创建了外商投资企业、中外合资企业和中外合作企业三种企业形态。在这些企业设立的时候，整个社会的商品流通仍然是在计划体制控制下，其在中国境内所采购的原材料、设备和零部件、中间投入品不可能从计划渠道获得，因此获准通过市场渠道以不同价格获得。这些企业的产品除规定的出口比例外，也允许在国内市场流通，这里的商品流通和价格也摆脱了计划的控制，成为自由市场成长的土壤。特别是这些企业的外汇收入，除用于企业自身和卖给国家以外，也允许企业留成部分进入外汇调剂市场，从而在国家计划控制最严密的外汇领域也出现了市场因素。开始，这些市场因素是弱小的，但随着外资经济的增加，这些市场因素不断成长，成为整个流通体制不断改革的示范，并发展为势不可当的潮流。

2. 经济特区和沿海开放城市创造了区域突破的经验

改革开放初期，设立了4个经济特区，随后又开放了14个沿海城市，在这些地区实行特殊政策和优惠政策，通过大量吸引外

资，提升外资经济的比重，创造了与内地不同的体制与政策环境，改变了商品流通计划体制一统天下的局面。在这些地区，市场机制在流通领域逐渐占主导地位，计划体制退居次要地位，形成了区域性的市场流通体制。为了保证区域性体制创新的实现，当时在特区和内地之间还设立了所谓"二道关"，把内地的商品流通与特区的商品流通分开，这反映了当时特区流通新体制与内地旧体制的区别。尽管有"二道关"的分隔，但经济特区新体制的示范和影响是难以阻止的，而且特区的"二道关"毕竟不是主权经济体的海关，许多商品仍然通过正常与不正常的渠道在不同体制区域间流通，并随着内地改革的逐渐深入而不断扩大，这不仅在观念上、政策上影响了内地，而且在经济循环上也促进了内地流通体制的改革和变化。

3. 加入世界贸易组织，深化了流通体制改革并促进了新的商务体制的形成

随着 2004 年 7 月 1 日修订后的《对外贸易法》的颁布，中国开始实行外贸经营权登记制。在服务贸易领域，中国认真履行对外开放的承诺，在包括银行、保险、证券、电信、建筑、分销、法律、旅游、交通等在内的众多服务部门，修改、制定了一系列进一步对外开放的法律和规章。按照《服务贸易总协定》160 多个服务贸易部门的分类，中国已经开放了 100 个，占 62.5%，接近发达成员的平均水平。这不仅意味着这些部门将实行与国际惯例接轨的市场经济体制，而且还标志着中国旧的流通体制基本上已经被新的商务体制所取代。新的商务体制不仅从内涵上完成了市场机制的创新，而且在外延上已经覆盖了整个服务贸易领域的各个行业。

（二）流通体制改革遵循先易后难、边破边立、逐步完善的渐进路径

1. 以农产品流通改革为发端，先农村后城市；以满足人民消费为出发点，先消费品流通后生产资料流通——先易后难的改革步骤成效显著，极大鼓舞了改革锐气

农产品流通改革首先起于农村集市贸易的恢复。20 世纪 80 年

代初，不仅恢复和发展了农村集市贸易，而且开放了城市农副产品市场，允许城市郊区社员进城出售自己的产品。① 其次是调整和改革农副产品的购销体制。改革前，按照农副产品对国计民生的重要性，国家将其划分为一、二、三类，分别进行统购、派购和议购。改革措施包括放宽农副产品的购销政策，同时对农副产品的价格进行调整。农产品流通体制改革，不仅改善了城乡广大人民群众的基本生活消费状况，解决了长期困扰城乡居民日常生活的各种副食品和蔬菜的供给问题，而且活跃了农村经济，巩固了农村家庭联产承包制的改革成果。城乡广大人民群众通过农产品流通体制改革得到了生活实惠，增进了改革的认知和认同感，为进一步实行城市商品流通体制改革提供了经验并打下了坚实的群众基础。

1982年，原商业部与轻工业部联合发出通知，日用工业品购销体制在统购统销（统配）、计划收购、订购、选购四种购销形式的基础上，增加代批代销形式。此后，在代批代销购销形式的基础之上，又发展了工商联营联销形式，从而形成了6种购销形式并存的局面。到1984年，商业部管理的计划商品由原来的135种减少到26种。② 随着日用工业品零售环节改革的初见成效，日用工业品批发体制改革稳步推进。1984年7月，国务院批转了商业部《关于当前城市商业体制改革若干问题的报告》，批发体制进入深入改革阶段。

日用工业品流通体制改革的成功，自然而然扩展到生产资料流通体制。生产资料流通体制改革也是从缩小计划管理、调整物资部门部分商品供应着手，发展了定量定点供应、配套承包供应、凭票供应等多种供应形式，扩大市场调节商品范围。③ 1984年10月党

---

① 唐明峰：《改革十年回顾——在治理整顿中走出经济困境》，北京出版社1990年版，第67页。

② 张卓元、黄范章、利广安主编：《20年经济改革：回顾与展望》，中国计划出版社1998年版，第134页。

③ 唐明峰：《改革十年回顾——在治理整顿中走出经济困境》，第266页。

的十二届三中全会在《中共中央关于经济体制改革的决定》中明确提出"社会主义经济是有计划的商品经济",指出价格管理体制的不合理是导致价格体系不合理的极为重要的原因,因此调整价格的同时需要改革价格管理体制,同时强调"价格体系的改革是整个经济体制改革成败的关键"。由此可见,在价格体系改革未能深入进行的条件下,商品流通体制改革是不可能成功的。① 这一时期,中国商品流通体制还处于旧体制未彻底打破,新体制尚未建立的"双轨制"状态。

2. 商品价格逐步市场化,市场主体逐渐多样化,流通经济管理向宏观调控方式转变——边破边立的改革思路促成市场体系初步建立,市场竞争格局基本形成

商品价格市场化。到 1992 年年底,在各类商品价格中国家定价的比重已不足 20%,社会商品零售额中市场调节价的比重上升到 90%。生产资料领域,除少数(10 种)物资尚需按计划分配供应外,1993 年基本实现生产资料自由购销。政府定价体制向市场价格体制的转轨初步实现,市场机制在价格形成中的主导地位基本确立。②

市场主体多元化。首先,公有制商业企业制度改革不断深化。一方面以国有商业企业为基础组建股份制企业;另一方面国有小型商业企业试行股份合作制。其次,个体商业和私营商业蓬勃发展。1997 年年底,在社会消费品零售总额中,国有经济和集体经济共占 42.5%,其他经济比重已超过 50%。③ 最后,外商投资零售企业从试点发展到扩大经营区域和业务范围。1992 年 7 月,国务院下发《关于商业零售领域利用外资问题的批复》,同意来自国外的零

---

① 刘学敏:《中国经济改革的经济学思考》,经济管理出版社 2003 年版,第 273—305 页。
② 丁俊发、张绪昌:《跨世纪的中国流通发展战略——流通体制改革与流通现代化》,中国人民大学出版社 1998 年版,第 193 页。
③ 同上。

售企业试办中外合资或合作经营的商业零售企业,经营百货零售和进出口商品业务。1999年6月,国务院批准发布了《外商投资商业企业试点办法》,将零售业中外合资合作试点城市范围扩大到所有省会城市、自治区和计划单列市,同时允许外资零售企业进一步介入批发领域。[1] 至此,中国流通领域竞争性市场主体基本形成,流通领域进入竞争性市场阶段。

流通经济管理向宏观调控方式转变。1992年以来,中国商品流通间接宏观调控体系建设不断完善。首先,国家商业行政管理机构进行改革。1993年撤销原商业部、物资部,组建国内贸易部,主管全国商品流通,结束了生活资料流通和生产资料流通长期分割管理的局面。1998年根据全国人大九届一次会议决议,将国内贸易部改组为国家国内贸易局,作为商业流通行业的主管行政机构。其次,颁布和实施了《经济合同法》《产品质量法》《反不正当竞争法》《广告法》《商标法》《消费者权益保护法》等一系列与商业、市场有关的法律、法规和条例。再次,建立重要商品储备制度和农产品风险基金,以保证社会生活和生产建设的顺利进行。截至1996年,我国已经建立了粮食、棉花、食油、猪肉、食糖、农药、钢材、铜、铝、成品油等商品储备以及管理机构。最后,发展各类中介组织。机电、金属、木材、副食、纺织、百货、餐饮等行业都建立了自己的全国性专业协会;出现了律师事务所、会计师事务所、审计事务所等专业性服务中介机构和国际工程咨询公司、中国劳务公司等从事经纪业务的经营性企业。

3. 内外贸流通一体化,建设开放型商务体制,完善以市场为基础的宏观调控手段——逐步完善的改革思路促使中国流通领域形成内外联动、有序、开放、竞争的市场体系

2003年10月,党的第十六届三中全会通过的《中共中央关于

---

[1] 李飞、王高:《中国零售业发展历程(1981—2005)》,社会科学文献出版社2006年版,第349页。

完善社会主义市场经济体制若干问题的决定》（以下简称《决定》）起到了为中国经济体制改革"定型"的作用，目的是使已经初步建立的社会主义市场经济体制日趋完善化、法制化和稳定化。2007年党的第十七次代表大会通过《高举中国特色社会主义伟大旗帜

为夺取全面建设小康社会新胜利而奋斗——在中国共产党第十七次全国代表大会上的报告》（以下简称《报告》），提出加快形成有序、开放、竞争的现代市场体系，完善反映市场供求关系、资源稀缺程度、环境损害成本的生产要素和资源价格形成机制。根据《决定》和《报告》的要求，国内商品流通改革和发展方面的探索主要围绕内外贸一体化、中国流通现代化、流通国际化等展开。[①]

为了实现内外贸一体化、中国流通现代化、流通国际化的目标，我国政府加大了法律环境的改革力度，通过清理现有法规、设计法律框架和制定新法规，构建市场流通法律体系的基本框架，促进流通监督管理法制化。第一，全面清理市场流通法规文件。商务部成立之初，设立了市场流通法规文件清理办公室，重点清理1993年以来发布的法律文件495件，分两批废止不适应当前市场流通形式的法律文件110件。第二，初步设计完成中国市场流通法律体系的框架。2005年商务部组织相关部门，从中国市场发展和法规建设的要求出发，研究建立、健全我国市场流通法律体系的框架方案。该框架以市场流通为基础，包括市场主体、市场行为、市场秩序、市场调控与市场管理五个方面的法规制度。第三，制定和发布《城市商业网点管理条例》《反垄断法》《企业所得税法》《外商投资商业领域管理办法》等一批重点法律和规章。此外，在管理上还建立、健全了市场运行监测体系以及应急管理系统，增强了运行调控能力。2005年，商务部完善了生活必需品、重要生产资料、重点流通企业和特殊内贸行业管理4个直报监测系统；新建

---

① 陈文玲等：《现代流通与内外贸一体化》，中国经济出版社2005年版，第249—309页；宋则、郭冬乐、荆林波：《中国流通理论前沿（4）》，社会科学文献出版社2006年版，第3—112、251—315页。

了社会信息搜索、专项调查、专家评估 3 个间接监测系统和全国商品流通数据库；形成了国内与国际、城市与农村、现货和期货密切相连的市场监测系统网络，并在此基础上创立了市场动态分析、市场专题分析、市场综合分析、商品供求分析、市场预警分析和宏观经济运行分析六大"信息品牌"，及时向社会公布市场供求信息，引导生产和消费。

（三）突破传统商品流通领域框架，建立了容纳更多服务业的新商务体制

随着改革的深化和服务生产力的发展，建立在传统经济基础上的以物质产品为主的流通领域必然导致服务业分工的扩大与产业延伸，形成新的经济结构，新体制的建立也必然与旧流通体制有着内涵与外延的区别。体制创新客观要求建立一种覆盖服务业更多部门的经济制度、商务环境与政策体系。

新的商务体制是由商品流通部门和与商品流通有直接关系的服务部门组成的体制环境与政策体系。它至少包括货物的国内外贸易和运输、服务产品的国内外贸易、物流服务、商业地产服务、住宿餐饮服务、旅游服务、金融服务、特许与专利服务等。随着旧流通体制的废除，新商务体制是在商品流通和其他服务劳动交换的市场环境中建立并不断完善起来的，因此，它与旧流通体制的不同之处不仅在于"计划"与"市场"的区别，还有流通内容的区别，即单一商品流通与商品、服务两种交换关系结合的区别。

新的商务体制虽然是以市场调节商品流通和服务交换为基础，但也重视政府的调控手段。政府调控的对象主要是少数重要商品和稀缺商品、服务交换中的金融信贷服务、商业地产服务等，调控手段以经济杠杆和法律法规为主，同时也采用行政手段。在管理体制方面，运用法律手段规范流通管理，建立有序、自由、公平、竞争的市场环境；将商务服务业作为重要产业纳入管理，促进商务服务业快速发展。在促进体制方面，建立主要面向中小流通企业的国内贸易促进服务体系；加快培育和健全社会信用体系；通过同业协会组织建立与企业的双向交流机制，及时了解企业需求。在经营体制方面，加快粮食、棉花、石油等重要商品流通经营与管理体制改革步伐，提高市场化程度；多途径推进新型流通组织发展，营造组织化程度不断提高的新型流通组织体系；积极支持组建大型流通企业集团。①

三 对流通领域改革开放经验的经济学分析

（一）选择出口导向型开放战略为突破口的必然性

我国流通领域在改革之初选择出口导向型开放战略作为促进改革的突破口，有其内在的必然性，并不是盲目模仿某些东亚经济体的巧合。

第一，中国对外贸易体制改革的路径与次序在很大程度上不同于传统国际贸易理论所建议的方式。与一般发展中国家贸易体制改革不同，中国对外贸易体制的基础是计划经济体制，贸易自由化过程必须在经济体制从计划体制向市场体制的转变过程中完成。中国对外贸易体制改革不是一个单纯的贸易自由化问题，而必须顺应总体经济体制改革的次序和步骤。就贸易措施而言，先逐步放松对外贸易计划，代之以许可证、配额及其他行政控制手段。随着市场化改革的深入，市场扭曲的程度逐步减小，对外贸易数量控制也随之减少，直至最后取消数量控制措施。就改革目标而言，是要通过体制改革，释放比较优势，扩大出口贸易，以缓解经济发展中的外汇约束；通过贸易保护，发展新兴产业与特定产业，从而促进经济发展。中国对外贸易体制改革的组合措施是，一方面继续维持对国内产业的有选择保护；另一方面采取出口补贴、外汇留成、出口退税等大力度出口鼓励措施，抵消保护政策造成的扭曲，优化资源配

---

① 商务部研究院商务信息部：《"十一五"期间我国商品流通体制改革基本思路》，《中国经贸导刊》2006 年第 1 期。

置，使一部分产业和产品的比较优势得以发挥，扩大出口规模。运用扭曲理论进行分析，我国消除贸易扭曲不是从扭曲根源上消除，即不是通过消除贸易保护来消除对出口的歧视，而是运用其他的出口鼓励扭曲来抵消保护扭曲，虽然是一种次优选择，但却是纠正扭曲的切实可行的做法。

第二，吸收外资、建立外商投资企业是实现上述对外贸易体制改革目标最现实的路径。当时能够生产出口产品的工业企业仍然在计划体制的束缚下，不仅难以释放比较优势，而且也缺乏国际市场的联系渠道。而利用外资设立的外商投资企业，可以通过灵活的用工制度释放中国的比较优势，利用境外投资者的市场联系解决产品销售问题，利用境外资金市场解决外汇平衡问题；同时在中国关税的保护下，外商投资企业的一部分产品还可以内销，得到国内市场利润的激励，从而使出口导向制造业发展起来，增加中国本土的生产和经济总量，加快中国的经济发展速度。

第三，选择出口导向型的开放战略作为突破口，也是当时实际经济生活的迫切需要。改革开放初期，人民十分贫穷，解决温饱是民生的头等大事。贫穷的根源是缺乏就业岗位，特别是农村实行家庭联产承包责任制以后，以剩余劳动力形式出现的隐性失业问题暴露出来，解决这些人的就业需要投资和生产，但国内既没有资金，也没有购买力，也就是没有市场。因此产业发展必须以出口为导向，而能够实现出口导向目标的，当时只能是外商投资企业，这就是中国从改革开放伊始的 1979 年就制定了关于外商投资企业的法律的根本原因。

第四，出口导向型生产既是中国开放战略的选择，也是国际资本的投资选择。从 20 世纪 80 年代开始，东亚经济体制造业生产的比较优势开始弱化后，国际资本就已经在寻找更具有竞争优势的投资区位，并酝酿国际化生产布局和跨国公司价值链的重新调整。对于国际投资者来说，中国有劳动要素禀赋优势，中国工人的工资大大低于周边所有发展中经济体。但仅有这个优势是不够的，中国贸易体制的改革，不是急于去搞贸易自由化，而是先解决体制高度集中垄断的弊病，解决调动各方面积极性和外贸企业自主经营问题。暂时被搁置的贸易保护，既给国内产业发展提供了过渡期，也为外商投资提供了有效的激励。也就是说，中国贸易体制改革进程的安排，尽管是中国出于自身利益的选择，但却与国际资本的投资策略不谋而合，从而为中国赢得了国际资本产业转移的历史性机遇。

（二）市场结构与人力资本的内在联系

中国的改革事业是由中国共产党和人民政府领导的，但改革事业所依靠的力量是人民群众。在长期的革命和建设实践中，党和政府积累了一整套领导革命和建设的丰富经验，形成了一整套生动活泼、为广大人民群众所接受、理解和领会的话语体系，就是借助这样的文风，党和政府成功地向人民群众宣传和解释了不同时期的奋斗目标、指导思想和理论基础，成功地动员了广大人民群众。在经济体制改革进程中，诸如"调动各方面积极性""放开搞活""简政放权""尊重群众的首创精神"等动员口号，既是针对高度集中垄断的旧体制弊病的改革导向，又体现了中国共产党人马克思主义历史唯物论的世界观和方法论。这种改革导向又引导了具体政策的制定，这里虽然有经济学家的参与，但他们掌握的经济学理论远不如那些口号有影响力。流通领域的体制改革同样是在这种环境中进行的。

经济学理解这些口号及其政策条文的总体含义是，流通组织要成为多元利益主体、形成多种投资主体和多种所有制形式的市场主体，从而打破国有商业流通组织独家垄断流通领域的旧体制。但经济学还必须解释，这些口号在具体的细分市场上的含义是什么，即在每个具体细分市场上，其应该形成的市场结构是什么？是完全竞争，还是不完全竞争，抑或寡占结构？这确实是那些口号不能解决的问题，也是经济学可以提供智力支持的地方。但是，结果往往是自然的过程，经济学只能起到事后解释或提供调整方案的作用，因为那些口号所动员起来的行动力具有爆发性，容不得人们喋喋不休地争论最佳方案。

这个过程虽然是自然的，但却受到客观经济规律的制约，这个规律就是，细分市场结构与人力资本的富集程度有着密切联系，在一定条件下甚至受到人力资本条件的约束。流通领域的改革最先是从农副产品这个细分市场开始的，这个细分市场对人力资本的要求最低，最易于动员农民参与，最大限度"调动农民积极性"的改革方针最容易成为实际的改革步骤。在这个细分市场上，"放开搞活"的改革导向必然使市场结构演进为完全竞争市场。遵循这个思路，可以继续解释日用消费品市场也相继演进为完全竞争性市场的现实。但在生产资料商品中，一些商品的流通经营需要较高的人力资本，如机器设备和动力运输工具等，即便改革的方针也是"放开搞活"和"充分调动各方面积极性"，但这些细分市场却不可能在短期内演进为完全竞争性市场，而只能成为不完全竞争性市场，这就是人力资本约束规律的作用。一些受行政垄断控制的细分市场，如石油、金属等资源性产品，其所以成为寡占的市场结构，除了受行政垄断的原因之外，客观上也有着人力资本的制约，这些细分市场的流通经营需要更多的专业技术知识。在服务业各行业中，其市场结构也同样遵循人力资本约束的规律。商业、餐饮住宿业、仓储运输、旅游等行业的经营，对人力资本的要求相对较低，其市场结构的竞争性就强，各方面的积极性就易于被调动起来；通信、金融、咨询与中介服务、专利特许、文化教育等行业，除了存在不同程度的行政限制之外，人力资本约束因素也是客观存在的，因此其市场结构的竞争性相对较弱。

人力资本因素是动态的，它会发育成长，它发育成长的过程往往也是市场结构从集中向竞争性更强的方向分解的过程。例如，外贸体制改革，初始阶段"调动各方面积极性"的改革导向不可能导致全民办外贸企业，因为外贸经营领域对人力资本的实际需求要高于国内商业的许多细分市场。第一步只能做到有限地下放经营权，除了中央外贸部门的大公司外，其他中央部委和省一级行政单位，可以成立新的外贸企业；今天我们解释这个现象可以用逐步积累经验这个说法，但这只是主观原因，其客观的原因就是人力资本的约束。直到20世纪90年代中期，国有大中型企业和一些优秀乡镇企业才被允许进入对外贸易经营领域，到20世纪90年代后期，私营企业才成为被调动积极性的对象进入外贸经营。这个过程经历了近20年，积累"放开搞活"的经验是不需要20年的，但积累人力资本显然需要相当长的时间。随着这个积累过程的完成，外贸经营领域的市场结构日益走向竞争性，今天它已同国内商业一样，除了极少数的商品细分市场之外，都已成为完全竞争性市场。

（三）扩大非物质产品流通是体制创新的重要基础

传统政治经济学的研究对象是物质产品，研究物质产品生产、流通、消费和分配的规律。传统"流通"的概念就是以物质产品为对象，即以商品流通为对象。但是，现代市场经济的部门划分以三次产业分类，其中第三产业即服务业的劳动也创造价值，但它的使用价值没有实体外观和物理性能。例如，商业部门的服务劳动、住宿餐饮部门的服务劳动等，还有其他许多服务业劳动，都发生在社会化再生产的过程中，其比重日益超过物质生产部门，因此，现代经济学不仅要研究物质产品的再生产规律，而且要研究非物质产品的再生产规律。

把这个认识运用到总结中国流通领域改革开放30年的历程和经验中就会看到，其整个过程既是一个破除旧体制的过程，也是一个建设新体制的过程，而后者的任务之所以更艰巨，是因为它不仅要建立与过去不同的经济制度、经济法规和政策，还要建设新体制所赖以建立、所能够容纳的生产力基础、新的产业基础和经济结构。因此，新体制的建设过程也是经济结构调整的过程。在计划体制下，流通领域不仅被分割为"内贸"和"外贸"，而且由于生产力十分落后，产业单一，流通领域只包含狭义商品流通的批发与零售商业，以及服务业中的住宿与餐饮业，流通体制所能容纳的生产力和经济结构既简单又原始。在这个改革过程中，不仅要使建立在简单原始的生产力和经济结构之上的经济制度、运行规则发生市场化取向的根本性改革，还要通过引进现代流通方式来改造旧的生产力基础，即通过现代化的手段使它的物质技术基础发生重大变革。同时，新的经济制度、运行规则还必须与国际市场接轨，使国内商品流通与服务交换即整个市场交换，成为全球经济与市场的有机组成部分，因此这又是一个国际化的过程。随着旧体制的破除和消亡，生产力得到迅速发展，分工扩大，产业细分的过程发生了，与原有商品流通联系最密切的新产业出现或更活跃了，如物流、商业地产、金融服务等；与传统住宿餐饮业联系最密切的产业兴旺起来了，如旅游、运输和通信服务等。这样一个产业多元化的过程，也是新体制建立必然伴随的产物。改革所要建立的新体制，已不仅仅是传统意义上的商品流通领域的体制，而是容纳新的经济结构，即容纳多种服务业产业基础上的商务体制。要保障这个新体制的有效运行，还必须伴随大量的管理改革和创新，这就是流通领域改革开放的内容和最终的目标。可以清楚地看到，直到今天，这个改革还远未结束，服务业各领域的市场化、现代化、国际化、产业多元化不仅仍在进行，而且有的还刚刚起步。新商务体制的框架虽然已经建立，但仍需完善，管理改革和创新没有路径可依赖，要靠新的探索。深化改革的任务艰巨，新体制建设任重道远。尽管如此，30年改革给我们提供了一个最重要的启示：深化改革的动力来自增加社会各群体的共同利益，改革的目的是发展生产力，只有提高生产力水平，才能改善人民的福利，改革才能得到人民拥护，改革才能深入进行。而且，改革的目的不是简单意义的利益关系调整，不是在存量上进行再分配，而是要求在增量上有可分配的福利，并进行相对公平的分配。明确了这一点，我们就知道什么可以改革、怎样进行改革、深化改革的方向在哪里。

（四）生产推动型增长向流通主导型增长模式的转变是改革的必然趋势

如果说 30 年改革开放是将中国经济增长带入快车道的话，那么今后相当一段时间改革的重点是将中国经济转入增长的稳定区间。增长模式从生产推动型增长向流通主导型增长转变是这一改革的应有之义。与生产推动型增长相比较，流通主导型增长的增加值贡献更多体现在生产过程以外，包括上游的采购、设计，生产过程的非物质投入，以及下游的营销、服务及销售等过程。在这样一种大背景下，流通体制进一步深化改革更加需要着眼于"大流通生产力"的概念，通过流通环节引导生产，促进生产按市场经济规律，特别是按照供应链管理原理运行，即按需求—订单—采购—生产—流通—消费的规范运作；推动新的流通体制、流通模式与流通方式的建立，发展流通生产力，实现从生产推动型增长向流通主导型增长模式的转变。① 首先，出口导向型策略不断弱化，内外贸一体联动成为必然。从满足国外市场需求品味定制生产向先满足国内市场需求品味、再对世界市场出口的方式转变。这种变化不可小觑，它意味着中国产品设计、品质、服务将成为一种国际标准。其次，人力资本进一步向除生产以外的各流通环节聚集，同时也伴随着各类非物质产品流通的进一步扩大。这一过程必然导致流通分工的细化，并引发流通市场结构的进一步细分，这都将给流通业发展带来巨大活力。

四　深化改革、扩大开放的新挑战与新任务

（一）部分农产品和资源性产品的流通体制改革仍需深化

中国虽然已经建立了粮食、棉花、食油、猪肉、食糖、农药、钢材、铜、铝、成品油等重要商品的储备制度以及管理机构，但是在经营体制和价格机制上仍然存在过于集中统一和定价机制僵化的现象，难以适应国内外市场统筹发展的要求，造成资源配置扭曲，既不能反映市场供求，也不能反映资源的稀缺性和环境成本。回顾

---

① 北京工商大学经济学院、中国商业政策研究工作委员会和财贸经济杂志社：《"大贸易、大市场、大产业——中国内外贸易一体化学术研讨会"纪要》，2004年11月。

中国流通体制改革,一个总体特征是消费类产品的市场化水平已经达到一个相当高度,而反观生产资料类产品,尤其是部分农产品及资源类产品仍处于伪市场化状况。这种流通格局的一个直接结果就是消费品价格与生产资料价格的脱节,使中央在进行宏观调控过程中出现跋前疐后的窘境。出现这一症结的根源在于两类产品的市场结构具有非一致性,即生产资料市场的卖方市场特征与消费品市场买方市场特征的矛盾使宏观经济一旦遇到不可预测的外界环境变化,经济抗风险能力就大打折扣。因此,除从供给角度在生产领域引入更多类型的生产主体外,流通主体多样化也是必然要考虑的解决方案。不能以涉及国家经济安全为借口,使既得利益集团继续攫取垄断租金,而使老百姓成为这些租金的最终贡献者。

(二) 市场主体的国际竞争力需要增强

由于产业集中度低,规模不经济,加上经营分散,整个流通产业的市场竞争处于过度竞争状态,造成资源运营效率较低,对国民经济增长的贡献远低于发达国家水平。在中国日益参与经济全球化的背景下,这些问题直接导致被动型的而不是主动型的内外贸一体化。中国进出口贸易的国外渠道基本是由外商控制的,绝大多数贸易企业没有自己的海外营销网络,少数有海外分支机构的大企业,距离真正具有配置海外商业资源功能的跨国公司还很远,因此,中国还没有几个能够实行跨国经营的大型商贸公司,也就是说没有自己的市场主体去实现所谓内外贸一体化。而现阶段的内外贸一体化是在中国对外开放的扩大进程中由外资商贸公司推动的,因此是被动型的内外贸一体化。由外资企业的市场运作所带动的内外贸一体化,虽然进一步打破了我国内外贸易分割的格局,但是对我国商贸企业形成了激烈竞争,因此要大力培养国内市场主体,适当提高产业集中度,增强流通企业的国际竞争力。

(三) 市场交易体系还处在初级形态,交易效率还有待提高

目前,全国城乡已经建立近9万个各类市场,但绝大多数市场还处在初级形态,虽然兼有零售和批发功能,但交易形式简单,基

本没有期货交易和拍卖交易，都是现货交易和租赁小商业店铺交易的形式，大量市场实际上是集聚贸易商家的大卖场；而经营市场的投资者只是商业地产商，而不是市场服务的供应商。这种市场模式的缺陷主要有以下几点。

1. 缺乏价格发现功能

中国是部分资源性产品的进口大国，也是相当多制成品的出口大国，所有商品在国内市场流通中的交易量都很大。但是在绝大多数产品领域，由于缺乏现代交易方式，如期货和拍卖方式，导致市场缺乏价格发现功能。这不仅为地方保护主义和市场分割提供了条件，也使我国在国际贸易中丧失许多重要产品的定价话语权，如石油、铁矿石等大宗进口产品，甚至作为世界第一的茶叶生产大国，也没有出口定价话语权。

2. 服务体系不完善

除少数建设水平较高的市场有较完善的金融服务和政府提供的工商行政、税务服务外，我国市场交易体系中大都缺乏如下的服务功能。（1）对商品技术与质量的监督服务。在发达国家采取非关税壁垒的国际市场环境下，市场如果缺乏这种监督服务，企业就会很不适应国际竞争环境；（2）研发功能。市场如果缺乏这种功能，就难以引导企业去寻找新的细分市场和新的消费群体；（3）品牌推广功能。品牌的培育虽然主要是生产企业的责任，但市场的推广也十分重要，缺乏市场的品牌推广作用，既是市场服务的缺失，也将导致市场吸引力下降；（4）物流服务。目前，我国市场尤其缺乏第三方物流服务。

3. 缺乏国际经营辐射力

中国许多市场实际上并没有国际化经营的措施，特别是没有海外的二级市场和延伸市场，既没有实现企业的"走出去"，也没有实现市场的"走出去"。这只是一种单向开放的市场，而不是双向开放的市场，因此缺乏国际经营的辐射能力，不能有效地把国内市场整合为国际化的市场。市场功能不完善，不仅导致促成交易的效率不够高、市场交易半径不够长，而且还大大限制了分工分业的细化发展，许多极有潜力的服务业难以依托市场成长起来，如物流、研发、教育、技术咨询、消费服务等，许多本可以成为市场衍生产品的服务业，也丧失了发展的机遇。

（四）转变流通领域增长方式的任务艰巨

1. 外贸增长方式仍需继续转变

从"十五"规划末期开始，中国提出转变外贸增长方式，特别是针对出口贸易粗放式增长产生的问题，如过度依赖廉价的劳动密集产品、产品附加值低、高污染、高排放和资源性产品较多，从而造成贸易摩擦等，要求出口商品结构从粗放型向集约型转变。这不仅要求不同地区依据开放经济的发展水平提出不同的产业结构和产品结构的调整任务，而且还要求流通环节提高效率，包括提高运输仓储效率和港口码头的工作效率；规范出口经营秩序，解决过度竞争和无序竞争问题；进一步提高通关的便利化程度，等等。

另外，转变外贸增长方式也包括转变进口贸易的增长方式。它所针对的问题是如何改变传统习惯并构建一种新的体制，以便有利于引进新技术和关键设备，达到促进我国在技术上自主创新的目的，避免过去重复引进、过度依赖外来技术的现象；同时探索新的贸易方式，规避进口贸易中的价格风险以及探索灵活的金融服务方式，规避外汇风险。后者涉及国际期货贸易和价格话语权，涉及不同货币在贸易结算和支付中的灵活使用等新课题。

2. 促进服务业分工扩大和产业延伸

在现代市场经济条件下，流通领域增长方式的转变，不仅取决于狭义商业部门的生产效率，而且还取决于商品流通与服务交换过程中所有相关服务部门的生产效率。因此，促进服务业分工扩大和产业延伸，提高这些部门的生产效率，是流通领域转变增长方式的题中应有之义。这里涉及的体制改革问题还很多。如新的服务业主体如何从工商业企业中分离或外包出来；如何从事业单位、行业协会转型过来；服务业资本形成如何从工商资本、土地资本中分离出来；如何引导社会资本投向服务业；服务业如何在市场交易体系发育中成长壮大并形成高效的市场服务体系等，这都是需要探索与实践的新课题。

（五）建设现代开放型商务管理体制仍需探索

1. 政府部门的设置以及分工与职责是否科学仍有待实践检验

依据十届和十一届全国人大批准组成的国务院机构和现行的分工，国内贸易和对外贸易由商务部主管，服务业由国家发展和改革委员会主管，在服务业中涉及进出口的服务贸易，由商务部主管，而旅游、运输等还有相应的主管机构。把整个服务业分由几个主管部门管理，必然出现管理分散、政出多门、部门分割和互相扯皮的现象，但部门太少又容易出现权力过于集中、管不过来等管理缺位、官僚主义现象，因此，科学设置政府管理机构、合理划分其分工与职责，是建设适应社会主义市场经济的商务管理体制的首要环节，它还需要在实践中不断修正与完善，不可能毕其功于一役。

2. 统筹两种资源、两个市场的管理理念尚未转化为新的商务管理体制的具体实践

首先是中国企业的海外生产经营未进入中国国民经济的核算体系。自改革开放以来，为适应吸引外资和外资企业在中国生产经营的新形势，我国采用了 GDP 统计体系；但现在和未来，中国面临的是海外资产增加和海外生产经营的扩大，需要由新的统计体系来反映和监测国民经济活动的成果。其次是海外资源的开发与利用及其与国内资源的整合，以及海外市场的开拓及其与国内市场的整合，均未纳入中国发展规划的内容。最后是对海外生产经营运行与国内经济运行的相关性也没有相应的监测和协调机制，甚至对国有企业的海外资产管理和其他经济管理都未成为国家经济运行监督与管理的内容。目前，对企业"走出去"项目的审批和外汇使用的审批，都还是很初步的管理内容，远远达不到两个统筹的目的。

3. 培育现代信用服务体系还处在探索阶段，没有破题

培育现代信用服务体系是政府管理市场的重要途径，也是市场

走向规范和有序竞争的必要环境。政府要发挥规划、指导、组织、协调、服务的作用,创造信用服务企业公平竞争的市场环境;还要通过立法、行业组织制定行规来引导全社会对信用服务的需求,培育信用产品市场体系;同时要建立政府对信用市场的监督管理体系和社会诚信教育体系;建立失信惩戒机制,最终达到完善市场运行环境的目的。中国缺乏现代商业信用的制度基础,要探索和建立这样一套新制度、新规范和新环境,无疑是十分艰巨的任务。

(原载《中国社会科学》2008年第6期)

中国公有制主体地位的量化估算及其发展趋势*

党的十八大报告对我国社会主义初级阶段的基本经济制度有许多重要论述。报告指出,首先,要完善社会主义市场经济体制,完善以公有制为主体、多种所有制经济共同发展的基本经济制度;其次,要毫不动摇地巩固和发展公有制经济,推行公有制多种实现形式;最后还强调,要毫不动摇地鼓励、支持、引导非公有制经济发展。①党的十八届三中全会通过的《中共中央关于全面深化改革若干重大问题的决定》(简称《决定》)进一步指出:"公有制为主体、多种所有制经济共同发展的基本经济制度,是中国特色社会主义制度的重要支柱,也是社会主义市场经济体制的根基。"②理解和认识这些论述,显然要清楚两个基本前提:一是改革开放35年后,我国的公有制主体地位是否还存在,该如何衡量;二是在"两个毫不动摇"的前提下,公有制和非公有制经济是否都有充分发展的空间,而不会出现相互排斥、相互替代的局面。本文试图回答这两个问题。

---

* 本文系2011年国家社会科学基金特别委托项目"社会主义初级阶段基本经济制度研究"(项目编号:11@ZH006)的一项主要成果。

① 胡锦涛:《坚定不移沿着中国特色社会主义道路前进 为全面建成小康社会而奋斗》,《中国共产党第十八次全国代表大会文件汇编》,人民出版社2012年版。

② 《中共中央关于全面深化改革若干重大问题的决定》,人民出版社2013年版,第7—8页。

一 对已有研究的评述:理论与方法

改革开放以来,随着所有制改革的深入,关于公有制与非公有制的概念及其界定、衡量方法和计算,已经有过大量讨论。归纳起来,这些讨论主要集中在以下几个方面。

1. 关于公有制与非公有制的概念及其界定

从所有制的内涵方面分析,多数研究者都倾向于认为,在自然形态上,应以物质生产资料即物质生产要素的所有权,界定和区别两种所有制;在价值形态上,以资产、资本①及其权益作为划分不同所有制的决定因素。但由于多数研究者并未具体计算不同所有制经济的数量规模,在资产与资本这两个概念上,往往不做区分。从所有制的外延方面分析,多数研究者都倾向于把国有企业、集体企业以及混合所有制企业中的国有成分和集体成分,归于公有制经济;而把个体工商户、私营企业、外商企业以及混合所有制企业中的私人成分、外资成分,归于非公有制经济。党的十五大报告明确了公有制经济的含义和范围,即"公有制经济不仅包括国有经济和集体经济,还包括混合所有制经济中的国有成分和集体成分""公有资产占优势,要有量的优势",这是公有制经济主体地位的主要体现之一。② 以国有经济和民营经济近似地替代公有制和非公有制经济,这一方法虽然对获取连续数据,以刻画非公有制经济发展轨迹具有一定的便利,但这种以经营者身份进行划分的基本方法既不准确,也不科学,且严重低估了公有制经济在国民经济中的地位。特别是在当前我国公有制的实现形式多样化、经济形式和经营形式多样化的情况下,既不能按照市场主体(例如,工商注册登记的种类)简单地归类公有制和非公有制,更不能另立新标准,

---

① 这里所说的"资本",实际是资本金的概念,而不是生产关系的概念。
② 江泽民:《高举邓小平理论伟大旗帜 把建设有中国特色社会主义事业全面推向二十一世纪》,《江泽民文选》第2卷,人民出版社2006年版,第19页。

如按照经营管理者身份来划分二者，而只能坚持资产的所有者属性这一基本标准。如果不按此基本标准划分公有与非公有制经济，势必高估非公有制经济，进而低估公有制经济在国民经济中的地位和作用，甚至有时会造成以为公有制"消失"或"萎缩"的假象。测算公有制主体地位最直接也最准确的指标，就是估算公有资产是否占有"量的优势"，也就是相对于非公有制经济，公有制经济资产在社会总资产中是否维持在50%以上。

以资产作为衡量公有制经济主体地位的主要指标，不仅是政策需要，也具有深厚的理论依据。马克思主义经典作家在讨论所有权概念时，大多数使用的都是"物权"上的概念，即物质生产资料的所有权。如马克思在讨论未来新社会的基本特征时，将其概括为"一个集体的、以生产资料公有为基础的社会"①。长期以来，物质生产资料所有权的概念一直被延续使用，这与20世纪上半叶以前，各种非物质形态的生产条件（如各种无形资产、商标、营销网络、计算机软件、技术知识等），在社会生产中尚未占据重要地位有很大关系。随着技术进步和当代资本主义生产方式的变化，各种非物质手段越来越成为资本生产关系依以建立的重要因素。因此，所有权的内涵和外延都更加丰富了。发达国家的某些跨国公司，可以仅仅凭借品牌和供应链来组织国际化生产，因而能够较少依赖甚至不依赖资本金投入的股权控制，更无须建立具有物理外观的物质生产设施。对此，马克思似乎有所预见。他有时也把所有权的内涵说得较为宽泛，"消费资料的任何一种分配，都不过是生产条件本身分配的结果……既然生产的要素是这样分配的，那么自然就产生现在这样的消费资料的分配"②。这里他没有使用生产资料的概念，而使用了"生产条件"乃至"生产的要素"这一外延更宽泛的概念。

---

① 《马克思恩格斯选集》第3卷，人民出版社2012年版，第363页。
② 同上书，第365页。马克思在《资本论》第1卷第二十四章阐述资本主义积累的历史趋势时指出："私有制作为社会的、集体的所有制的对立物，只是在劳动资料和劳动的外部条件属于私人的地方才存在。"（《资本论》第1卷，人民出版社2004年版，第872页）

需要指出的是，经过 30 多年的发展，我国农村家庭联产承包责任制在内容和性质上发生了很大变化，现实情况越来越复杂。一方面，它保留了土地和其他农林牧渔等生产资源的集体所有制；另一方面，经过多年积累，农户自有的生产工具、经营手段不断增加，已经基本取代农业生产中村集体在这方面的作用。在这两种财产占有关系共同支撑农户家庭经营活动的背景下，农村经济的性质越来越接近混合所有制经济，无论是将农村经济简单归类为集体经济（至少不是纯粹的），还是归为非公有制经济（哪怕加上"广义"的帽子），都缺乏坚实的现实基础和理论基础。因此，区分农村经济公有与非公有的所有制关系，越来越只能从财产属性及其计量来界定，而越来越不容易从市场主体本身、经营活动本身来判别。即便如此，由于农村土地集体所有权在农村家庭承包制经营的各种生产条件中占据支配地位，现实中的农业生产经营更不应被定义为"非公有制经济"。

2. 关于现阶段公有制与非公有制经济比重的衡量与计算

除了核算范围以外，数据、指标与计算方法也是核算公有制与非公有制经济结构涉及的主要问题。在数据选择上，常用的统计资料包括：《中国统计年鉴》中按登记类型划分的规模以上工业企业数据，经济普查数据，《中国国有资产监督管理年鉴2012》中由中央和省一级政府国资委系统管辖的国有企业数据，《工商行政管理统计汇编》中按市场主体划分的注册资本数据，国有及国有控股非金融两类企业总资产和净资产数据等。显然，这些数据或者覆盖面不全，或者统计口径不精准[①]，或者缺乏连续性，因此基于此对公有制经济的估算也就相对缺乏科学性、准确性和连续性。如工业企业数据和国有经济数据不能全面反映公有制经济的全貌；经济普查数据虽然全面，但缺乏连续性；而按市场主体与按出资人划分的口径之间又不一致，从而使对公有制经济规模的估算较为困难。因

---

① 郭飞：《深化中国所有制结构改革的若干思考》，《中国社会科学》2008 年第 3 期。

此，在经济普查数据基础上，运用其他数据进行有效补充，是目前条件下能够实现的最优选择。在指标选择上，郭飞认为，有狭义和广义两种资产衡量标准，狭义是指经营性净资产，广义资产的外延还包括资源性资产①；赵华荃运用注册资本对公有制主体地位进行了量化分析②；陈永杰归纳了不同所有制企业的实收资本③；李成瑞选择实收资本来量化公有与非公有制经济的资本结构，并结合就业和国内生产总值，说明公有制经济主体地位的状况。④ 净资产是总资产与负债额之差，它只是衡量资产质量的指标之一，在衡量资产量，特别是说明公有制主体地位上，不能完全反映公有制经济能够掌控支配的所有资源，在公有制经济资产负债率相对较高的情况下，更是如此。从衡量资产质量的角度讲，企业净资产虽然能体现资产的最终结果，但作为资产质量，更应该反映企业总资产的增值能力，即其资产的盈利能力、产出能力等效率指标。注册资本虽然资料完整，但其是根据市场主体进行划分的，与出资主体还有所差异。另外，注册资本与实际资产状况（实收资本）也不完全一致，根据公司法规定，注册资本可以一次性也可以分期缴纳，因此，注册资本属于应然概念，并不是实然概念。再加之，不同所有制企业或不同性质出资人的行为往往也不一致，所以仅使用注册资本，也不能很好地衡量公有制经济的主体地位。从计算方法看，大多数论者都直接将已有数据进行分类加总，缺乏以适当方法对混合所有制经济进行合理的分解，从而不能准确地刻画公有制经济在国民经济中的比重。

2012 年，杨新铭和杨春学吸收了李成瑞依据第一次经济普查的数据，对不同所有制比重进行估算的经验，同时指出，他估算方

---

① 郭飞：《深化中国所有制结构改革的若干思考》，《中国社会科学》2008 年第 3 期。
② 赵华荃：《关于公有制主体地位的量化分析和评价》，《当代经济研究》2012 年第 3 期。
③ 陈永杰：《完善基本经济制度表述》，《财经》2012 年第 22 期。
④ 李成瑞：《关于我国目前公私经济比重的初步估算》，《探索》2006 年第 4 期。

法中的假设条件将高估非公有资本在混合所有制企业中的比重，导致低估公有资本的比重。[①] 这两位学者的贡献主要体现在两个方面。第一，运用两次经济普查数据中的总资产，作为度量公有制与非公有制经济资产结构的主要指标，全面刻画公私经济在国民经济中的地位。第二，在估算资本结构时，将法人资本（即混合所有制经济）中的公私结构按照实收资本结构的比例关系进行了分解，弥补了前人估算在这方面的缺陷，并根据全国第二次经济普查的数据，对2008年我国第二、第三产业总资产与实收资本的所有制结构进行了估算。最后得出的结论是，第二、第三产业中，公有制与非公有制资产分别占总资产的52.46%和47.54%。这一研究结果具有开创性的贡献，它不仅为我国公有制主体地位的测度，提供了定量的数据支持，而且提供了继续进行研究的主要方法。这项研究也有不足，一方面，它只计算到2008年，此后情况是否有变化，无从知晓。虽然总资产可以确切反映不同所有制经济控制的经济资源的总量，是衡量公有制主体地位的最佳指标，但从数据上看，只有经济普查数据能满足要求，而到目前为止，我国仅有2004年和2008年两次普查数据，缺乏连续性，也不便于进一步的延伸估算。因此，如何利用相关指标和已有公开数据，弥补普查数据中总资产指标缺乏连续性的不足，就成为当前估算公有制和非公有制经济结构的重要课题。另一方面，它没有计算第一产业，原因在于计算的困难程度很高，且没有与普查数据相应的直接数据。将第二、第三产业资产状况进行延伸估算，并结合第一产业的资产结构，才能比较全面地刻画国民经济中的公私所有制经济结构。本文试图在这两方面做出拓展，以弥补前述研究的不足。

[①] 杨新铭、杨春学：《对中国经济所有制结构现状的一种定量估算》，《经济学动态》2012年第10期。以下提到杨新铭、杨春学的研究，均出自此文。

二 对第一产业公私资产规模及其比重的估算

第一产业基本是农林牧渔业,对其全面估算难度很大,其中农业(主要是种植业和家庭养殖业)占比重最大,大体可以反映农林牧渔业的基本面貌,所以,本文选取种植业(不排除附带有家庭养殖业)作为第一产业的估算对象。

我国农业的基本情况是,耕地属于集体所有,以行政村为单位的集体组织或村民委员会通常还有一定规模的集体资产;承包耕地的农户一般拥有耕作、养殖和运输的工具;为农户提供耕种、收获服务的农业机械一般也都属于个人所有或合伙所有,属于集体所有的农机队已经寥若晨星。基于此,我们对农户和集体资产进行了估算。

1. 农村非土地的公私资产结构

先看农户的资产规模。根据《中国统计年鉴(2012)》的数据,2011年我国平均每个农户的资产规模大约为1.6万元。[①] 根据笔者从农业部农村固定观察点2012年农村情况调查[②]中获取的相关数据,加工整理出以下农户和农村村级组织资产情况,如表1和表2所示。按照这个调查,2012年我国平均每个农户的资产为1.9万元,这与国家统计局的调查结果相差不大,能够对应。我国大约有26376万农户[③],农户总资产大约为5.01万亿元。

[①] 中华人民共和国国家统计局编:《中国统计年鉴(2012)》,中国统计出版社2012年版,第472页。

[②] 该调查每年两次录入台账,表1、表2数据系2012年下半年录入的数据。

[③] 我国农村农户数量只能从中华人民共和国农业部编的《新中国农业60年统计资料》(中国农业出版社2009年版)中,查到2008年数据,根据2004年至2008年农户数量年平均增加0.687%,推算出2012年农村农户数量。

表1　　　　　　2012年我国农户资产抽样调查表　　　（单位：万元）

年末拥有生产性固定资产原值	27508.3015
其中：役畜、种畜、产品畜	3456.7502
铁木农具	932.8740
农林牧渔业机械	4545.5643
工业机械	2354.4441
运输机械	8448.6516
生产用房	5414.4813
设施农业固定资产	943.8562
其他	1411.6798

注：共有样本农户20150户，因各种原因不符合统计计算的农户为5800户，实际样本农户为14350户。2012年平均每户固定资产原值为1.9万元。样本户分布全国31个省直辖市自治区（缺中国台湾省及香港、澳门特别行政区）。其中，东部10省占30.1%；东北3省占13.8%；中部6省占22.8%；西部12省区市占33.3%（其中陕、甘、宁、青、新、西藏6省区占全部样本户数的15.5%）。

资料来源：农业部农村固定观察点2012年农村情况调查。

再看集体资产规模。根据农业部农村固定观察点2012年农村情况调查，我国村级（原集体）组织资产规模（不含耕地）的调查结果，如表2所示。

表2　　　　　2012年我国农村村级组织的集体资产　　　（单位：万元）

\	村集体年末存有固定资产原值	170796
按使用形式分	村委会管理的资产原值	91538
	发包或出租的资产原值	79258
按物质形态分	房屋、场地	62739
	农林牧渔业机械	3048
	工业和建筑业机械	18041
	运输机械	3731
	动力和电力设备	8479
	水利设施	10850

续表

按物质形态分	村集体年末存有固定资产原值	170796
	饮水设施	4814
	垃圾、污水处理设施	601
	大型沼气池	844
	其他	57649

注：共有样本村 309 个，不符合统计标准的村 12 个，实有样本为 297 个。2012 年平均每村固定资产原值为 575 万元。样本村分布全国 31 个省直辖市自治区（缺中国台湾省及香港、澳门特别行政区）。其中，东部 10 省市占 27.3%；东北 3 省占 12.1%；中部 6 省占 22.6%；西部 12 省市区占 38%（其中陕、甘、宁、青、新、西藏 6 省区占全部样本村的 17.8%）。与表 1 农户抽样分布相比，样本村在欠发达地区比重偏高，因此对村集体资产估算的结果可能偏低。

资料来源：同表 1。

2012 年我国行政村村委会有 55 万个左右[1]，估算下来，村级集体资产规模大约为 3.16 万亿元。除了村集体外，近年来农村新型集体经济组织——专业合作社发展迅速。据统计，2012 年农村农民专业合作社资产达到 1.1 万亿元。[2] 根据定义，农民专业合作社是在农村家庭承包经营基础上，同类农产品的生产经营者或者同类农业生产经营服务的提供者、利用者，自愿联合、民主管理的互助性经济组织，因此，农民专业合作社与股份合作企业相似，应该是公有经济，纳入公有经济计算。结合这两部分，农村公有资产 2012 年的总额约为 4.26 万亿元。

基于此，2012 年农村公有经济资产与农户资产的公私结构是 45.95∶54.05。显然，扣除耕地，农村公有制经营性的资产总额，已经小于农户私有经营性资产总额。

---

[1] 我国村委会数量只能从中华人民共和国农业部编的《新中国农业 60 年统计资料》中查到 2008 年数据，根据 2004 年至 2008 年村委会数量年平均下降 1.94%，推算出 2012 年村委会数量。

[2] 中华人民共和国国家工商行政管理总局：《全国市场主体发展总体情况》（2012），http://www.saic.gov.cn/zwgk/tjzl/zxtjzl/xxzx/201301/p020130110600723719125.pdf。

2. 耕地资产价值估算

实际上，农村价值最大的资产是包括耕地在内的农用土地。且不论当前城镇化进程中的非农用地，就是第一产业最主要的耕地价值也是不可忽视的。虽然，按照价值量对耕地的资产估算是困难的，而且，对于是否以耕地资产归属来衡量不同所有制的资产数量，也存在不同看法①，但笔者认为，耕地与矿产、森林等资源性资产不同，它是资源性资产，但已被人类开发利用，因此又是经营性资产，而且是农业中最重要的经营性资产。在中国经济社会的长期变革中，它一直是生产力与生产关系矛盾斗争中主要的物质生产资料所有权对象。在党的十八届三中全会《决定》中关于对自然资源资产进行确权登记的对象中也没有包括耕地，只列出荒地。特别是近几年来，随着城镇化的推进，我国农村发生的农户耕地的转包现象已经日益增多，耕地转包"租金"已经形成较为透明的市场价格。它的资产属性已经十分鲜明，这为估算耕地资产价值提供了一个相对近似的工具。根据农业部农村固定观察2012年农村情况调查，各地耕地转包的"租金"价格见表3。

表3　　　　2012年我国农村农户耕地转包租金调查统计

作物	调查省份	样本户	转出户	转出户的比例（%）	户均转出土地（亩）	转出土地亩均租金（元/亩）
玉米	吉林　辽宁	758	27	3.56	5.13	334
水稻	湖南　江西	825	86	10.42	1.09	301
小麦	山东　河南	776	75	9.66	1.84	371

注：表中的样本户数都少于调查村表中的样本户数。其中有两个原因：（1）回收的农户表少于发出的调查表；（2）剔除了那些以其他作物为主的样本户，表中样本户都是以玉米、水稻和小麦为主要种植作物的农户。政府发放的各种生产补贴（每亩70—100元），转出户都留给了自己，租金中不包括生产补贴。

资料来源：同表1。

---

① 主要原因是怎样看它的资源属性，如果只强调其资源性，忽视其经营性，就会认为，不应该把这样的资源性资产加总到公有制经济中。

根据表3，耕地转包的"租金"每亩300—370元，由于政府发放的生产补贴留在了转出户，所以实际上压低了"租金"价格。考虑这个因素，实际"租金"价格应为400—470元，按照我国商业银行现行一年期的固定利率计算，每亩耕地价格应为1.33万—1.57万元，全国18.06亿亩耕地①，耕地总资产为24.02万亿—28.29万亿元。随着农业市场化进程的加速，农产品价格必然呈现逐渐上升的趋势，这无疑会推升耕地租金。另外，耕地是不可再生资源，具有很大的升值潜力。而且目前农村土地转包"租金"并非严格意义的地租，只是一种低估租金的参照物。因此，耕地价格以28万亿元计算，应是有把握的。

综上，农村集体经济财产应包括集体性质资产4.26万亿元和土地价值28万亿元，合计32.26万亿元，而农户资产为5.01万亿元，二者占比的结构为86.56:13.44。由此可见，由于耕地的集体所有制，我国农村公有制在资产比重上具有压倒性的优势。

3. 耕地资产价值估算的经济学依据

我国现行的农村耕地属于农民集体所有，农民集体所有的土地由本集体经济组织的成员承包经营，从事农业生产。虽然，耕地已经承包到户，但土地资产只能记入公有资产，而不能记入农民私人资产。首先，宪法规定农村土地归集体所有，所有权性质是法律规定的，把承包地记入私人资产，于法理上说不通。其次，不能因为农村集体组织（或村委会）不向农民征收"地租"，就说明前者已经放弃其所有权。不仅如此，以往村组织向农民征收的钱款，并不是经济学意义上的地租，说"地租"只是一种习惯说法或借用的说法。原因在于，马克思关于资本主义地租的理论分析有两个前提。其一，地租是剩余价值分配的一个形式；其二，在土地私有制度下，市场交换是土地租金的实现机制。我国农村集体土地作为一

---

① 根据《中国统计年鉴（2012）》的数据（第465页），可查到2008年全国耕地数据为1.217159亿公顷，按照每年减少2000万亩（约折合134万公顷）计算，2012年应为1.203759亿公顷，约合18.06亿亩。

个村庄或农村社区全体农民共同所有的经营性财产，农民凭借其所有者一员的权利，从集体得到按人口平均分配使用土地的权利，这种使用权的获得不是通过市场交换来配置的，因此也难以产生经济学意义上的地租。农村土地承包制家庭向集体或村组织缴纳的钱款，在集体经营还有生产服务功能和其他社区服务功能的情况下，是一种劳动交换；同时村组织还有管理土地发包和代行政府管理的公共服务功能，因此也需要有一种管理费来补偿这种服务劳动。所以，过去缴纳的钱款有一个正规的名称，叫作"村集体提留"，而不叫"地租"；"村集体提留"包括公积金、公益金和管理费等项。随着村组织生产与公共服务功能的弱化，农民缴纳这种钱款越来越失去合理性，从而趋于消失。随着土地承包期的延长，管理土地发包的服务也越来越弱化，最后只剩下代行政府管理的一些功能。按道理，这种费用应由政府承担，不应由农民交纳，在减轻农民负担的呼声中，这种交费最终被取消是必然的结果。过去村组织代行政府管理向农民摊派的钱款，具有一定强制性，它更像是农业税的附加"税收"，却没有"地租"的影子。

然而，当集体成员因职业流动原因，其耕地使用权向其他成员转让时，这种行为则是通过市场实现的，而且，被转让的土地也仅能用于农业生产用途，由此产生的转让费用（带有议价结果的性质），就有了相当程度上土地租金的属性，特别是当这种行为发生在集体成员与非集体成员之间时，这种属性越发明显。不过，由于集体中的成员并不能以个人身份完全代表其承包土地的所有权，所以，这种转让费用也不可能是完全意义上的土地租金，而只能具有"准租金"意义。随着承包期限的延长和土地使用权转让市场的发育成熟，这种"准租金"就有接近完全意义土地租金的趋向。因此，上述地租资本化和土地价格的计算，在这里具有估算的经济学依据。其估算价格可以近似地等同于农业用地的地价，因而构成了上文估算耕地资产价值的客观基础。

三 对第二、第三产业不同所有制经营性资产的延伸估算

杨新铭、杨春学估算（以下简称"估算"）认为，从 2004 年到 2008 年，第二、第三产业中公有制资产比重趋于下降，但仍然占总资产半数以上，这个判断延伸至 2012 年是否还成立？本文试图在"估算"的基础上，依据近几年经济发展特点所能提供的一些经济变量关系，对第二、第三产业部门公有制与非公有制经营性资产的数量进行延伸估算。估算截至 2012 年，以便进一步验证，依据估算所做的判断是否还成立。

1. 第二、第三产业公私资产结构估算方法与结果

估算 2012 年公私所有制经济结构的基础数据，仅有截至 2008 年的两次经济普查数据，其与所有制结构有关的数据是实收资本和注册资本，要延伸估算到 2012 年，实收资本数据没有来源，只能选取能够获得数据并在经济性质上与其相一致的注册资本数据（来源见表 6），它与实收资本之间保持着基本稳定的关系。① 注册资本是企业成立时，在工商部门登记注册的资本额，实收资本则是投资者作为资本实际投入企业的各种资产，包括货币、实物、无形资产等。实收资本在规定投入年限末期与注册资本一致，当变化超过 20% 时，对注册资本进行变更。无论实收资本还是注册资本，都与企业总资产在内容上基本一致，但前者在量上要小于总资产。二者的差额为企业负债和所有者权益中的资本公积、盈余公积与未分配利润。企业总资产 = 总负债 + 所有者权益。实际上，无论是资本公积、盈余公积，还是未分配利润，都是按照实收资本的比例在投资者之间进行分摊的，因此，按照实收资本来确定所有者权益应该是合理的。从理论上讲，负债是在企业净资产的基础上产生的，

---

① 据赵华荃测算，"'注册资本'数值为'实收资本'的 80% 左右"（赵华荃：《关于公有制主体地位的量化分析和评价》，《当代经济研究》2012 年第 3 期）。

如银行贷款是以企业净资产为基础的。因此，净资产与总负债之间的关系应该是比较固定的。这里企业的"净资产＝所有者权益＝总资产－总负债"，基于上述关系，可见企业实收资本与总资产之间存在较为固定的比例关系，但不同年份之间应有所差异，这是由信用发展程度不同引起的。随着金融深化程度越来越高，核心资产（净资产）占总资产的份额会越来越小。

基于企业实收资本与注册资本之间较为稳定的比例关系，本文依据2004年和2008年两次普查的企业总资产和注册资本的数据，计算了二者之间的比例，而根据两年比例关系的变化，计算了平均增长率，用以计算2008年以后各年的比例关系，再用注册资本推算企业总资产。在计算连续数据的过程中，隐含地假定各年的变化是匀速的。但这不影响跨度相等的2012年的数据。另外，从数据的可得性来看，运用注册资本测算企业总资产是目前唯一可行的方法。

实际上，注册资本与总资产之间的关系也因企业所有制不同而有所不同，如表4所示。整体上讲，内资企业资金（本）的到位率高于外资企业，公有制经济注册资本的到位率高于非公有制经济；股份合作企业总资产对注册资本的倍率最高，私营企业的这一倍率最低。以2008年为例，内资实收资本是内资注册资本的84.74%，个人资本的实收资本是私有企业注册资本的66.44%，外商资本的实收资本是注册资本的72.07%。随着金融改革深化和信用制度发展，企业自有核心资本占其所能控制的资产的比重将越来越低，这就是为什么总资产对注册资本的倍率从2004年到2008年越来越高的原因。根据表4的数据，我们可以得到从2004年到2012年各年总资产与注册资本之间的关系，这就为进一步估算总资产奠定了基础（见表5）。

表4　　2004年和2008年企业总资产对注册资本的倍率（总资产/注册资本）

年份	2004	2008
国有企业	6.35	9.98
集体企业	6.06	7.15
股份合作企业	12.11	19.43
公司制企业	4.09	6.00
私营企业	1.81	2.19
外资及港澳台企业	2.25	3.03

资料来源：根据《第一次全国经济普查主要数据公报（第一号）》和《第二次全国经济普查主要数据公报（第一号）》相关数据计算得到。而《中国经济普查年鉴（2008）》的数据是按照产业给出的，很多产业并没有给出资产数据，因此，按照《中国经济普查年鉴（2008）》加总数据会小于"普查公报"所给出的涵盖全部产业的数据。其中，公有制和非公有制经济合计数据根据杨新铭、杨春学《对中国经济所有制结构现状的一种定量估算》（《经济学动态》2012年第10期）提供的数据计算得到。

表5　　2004—2012年总资产对注册资本的倍率（总资产/注册资本）

年份	2004	2005	2006	2007	2008	2009	2010	2011	2012
国有企业	6.35	6.79	7.25	7.74	8.27	8.83	9.43	10.08	10.76
集体企业	6.06	6.47	6.91	7.38	7.88	8.42	8.99	9.61	10.26
股份合作企业	12.11	12.93	13.81	14.75	15.76	16.83	17.98	19.20	20.51
公司制企业	4.09	4.37	4.67	4.99	5.33	5.69	6.08	6.49	6.94
私营企业	1.81	1.94	2.07	2.21	2.36	2.52	2.69	2.88	3.07
外商投资企业	2.25	2.41	2.57	2.74	2.93	3.13	3.34	3.57	3.81

资料来源：根据表4计算得到。

表6　　2004—2012年不同所有制企业注册资本额（单位：万亿元）

年份	2004	2005	2006	2007	2008	2009	2010	2011	2012
国有企业	4.74	4.47	4.64	4.77	4.78	4.90	5.24	5.66	6.12
集体企业	0.86	0.75	0.70	0.67	0.62	0.56	0.53	0.50	0.48
股份合作企业	0.16	0.16	0.18	0.22	0.23	0.25	0.27	0.27	0.27

续表

年份	2004	2005	2006	2007	2008	2009	2010	2011	2012
公司制企业	9.87	10.88	12.45	15.43	17.14	20.62	23.89	29.06	32.74
私营企业	4.79	6.13	7.60	9.39	11.74	14.64	19.21	25.79	31.10
外商投资企业	6.03	6.65	7.55	8.79	9.03	9.59	10.65	11.17	11.83
总计	27.05	29.71	33.87	40.11	44.51	51.72	61.18	74.14	82.54

资料来源：参见国家工商行政管理总局出版的该局编《工商行政管理统计汇编》2005—2011年各册，与该局公布的《全国市场主体发展总体情况》(2012)。

表6是根据《工商行政管理统计汇编》提供资料整理出的2004—2012年不同所有制企业的注册资本额，结合表5，可以计算得到2004—2012年它们的总资产变化情况，如表7所示。我们首先判断估算结果。根据两次普查，2004年和2008年第二、第三产业的总资产分别为96.7万亿元和207.8万亿元，而估算结果分别为99.88万亿元和193.54万亿元，误差率为3%和6%，在接受范围内。其间，不同所有制企业资产额都呈上升趋势。其中，私营企业发展最为迅猛。2012年，其资产总额将近96.7万亿元，比2004年总资产扩大了近10倍。其次是公司制企业，2012年的总资产是2004年的560%。需要指出的是，这里的公司制企业主要是由公有制经济通过公司股权多元化改制而来的，因此，其总资产的快速增加必然会抑制国有企业、集体企业以及股份合作制企业资产的扩张速度。2012年，国有、集体与股份合作制企业的总资产分别为2004年的219%、95%和296%，慢于外资企业的发展速度。2012年，外商投资企业资产总额达到44.16万亿元，是2004年的3.3倍。从总体上看，不同所有制企业的资产都呈较快增长。总资产实际上是不同所有制拥有或控制的经济资源数量，我们面临与杨新铭和杨春学同样的问题，公司制企业作为混合所有制经济，其资产属性需要区分，因此，需要作进一步分解，即区分公司制企业中的公有制成分与非公有制成分。

表7　　　　　2004—2012年不同所有制企业资产估算结果

（单位：万亿元）

年份	2004	2005	2006	2007	2008	2009	2010	2011	2012
国有企业	30.10	30.30	33.65	36.94	39.50	43.30	49.40	57.03	64.65
集体企业	5.20	4.84	4.85	4.92	4.85	4.73	4.74	4.84	4.93
股份合作企业	1.90	2.04	2.42	3.23	3.65	4.14	4.77	5.19	5.60
公司制企业	40.40	47.56	58.17	76.98	91.34	117.39	145.25	188.74	232.23
私营企业	8.70	11.89	15.74	20.76	27.72	36.95	51.76	74.23	96.70
外商投资企业	13.58	16.00	19.38	24.11	26.47	30.01	35.63	39.89	44.16
总资产合计	99.88	112.64	134.22	166.94	193.54	236.53	291.56	369.92	448.28

资料来源：根据表2和表3数据计算得到。

由于缺乏公司制企业内部不同所有制成分的具体数据，对这种混合所有制经济，只能进行公有制与非公有制经济成分的内部分解。通过计算杨新铭、杨春学划分2008年混合所有制经济总资产时的数据，我们得到其按公私所有制经济成分各占65%和35%。通过计算2004年普查资料中的实收资本结构，公私经济成分各占混合所有制经济的63%和37%，如表8所示。因此，在我们的估算中，2004—2007年按照63%比重，估算混合所有制经济中的公有制经济资产总额，其在2008年及其后的资产总额，按照65%的比重估算。

进一步分析，整个国民经济中公有制经济总资产应包括国有企业、集体企业和公司制企业中的公有经济成分。此外，根据《中国统计年鉴（2012）》的定义，股份合作企业是以合作制为基础的集体经济组织。其资产也应计入公有制经济。基于此，公有制与非公有制经济总资产应由式（1）和式（2）表示。

公有制经济总资产＝国有企业＋集体企业＋股份合作企业＋公司制企业中的公有制成分　　　　　　　　　　　　　　　　（1）

非公有制经济总资产＝私营企业＋外商投资企业＋公司制企业中的非公有制成分　　　　　　　　　　　　　　　　　　　（2）

表8　　　　　2004年混合所有制企业实收资本结构　　　（单位:%）

所有制分类	合计	国家资本	集体资本	私人资本	港澳台资本	外商资本
国有独资公司	100	98.5	0.7	0.3	0.3	0.2
其他有限责任公司	100	36.2	15.1	47.2	0.5	1
股份有限公司	100	52	8.4	32.5	2.6	4.5

资料来源：根据《第一次全国经济普查主要数据公报（第一号）》相关数据整理得到。

根据式（1）、式（2），结合公司制企业中公有与非公有制经济权重，计算得到2004—2012年公有制与非公有制经济的资产总额及结构。结果表明，2004年到2012年，公有制经济不断发展，资产总额不断扩大，但其在国民经济中的比重则呈现逐年下降的趋势。2004年，公有制经济资产占62.73%，非公有制经济只占37.27%；而到2012年，公有制经济资产占比下降到50.44%，非公有制经济资产占比则上升到49.56%。这一结果再次表明，所谓的"国进民退"即使在2008年国际金融危机爆发后，依然没有出现。其间政府巨量投资的结果，并没有改变公有制经济资产占比不断下降的趋势。这意味着，政府投资除了形成公有制资产外，更多地拉动了非公有制经济特别是私营企业资产的形成。虽然公有制经济资产依然保持着微弱优势，但其与非公有制经济之间的差距越来越小。然而在2008年以后，公有制资产占国民经济比重的下降速度明显减缓。这意味着，所有制结构调整进入了相对稳定阶段。结合公有制与非公有制经济总资产的绝对数和占比看，上述长期趋势的出现，并不是因为公有制经济发展慢了，而是公有制经济、特别是国有企业大量转制为混合所有制的公司制企业，同时非公有制经济特别是私营企业迅猛发展的结果。

表9　　　　2004—2012年公有制与非公有制经济资产结构

年份	2004	2005	2006	2007	2008	2009	2010	2011	2012
总资产合计（万亿元）	99.88	112.64	134.22	166.94	193.54	236.53	291.56	369.92	448.28

续表

年份	2004	2005	2006	2007	2008	2009	2010	2011	2012
公有制经济资产（万亿元）	62.65	67.15	77.57	93.59	107.37	128.48	153.34	189.73	226.13
非公有制经济资产（万亿元）	37.23	45.49	56.65	73.35	86.16	108.05	138.22	180.19	222.15
公有制经济资产占比（%）	62.73	59.62	57.79	56.06	55.48	54.32	52.59	51.29	50.44
非公有制经济资产占比（%）	37.27	40.38	42.21	43.94	44.52	45.68	47.41	48.71	49.56

资料来源：根据表4和公式（1）、公式（2）计算得到。

2. 对第二、第三产业公私资产结构估算的说明

尽管上文对第二、第三产业进行了延伸估算，但以下几点仍需要说明。

第一，上述核算过程并没有将个体工商户纳入其中。显然，个体工商户的资产属性应当划入私人所有范围，因此这里把它计入非公有制经济。据统计，2012年个体工商户资产总额达到1.98万亿元[①]，如果将其归入非公有制经济，公有制经济资产占比将下降到50.22%，而非公有制经济占比将上升为49.78%。

第二，正如表7所显示，以公司制企业为代表的混合所有制经济，其资产数量增长极快，规模最大。2012年，其资产数量占所有第二、第三产业经营性总资产的51.8%，居各类企业之首，而且，国有经济成分在其中占优势。这些数据和分析恰好为党的十八届三中全会决定中关于混合所有制经济是基本经济制度重要实现形式，有利于国有资本放大功能、增强国有经济活力、控制力、影响力的深化改革部署，提供了实践依据。

---

① 该数据引自中华人民共和国国家工商行政管理总局《全国市场主体发展总体情况》(2012)，http://www.saic.gov.cn/zwgk/tjzl/zxtjzl/xxzx/201301/p020130110600723719125.pdf。

第三，本部分在估算第二、第三产业中公有制企业资产时，并没有将公有与非公有制经济经营所占的土地资产进行对比估算。这是因为，与耕地相比，城镇非农用地的权利结构更加复杂。

首先，非农生产与农业生产有两个很不同的特征。一是农业生产的季节性与产品生产周期与非农生产不同。二是农业生产的固定设备往往是流动的，附着在土地上的固定资产较少，农用地可以裸租，可以分不同面积和分年度出租；非农生产的设施、设备以及最主要的固定资产都是附着在土地上的，非农用地不可能裸租或随意分割出租，更不可能分年度出租。非农生产主要是通过土地上附着的固定资产来实现的，因此，在非农部门中，土地以外的资产价值更引起关注。

其次，在现实中，不同时期、不同企业获取使用土地的方式不同，使不同所有制企业经营所占的土地资产价值估算存在困难。改革开放以前，公有制企业为绝对主体，非农用地的行政划拨（转让费用几乎可以忽略不计）是其获取土地使用权的主要方式。改革开放以来，随着非公有制经济快速发展，特别是招商引资的需要，在与外商合作过程中，土地作为重要资产成为参与分配资产和股权的重要手段，其价值于是被"发现"。对于国有企业等公有制经济而言，其土地使用权的来源复杂：既有在改革开放前后，从国有土地的行政划拨得到的，也有从农地征用中通过行政划拨得到的；还有从非农用地"招拍挂"中通过转让使用权得到的。而对于非公有制企业来讲，非农用地基本都是通过"招拍挂"，或其他市场交易行为获得的，一般在其投资中包含了土地使用权的支出。非农用地使用权转让的价格在不同年代变化较大，每个企业土地按"历史成本"或"公允价值"计量的差距千差万别，难以识别，已经不可细分，所以只能按照"历史成本"来核定。鉴于获得土地使用权的方式不同，公有与非公有制企业的土地使用权资产很难以统一的口径进行估算。对于通过"招拍挂"或其他市场交易行为获得的土地使用权，无论是公有制企业，还是非公有制企业，它们经营所占用土地资产的估算相同，变化也一致，在相对比重上也不会产生偏差。而原来通过各种低价和无偿方式得到土地使用权的公有制企业，在20世纪90年代中期以后，随着股份制改革成为公有制改革的主要潮流，其土地使用权价值也被"发现"，作为计算企业资产和股权分配的内容，已被分别计入不同所有制所属的资产范围。原来农村中的乡镇企业已经基本股份化，城市中公有企业也已基本从竞争性领域中退出，现在剩下的主要就是行政垄断行业以及基础设施行业中的国有企业土地资产如何计算的问题。上文对第二、第三产业中公有制企业资产的估算，确实漏掉了这部分资产，但要加入这方面的估算已经没有可能，因为这些国有企业究竟占用多少土地，既无直接数据，也无可参考的间接依据。因此，我们对第二、第三产业公有制企业资产的估算是偏低的。这意味着我国国有企业的所有制改革，在资产的相对比重上仍然有一定空间。

四　公有制主体地位对非公有制经济贡献的包容性

上文分析表明，公有制经济主体地位，只能以公有制经济经营性资产占国民经济总资产的比重来量化衡量，以经营性资产衡量的公有制经济，在2012年仍然占据着主体的地位。其中，公有制经济在第二、第三产业只保持基本相当的地位，但在第一产业中拥有绝对优势。需要说明，公有制经济主体地位和公有制经济贡献不同。公有制经济资产主体地位并不意味着公有制经济在就业、产出（GDP）等方面也占主体地位。2013年"两会"期间，全国工商联负责人披露，2012年非公有制企业利润达到1.82万亿元，五年来其利润增长年均达21.6%，非公有制企业在城镇基础设施投资所占的比重超过60%，税收的贡献超过了50%，GDP所占比重超过了60%，就业贡献超过80%，在新增就业中，它的贡献达到了90%。① 但不能仅据此就推断，现阶段公有制主体地位已经不存在。在农业中，集体土地所有制保障着我国农户承包经营的运行和基本的农业生产条件。在第二、第三产业中，公有制的主体地位与公有制在就业、产出以及税收方面的贡献不匹配的现实，是由公有制经济分布在大量基础设施领域、公益性部门以及关系国计民生的要害部门，属于资本、技术密集型产业和公益事业，以及其经济外部性需要所致。这恰恰说明，公有制经济与非公有制经济在国民经济中交错分布、和谐共处、共同发展的现实。因此，必须毫不动摇地巩固和发展公有制经济，同时也必须毫不动摇地鼓励、支持和引导非公有制经济发展。

为了科学说明公有制与非公有制经济共同融于我国国民经济，同等重要，需要对公有制与非公有制经济的贡献，特别是对就业和产出（GDP）中的公有制与非公有制结构进行科学划分。杨新铭、杨春学估算的另一重要结果是，从2004年到2008年，在公有制资产比重占优的条件下，非公有制经济产出（增加值）和吸收就业的比重趋向上升，并给出了测算产出与就业中公私所有制经济结构的方法。这为我们进一步估算2008年以后二者的产出与就业结构奠定了基础。

1. 经济产出（增加值）的估算

根据杨新铭、杨春学的估算方法，计算 GDP 公私所有制经济结构的基础数据，为第二、第三产业增加值总额、不同所有制经济的总资产和资本产出弹性共三项。根据各年《中国统计年鉴》，计算得到2008年至2012年第二、第三产业的增加值总额，如表10所示。

---

① 王钦敏：《2012非公有制企业利润总额达1.82万亿》，2013年3月6日，http://finance.sina.com.cn/china/20130306/162014740336.shtml。

表 10　　　　2008—2012 年第二、第三产业增加值测算

（单位：万亿元）

年份	第二、第三产业增加值	资产总额
2008	28.03434	207.80
2009	30.56768	236.53
2010	36.09792	291.56
2011	42.53953	369.92
2012	46.65685	448.28

资料来源：增加值数据来自相关年度的《中国统计年鉴》，各年资产总额引自表9。

这里需要解释为什么国内生产总值与总资产之间存在差异，且总资产远比国内生产总值大。国内生产总值是按市场价格计算的一个国家（或地区）所有常住单位在一定时期内生产活动的最终成果。即 GDP = 总产出 − 中间投入。为了能够与资产负债表相对应，再来看按收入法计算的 GDP，GDP = 劳动者报酬 + 生产税净额 + 固定资产折旧 + 营业盈余，这四部分对应的是应付职工薪酬、应缴税金、固定资产折旧和应付利润等。显然，GDP 实际上也只涵盖了资产负债表的部分内容，既不是总资产，也不是总负债。因此，GDP 远小于总资产。实际上，总资产是一个存量概念，它是该计算口径自身历年累加的结果；而 GDP 是流量的概念，仅为一年的数据，为货币形式的资产，其中相当部分用于当年的生活消费。

对于如何计算不同所有制企业的资本产出弹性，杨新铭、杨春学在其文章中选择前人计算得到的 2003—2005 年平均资本产出弹性进行估算。为了更准确反映近年来资本产出弹性的变化（不同所有制经济的效率差异），本文运用历年工业企业分省数据，利用柯布－道格拉斯生产函数，对 2008—2012 年国有及国有控股工业企业、私营工业企业、外商投资工业企业进行回归，得到资本产出弹性的拟合值（见表11）。通过对三组弹性按总资产规模进行加权平均计算，得到混合所有制工业企业的要素产出弹性。最后，对各

种所有制工业企业按总资产规模，进行加权平均计算，得到总体的工业企业要素产出弹性。出于稳健考虑，设集体所有制弹性等于全国总体水平。

表 11　　2009—2012 年各类企业的资本产出弹性

年份	2009	2010	2011	2012
国有企业	0.8736	0.9555	0.8713	0.8724
集体企业	0.7388	0.7050	0.6396	0.6874
混合所有制企业	0.7676	0.7287	0.6574	0.7104
私营企业	0.5053	0.4341	0.3921	0.4451
外商及港澳台企业	0.9376	0.8424	0.8453	0.8903
总资本产出弹性	0.7388	0.7050	0.6396	0.6787

根据资本产出弹性的定义有式（3）：

$$\eta = \frac{\Delta \text{GDP}}{\text{GDP}} \times \frac{K}{\Delta K} \tag{3}$$

其中，η 为资本产出弹性，GDP 为产出即增加值，ΔGDP 为产出增量，K 为资产总额，ΔK 为资产增量。根据式（3）可以得到式（4）：

$$\text{GDP} = \frac{\Delta \text{GDP}}{\eta} \times \frac{K}{\Delta K} \tag{4}$$

进而有式（5）：

$$\text{GDP}_t = \frac{\text{GDP}_t - \text{GDP}_{t-1}}{\eta} \times \frac{K_t}{K_t - K_{t-1}} \tag{5}$$

整理后得到式（6）：

$$\text{GDP}_t = \frac{\text{GDP}_{t-1}}{1 - \eta \dfrac{K_t}{K_t - K_{t-1}}} \times \frac{K_t}{K_t - K_{t-1}} \tag{6}$$

例如，2009 年 GDP 的计算公式：

$$\text{GDP}_{2009} = \frac{\text{GDP}_{2008}}{1 - \eta \times \dfrac{K_{2009} - K_{2008}}{K_{2009}}}$$

杨新铭、杨春学给出了 2008 年不同所有制企业创造的增加值总值，见表 12 第二行。实际上，2008 年第二、第三产业增加值的总值为 28.03 万亿元，与表 12 合计结果存在误差。我们以 28.03 ÷ 26.67 = 1.051156 为调整系数，对各分项进行调整，调整后的结果由表 12 第三行给出。

表 12　　　　　　　2008 年不同所有制企业增加值　　　（单位：万亿元）

增加值总额	国有企业	集体企业	混合所有制企业	私营企业	港澳台与外资企业	合计
调整前	4.07	0.34	8.46	6.79	7.01	26.67
调整后	4.28	0.36	8.89	7.14	7.37	28.03

资料来源：杨新铭、杨春学：《对中国经济所有制结构现状的一种定量估算》，《经济学动态》2012 年第 10 期。

结合表 4、表 11 和表 12 第三行以及公式（6），计算得到 2009—2012 年不同所有制企业的增加值总额。鉴于股份合作制企业与集体企业性质相同，作合并处理。处理后，计算得到 2008—2012 年不同所有制企业创造的增加值（见表 13）。

表 13　　　　2008—2012 年不同所有制企业创造的增加值

（单位：万亿元）

年份	2008	2009	2010	2011	2012
国有企业	4.28	4.63	5.25	5.95	6.63
集体企业	0.36	0.37	0.39	0.40	0.41
混合所有制企业	8.89	10.72	12.46	14.68	16.94
私营企业	7.14	8.17	9.33	10.58	11.80
外商及港澳台企业	7.37	8.28	9.55	10.50	11.49
估算值合计	28.03	32.17	36.98	42.12	47.28
实际值合计	28.03	30.57	36.10	42.54	46.69

从估算结果看，估算结果与实际值非常接近。这说明，我们的估算方法是可信的。为了更加准确，对表 13 中 2008—2012 年数据按照表 12 的方法进行调整，调整结果见表 14。

表 14   2008—2012 年不同所有制企业创造的增加值调整

（单位：万亿元）

年份	2008	2009	2010	2011	2012
国有企业	4.28	4.40	5.13	6.01	6.55
集体企业	0.36	0.35	0.38	0.40	0.41
混合所有制企业	8.89	10.18	12.16	14.83	16.73
私营企业	7.14	7.76	9.10	10.69	11.66
外商及港澳台企业	7.37	7.87	9.33	10.61	11.35
合计	28.03	30.57	36.10	42.54	46.69

接下来分解和计算混合所有制中公有制和私有制成分的增加值，先按照不同所有制经济的增加值，计算混合所有制企业中公有制与非公有制成分的增加值，然后再将合计值与表 14 混合所有制企业创造的增加值进行对照，将差异根据混合所有制企业中公私资产比例进行分解。估算结果如表 15 所示。

表 15   2008—2012 年混合所有制企业公有制与

非公有制成分创造的增加值   （单位：万亿元）

年份	2008	2009	2010	2011	2012
混合所有制企业	8.89	10.18	12.16	14.83	16.73
公有成分	3.85	4.40	5.53	7.09	8.18
非公有成分	5.04	5.78	6.64	7.74	8.55

结合表 14 和表 15，可以计算得到第二、第三产业中公有与非公有制经济增加值的总量与结构，计算公式如下：

$$GDP_{pu} = GDP_{SOE} + GDP_{COE} + GDP_{MOEpu} \quad (7)$$

$$GDP_{pr} = GDP_{POE} + GDP_{FOE} + GDP_{MOEpr} \quad (8)$$

式（7）中，GDP_{pu}、GDP_{SOE}、GDP_{COE} 和 GDP_{MOEpu} 分别表示公有制经济、国有企业、集体企业，以及混合所有制企业中公有制经济成分创造的增加值总量。式（8）中，GDP_{pr}、GDP_{POE}、GDP_{FOE} 和

GDP_{MOEpr} 分别代表非公有制经济、私营企业、外商及港澳台企业，以及混合所有制企业中非公有制经济成分创造的增加值总量。根据公式（7）、（8）以及表14、表15，计算得到第二、第三产业中，公有制经济与非公有制经济创造的增加值总量及结构。

表16　2008—2012年第二、第三产业增加值（GDP）的公有制与非公有制经济结构

年份	2008	2009	2010	2011	2012
GDP_{pu}（万亿元）	8.49	9.15	11.03	13.50	15.13
GDP_{pr}（万亿元）	19.55	21.41	25.07	29.03	31.55
合计（万亿元）	28.03	30.57	36.10	42.54	46.69
GDP_{pu}占比（%）	30.28	29.94	30.56	31.75	32.41
GDP_{pr}占比（%）	69.74	70.06	69.44	68.25	67.59
合计（%）	100	100	100	100	100

从表16可以看出，2008年国际金融危机爆发后，公有制和非公有制经济创造的产出总量虽然都在上升，但公有制经济所占比重呈现明显的上升趋势，特别是2009年以后，其在2012年的GDP占比，已由2009年的29.94%上升到32.41%，而非公有制经济的占比则由70.06%下降到67.59%。这一结果恰恰佐证了所有制结构调整进入相对稳定期的判断。之所以会出现这种变化，一方面是因为国际金融危机爆发以后，政府大规模刺激政策的主要渠道是公有制经济，即政府投资主要由公有制经济完成；另一方面，非公有制经济受金融危机的冲击较大，出现了大量私有企业停产歇业现象，导致在企业资产总体没有减少的情况下，产出比重的下降。此外，公有制经济特别是国有企业在投资需求拉动下，生产效率开始回升，逐渐与非公有制经济接近。必须指出，这种变化是政府应对危机、推出一系列刺激政策的结果，不具有持续性。一旦危机冲击消除，经济恢复正常，非公有制经济的产出仍会有更大的发展。另外，尽管非公有制经济创造增加值的比重近年来有所下降，但依然

占据着产出的主体地位,即使比重最低的 2012 年,其增加值依然是公有制经济的两倍。

需要说明,运用资本产出弹性估算各种所有制增加值的方法,也有不足之处。本文运用这种方法是考虑到,它可以比较客观地表现不同所有制经济的微观效率,避免前人研究中因直接运用实收资本结构划分 GDP,从而隐含了假定不同所有制经济效率一致的前提。但其不足之处在于,首先,测算虽然避免了各所有制经济效率相同的隐含假定,但仍存在关于不同所有制经济的技术进步同步的假定。实际上,技术进步被证明与资本、劳动同样重要,甚至是更重要的投入要素,而且不同所有制经济的技术进步偏好,显然存在较大差异,但在估算中并没有将其纳入分析,这就会使资本承载太多的内容。其次,在估算资本产出弹性时,使用的是工业经济数据,来自《中国统计年鉴》,其统计的是全部国有以及国有控股和规模以上非国有企业的数据。显然,这对于国有经济是全覆盖的,而对于非国有工业企业,因绝大多数不是规模以上企业,而且劳动密集型特征明显,这会高估非国有企业的资本产出弹性,进而高估非国有经济增加值的产出。

2. 就业构成的估算

与增加值不同,就业在公开统计的数据中有较为详细的数据,如表 17 所示。将其简单归类整理,即可得到表 18。

表 17　　　　　2008—2011 年不同所有制单位就业人员　　　（单位:万人）

年份	国有单位	城镇集体单位	股份合作单位	联营单位	有限责任公司	股份有限公司	私营企业	港澳台商投资单位	外商投资单位
2008	6447	662	164	43	2194	840	5124	679	943
2009	6420	618	160	37	2433	956	5544	721	978
2010	6516	597	156	36	2613	1024	6071	770	1053
2011	6704	603	149	37	3269	1183	6912	932	1217

注:国有单位人员包括行政事业单位人员,有些研究把它计入(如方明月等《中国工业企业就业弹性估计》,《世界经济》2010 年第 4 期),本文在计算中也采取同样的方法。

资料来源:《中国统计年鉴(2012)》。

表 18　　　　　2009—2012 年不同所有制单位就业人员　　　（单位：万人）

年份	国有单位	集体企业	混合所有制企业	私营企业	外商及港澳台企业
2009	6420	778	3426	5544	1699
2010	6516	753	3673	6071	1823
2011	6704	752	4489	6912	2149
2012	6851	739	—	7719	2420

注：集体企业包括城镇集体企业和股份合作企业，混合所有制包括联营、有限责任公司、股份有限公司。2012 年数据根据 2009—2011 年平均增长率计算得到。鉴于下文估算混合所有制企业的就业，此处省略估算。

根据表 18，只要将混合所有制企业就业分解为公有制与非公有制部分，即可计算整个经济就业中公有与非公有制经济两者的吸纳比例。与测算混合所有制经济增加值结构相似，测算混合所有制经济中公私就业吸纳比例，同样需要有就业产出弹性的计算。为此，我们同样运用历年工业企业分省数据，利用柯布－道格拉斯生产函数，对 2008—2012 年国有及国有控股工业企业、私营工业企业、外商投资工业企业进行回归，得到劳动产出弹性的拟合值（见表 19）。为简化计算，我们假设国有企业劳动产出弹性与集体企业相同。

表 19　　　　2008—2012 年不同所有制企业的劳动产出弹性

年份	2008	2009	2010	2011	2012
国有企业	0.4169	0.3618	0.2982	0.3389	0.3280
私营企业	0.5304	0.6340	0.6940	0.7066	0.7460
外资企业	0.0739	0.1740	0.2693	0.2733	0.3425

我们首先估计公有制与非公有制经济的劳动产出弹性，并以此代替混合所有制企业中公有与非公有制经济成分的劳动产出弹性，如式（9）和式（10）所示：

$$\eta_{MOE_{pu}} = \eta_{SOE} \times \frac{E_{SOE}}{E_{SOE} + E_{COE}} + \eta_{COE} \times \frac{E_{COE}}{E_{SOE} + E_{COE}} \quad (9)$$

$$\eta_{MOE_{pr}} = \eta_{POE} \times \frac{E_{POE}}{E_{POE} + E_{FOE}} + \eta_{FOE} \times \frac{E_{FOE}}{E_{POE} + E_{FOE}} \quad (10)$$

其中，$\eta_{MOE_{pu}}$ 和 $\eta_{MOE_{pr}}$ 分别为混合所有企业中公有制成分和非公有制成分的劳动产出弹性；η_{SOE}、η_{COE}、η_{POE} 和 η_{FOE} 分别为国有企业、集体企业、私营企业和外商及港澳台企业的劳动产出弹性；E_{SOE}、E_{COE}、E_{POE} 和 E_{FOE} 分别为国有企业、集体企业、私营企业和外商及港澳台企业的就业总量。根据式（9）和式（10），计算得到公有制和非公有制经济成分的劳动产出弹性，如表20所示。

表20　2009—2012年公有制经济与非公有制经济劳动产出弹性

年份	2009	2010	2011	2012
公有制经济劳动就业弹性	0.3618	0.2982	0.3389	0.3280
非公有制经济劳动就业弹性	0.5261	0.5959	0.6038	0.6497

根据劳动产出弹性的定义有式（11）：

$$\eta_E = \frac{\Delta GDP}{GDP} \times \frac{E}{\Delta E} \quad (11)$$

其中，η_E 为劳动产出弹性，E 为就业量，ΔE 为就业变化量，进而有式（12）：

$$\eta_{Et} = \frac{GDP_t - GDP_{t-1}}{GDP_t} \times \frac{E_t}{E_t - E_{t-1}} \quad (12)$$

其中，η_{E_t} 为第 t 期的劳动产出弹性，GDP_t 和 GDP_{t-1} 分别为第 t 期和第 t-1 期的 GDP，E_t 和 E_{t-1} 分别为第 t 期和第 t-1 期的就业量，整理式（12）得到式（13）：

$$E_t = \frac{E_{t-1}}{1 - \eta_{E_t} \times \left(\frac{GDP_t - GDP_{t-1}}{GDP_t} \right)} \quad (13)$$

根据杨新铭、杨春学对混合所有制企业的估计结果，划定

2008年就业数量,并以此为基础,结合式(13)和表15、表20,计算得到混合所有制企业中公有与非公有制成分的就业吸纳数量。结果与实际值有差距,将差异按照混合所有制增加值的公有制与非公有制的比例,进行分解和调整,调整结果见表21。

表21　　2008—2012年混合所有制企业中公有与非公有制经济成分就业吸纳数量　　　　（单位：万人）

调整前	2008年	2009年	2010年	2011年	2012年
公有制成分	1074	1340	1427	1542	1613
非公有制成分	2003	2148	2328	2546	2713
合计	3077	3488	3755	4089	4326
实际值	—	3426	3673	4489	—
调整后	2008年	2009年	2010年	2011年	2012年
公有制成分	1074	1313	1390	1734	1613
非公有制成分	2003	2113	2283	2755	2713
合计	3077	3426	3673	4489	4326

根据表21和表18,可以计算城镇单位就业的公有与非公有就业结构(见表22)。其中,2008年的数据引自杨新铭、杨春学的估算。从中可发现,2009年以来,公有制经济就业量逐年上升,但其就业占比基本稳定,没有发生剧烈波动。这主要是因为,城镇就业中大量非公有制经济未统计在单位就业中,公有制经济就业的上升被城镇就业总量所稀释,故表现得不明显。但不可否认,公有制经济吸纳就业的能力远小于非公有制经济,特别在城镇大量灵活就业方面。

表22　　2008—2012年城镇公有制与非公有制经济就业结构

年份	2008	2009	2010	2011	2012
城镇就业总数（万人）	—	33322	34687	35914	37102
公有制就业人数（万人）	—	8511	8659	9190	9203
非公有制就业人数（万人）	—	24811	26028	26724	27899

续表

年份	2008	2009	2010	2011	2012
公有制经济占比（%）	24.5	25.54	24.96	25.59	24.80
非公有制经济占比（%）	75.8	74.46	75.04	74.41	75.20

注：鉴于表17所给出的就业数据是城镇单位就业人数，并不是城镇总就业人数，它只包含了公有制经济就业全部和非公有制经济就业的一部分，因此有：城镇非公有制经济就业人数＝城镇就业总数－城镇公有制经济就业总数。

综合产出和就业，我们可以得出一个明确的结论，无论是创造的增加值，还是就业，公有制经济的贡献都远小于非公有制经济，但这并不能作为否定生产资料公有制主体地位的依据。这是因为，公有制经济和非公有制经济在分布领域上的较大差异，形成了竞争合作的关系。而且，公有制经济在经济生活中带动非公有制经济快速发展，这是非公有制经济得以做出上述贡献的基础。这说明，公有制经济和非公有制经济都是社会主义市场经济的重要组成部分，都是我国经济社会发展的重要基础。公有制经济在维持资产占主体地位的同时，保障了非公有制经济对国民经济做出更大贡献。

五 对我国所有制结构发展趋势的若干思考

综上所述，截至2012年，我国三次产业经营性总资产约为487.53万亿元（含个体工商户资产），其中公有制经济的经营性资产规模是258.39万亿元，占53%。实际上，由于我国社会制度的社会主义性质，公有制在非经营性领域的资产规模相当可观。根据李扬等人关于我国主权资产负债的研究，[①] 本文估算的三次产业经营性总资产，实际上还不包括：政府在中央银行的存款及储备资产、国土资源性资产（耕地除外）、行政事业单位国有资产和全国

---

① 李扬等：《中国主权资产负债表及其风险评估》，《经济研究》2012年第6、7期。

社会保障基金的国有资产等非经营性资产,所以,实际上的公有制资产比本文估算的仍然要大得多。如果扣除国土资源性资产,2010年我国国有的非经营性资产仍然有 30.7 万亿元,假定 2012 年其资产规模保持 2010 年的水平(实际上只会增加),那么我国社会总资产规模将达 518.13 万亿元(不含耕地以外的未开发利用的资源性资产),其中公有制资产 288.99 万亿元,占比达到 55.78%。国家在非经营性领域的资本形成和资产规模,是经营性领域效率提高的外部化成本,经营性领域的企业效率在很大程度上依赖这种社会支持条件。因此从经济意义上考察所有制结构,不能把这一重要部分忽略掉。

笔者的估算表明,无论从理论还是现实情况看,我国公有制与非公有制的衡量,都只能以资产所有的社会制度属性作为尺度。投入要素或经济活动结果,如就业结构、增加值、利润和税收比重等,可以在不同经济主体和经营实体中分别计算,它们可以解释各种财产关系交织而实现的结果,但不能解释所有制的区分。以经营管理者的身份来区分所有制更是不恰当的。按照资产衡量,现实中我国公有制占主体的地位是不容置疑的。从长远看,我国公有制经济的主体地位也是有保障的。

首先,经过 30 多年改革,我国所有制变化已经进入稳定发展期,尽管今后将继续深化所有制结构改革,但发生大幅度剧烈变化的经济条件已经不存在。其次,国家宏观调控中使用的公共投资手段,将不断为公有制补充新的资本形成。最后,农村耕地集体所有制是保障公有制主体地位的重要因素。以这种认识坚持我国公有制的主体地位,具有很大的包容性。它可以充分发挥非公有制经营效率的活力,可以容纳非公有制经济在产出、吸收就业、提供税收等方面比公有制更大的贡献。只有坚持这种认识,"两个毫不动摇"的政策,才有可靠的理论依据。具体来讲,影响所有制结构变化的稳定因素包括以下方面。

第一,我国不同所有制的资产扩张已经从快速发展期进入稳定增长期，这是判断未来所有制结构变化的重要基础条件。2004年以后，以2008年为分界点，注册资本的变化经历了两次上升周期（见图1）。2008年以后注册资本的快速上涨与政府刺激政策密切相关，这种刺激显然并不能持续，2012年注册资本增长率再次大幅度下滑。总资产增长率的变化过程与注册资本增长率变化过程一致。这说明，与经济周期相吻合，与我国经济增长的结构性减速阶段的到来相对应，[①] 我国第二、第三产业总资产与注册资本将以2012年为新的分界点，整体进入稳定扩张期。这必然导致所有制结构变化进入相对稳定期。

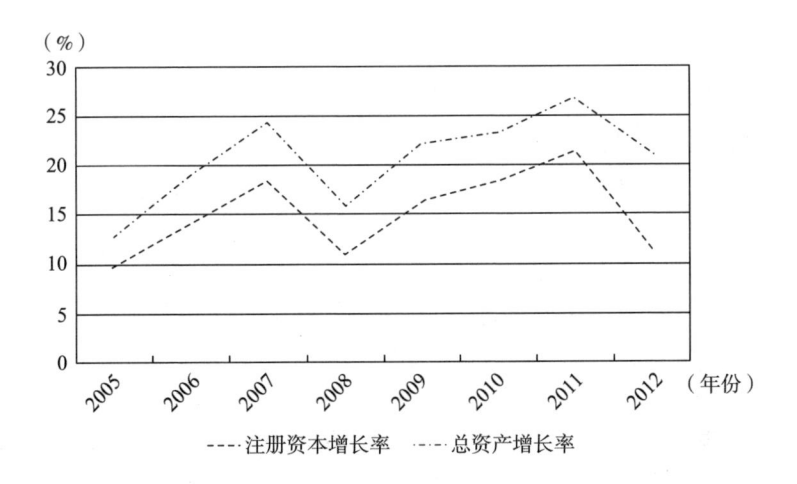

图1　注册资本与总资产增长率（2005—2012年）

第二，所有制结构调整从快速变化进入优化调整期。所有制结构调整以2008年为分界点，也分为两个阶段。这期间以资产来衡量的公有制和非公有制各自比重的变化，其方向是相同的，但速度已经有很大差异。在第一阶段（2004—2008年），第二、第三产业中以资产衡量的公有制比重，从62.73%下降至55.48%，非公有

---

① 关于经济增长的结构性减速，参见袁富华《长期增长过程的"结构性加速"与"结构性减速"：一种解释》，《经济研究》2012年第3期。

制从 37.27% 上升为 44.52%；但在第二阶段（2009—2012 年），第二、第三产业中以资产衡量的公有制比重仅从 54.32% 下降至 50.44%，非公有制比重仅从 45.68% 上升为 49.56%。这说明，我国所有制结构的调整已经从大面积、大幅度的变化，进入优化调整期，公有制以资产来衡量的主体地位稳定。今后深化所有制改革的着力点是积极发展混合所有制经济，这既有利于不同所有制经济和谐发展，也不会削弱公有制主体地位。

第三，在资产的相对比重上，继续深化国有企业的所有制改革仍然有一定空间。虽然我国第二、第三产业中，公有制资产相对于非公有制仅保持微弱的优势，但国有企业占用土地资产的"价格发现"，将支持所有制结构继续合理调整。改革开放以来，国有土地（包括从农用地征收后转变用途的国有土地）的"价格发现"，主要是通过"招拍挂"这种典型的市场交换方式实现的。这种市场交换与农地转让市场的不同点是：（1）转让期限长，为 40 年、50 年甚至 70 年；（2）非农用地转让价格远远高于农用地转让价格。期限长是因为附着在土地上的固定资产的折旧期限长，土地使用权期限应尽可能与固定资产使用年限相匹配。土地价格高是因为非农生产的经济效益远远高于农业，因此土地价格在农业与非农业之间差距很大。而且，非农用地转让的"价格发现"机制与农业也明显不同。前者通过一次性转让的交易来确定土地价格，后者可以通过小面积地租和地租资本化的方式来"发现"。

国有土地转让前，通常需要进行土地整理（所谓"三通一平"或"七通一平"），被整理的土地随即获得级差地租1，这就推高了土地转让价格（为了招商引资，土地所有者往往以放弃级差地租1作为优惠）。获得土地转让的使用者有两种经营倾向，或直接在土地上投资固定资产，直接从事生产经营，或在建筑了标准厂房或某类经营性设施后，分割转让连带着土地的这些厂房或设施，并以此获得租金，其中包括在土地上连续投资产生的级差地租2，以及厂房和经营性设施的折旧补偿。级差地租的出现，使非农用地的价格攀升到极高程度。加上在现实生活中，无论资本主义国家，还是社会主义的中国，土地的"用途管制"都是不可避免的，甚至西方发达国家对土地的"用途管制"更严格。严格的"用途管制"，也扩大了农用地与非农用地转让市场的价格鸿沟。

在农用地转为非农用地的征地补偿中，政府规定的补偿款当然不是市场交换价格，但它也是一种"价格"，只是这种价格难以还原为经济学意义上的地租。现实生活中，这种"价格"高于农业内部的土地转让价格，又大大低于非农业部门的土地转让市场价格。根据2004年修订的《中华人民共和国土地管理法》第四十七条的规定，征收耕地的补偿费用包括土地补偿费、安置补助费以及地上附着物和青苗的补偿费。征收耕地的土地补偿费，为该耕地被征收前三年的平均年产值的6—10倍。征收耕地的安置补助费，每公顷最高不得超过被征收前三年平均年产值的15倍。简单地说，这种"价格"不超过平均年产值的30倍，2013年以前，大体以1000—1500元为亩均年产值的中位线，每亩征地合计的补偿款约为3万—4.5万元，明显低于非农用地转让的市场价格。国家通过征地和转变土地用途，获得了巨大的土地级差收益，但是，这个土地级差收益又隐藏在通过行政划拨获得土地使用权的国有企业和事业单位中。这显然是不合理的，根据党的十八届三中全会决定，未来的改革将建立城乡统一的建设用地市场，保障农民公平分享土地增值收益。在实行股份制改革以后，上述土地级差收益相当部分已经阳光化、资本化和社会化，国有部门土地资产被低估的状态已经大大减轻。但毋庸讳言，曾经获得土地行政划拨好处、但又尚未实行股份制改革的国有企事业单位，其土地资产被低估、被隐藏的现象依然存在，这是第二、第三产业中公有制资产估算偏低的原因，因此在资产的相对比重上，国有企业在所有制结构改革上仍然有继续深化的空间。例如，通过股份制改革，发展混合所有制经济，国有企业仍然有可能合理减持国有股权，以充实社会保障基金。这并不必然导致国有经营性资产数量减少，原因就是这部分土地资产的

"价格发现",它提供了"改革红利"。

第四,坚持"两个毫不动摇",必须坚持公有制经济资产主体地位与非公有制经济对产出、就业等贡献主体地位的共同存在与共同繁荣。公有制经济资产的主体地位是我国社会主义制度的产权基础和物质保障,是实现共同富裕的重要基础,是社会功能实现的重要载体,同时也是带动非公有制经济发展的强劲动力。非公有制经济在产出、就业、税收等领域贡献的主体地位,是非公有制经济存在、发展的前提。公有制与非公有制经济之间资产主体地位与贡献主体的错位,是二者分布领域差异的必然结果,也是市场主体效率与经济外部性的客观要求。党的十八届三中全会决定中关于国有资本加大对公益性企业的投入,为公共服务作更大贡献的要求,也是根据这种分布差异的规律做出的。公有制经济与非公有制经济的发展,因而不是简单地此消彼长,而是形成竞争合作的关系。公有制经济资产主体地位和非公有制经济贡献主体地位的并存,是公有制经济与非公有制经济共同发展的前提和基础。

第五,我国农村耕地的集体所有制是保障我国公有制主体地位的另一重要条件。按照上述估算,2012年我国第一产业的总资产为37.27万亿元,其中公有制占32.26万亿元,占比达到86.6%。在第二、第三产业中公有制相对非公有制资产,它们所占比重的差距已不大的现实情况下,保持农村耕地的集体所有制性质,对于保障公有制经济在量上的优势地位具有特殊意义。这说明,坚持农村土地集体所有,是确保我国社会主义基本经济制度的重要边界,在土地集体所有制前提下实行的土地农户承包制度,以及保障其承包经营权占有、使用、收益、流转及抵押、担保等权能,都是搞活农业和农村经济的重要制度建设,两者都需要坚持和完善。

坚持现行农村土地集体所有,并进一步发展集体经营、合作经营等多样化公有形式的经济实体,不仅是社会主义公有制在数量优势上的要求,更是我国现代化建设的实际需要,是实现工业化、城镇化和城乡一体化进程中的重要制度保障。世界上首先城镇化的英国和欧盟国家,其实现用了200年,美国用了100年,拉美国家用了50年,中国自改革开放才30多年。与许多国家相比,中国城镇化的特点首先在于,我国是在人口不可能大量输出境外的条件下开始城镇化的,一方面农村人口向城镇转移,另一方面在经济不景气时期,人口又向农村回流。世界上一些国家的城镇化是靠向海外移民来消化农村"过剩人口"的。例如,英国资本主义发展进程中的城镇化,1815年至1930年的115年间,向海外移民达到了1870多万人。①拉美国家的城镇化进程中,其"过剩人口"存在的突出表现不是向海外移民,而是城市中大量出现的"贫民窟"现象。在国际金融危机冲击期间,我国东部不少企业停工歇业,1.6亿农民工中,有2000万人因金融危机失业返乡。②这一状况,是近十几年来罕见的。作为农民工最终仍可依赖的社会生活保障,如果没有农村耕地集体所有制的吸纳功能,滞留城镇的失业人口就将聚居城市,形成与一些拉美国家相似的"贫民窟",引发严重的社会问题。

其次,由于我国工业化进程覆盖的人口和区域量大面广,工业反哺农业、城市反哺乡村的历史阶段的到来,较其他国家要晚且慢,因此不可能快速、大幅地提高农产品价格,以及采取其他超越国力的国家政策扶持农业,以平衡农业人口和城市人口的收入水平,不可能以此手段,避免因土地私有化而出现土地兼并、农民失业之历史悲剧的重演。日本和韩国在城镇化中,政府均采取了力度很强的这些反哺政策,加上农民在流通、金融领域的合作经济制度,保护了小规模农地的私有耕作制度,避免了土地兼并和失地农民的大规模发生,农户收入大幅度提高,并与制造业工人工资的差距大为缩小。而我国2012年的城乡居民人均收入水平分别为

---

① Chris Williams, ed., *A Companion to Nineteenth - Century Britain*, Malden, MA: Blackwell Pub., 2004, p.281.

② 汪孝宗等:《农民工调查:2000万人因金融危机失业返乡》,《中国经济周刊》2009年3月2日。

24564.7元和7916.6元，基本是3∶1。① 我国提高农产品价格的过程需要较慢节奏和较长过程，国家的政策扶持需要加强，但不能超越国力，新型农业经营主体的培育也需要较长的过程，不可能在较短时间内使农户收入水平接近城市居民。如果实行土地私有制，必然使收入低的困难农户难以保有土地而被兼并，最终出现大量失地农民，拉美的"贫民窟"现象也就同样会出现在中国。

（原载《中国社会科学》2014年第1期）

---

① 中华人民共和国国家统计局编：《中国统计年鉴（2013）》，中国统计出版社2013年版，第378页。

中国开放型经济新体制的
基本目标和主要特征[*]

党的十八届三中全会《中共中央关于全面深化改革若干重大问题的决定》提出构建开放型经济新体制,指出:"适应经济全球化新形势,必须推动对内对外开放相互促进、引进来和走出去更好结合,促进国际国内要素有序自由流动、资源高效配置、市场深度融合,加快培育参与和引领国际经济合作竞争新优势,以开放促改革。"什么是开放型经济新体制?这需要从理解和把握构建开放型经济新体制的基本目标和主要特征入手来探讨,本文试图对此进行分析和讨论。

一 构建开放型经济新体制的基本目标

(一)在参与全球价值链构建中向中高端攀升

随着经济全球化的进一步发展,世界生产和贸易已进入全球价值链时代。所谓全球价值链就是指,当商品的产品设计、原材料提供、中间品生产与组装,成品销售、回收等所有生产环节在全球范围内分工后,形成的覆盖世界各个国家和地区的庞大生产网络。在全球价值链的每个生产环节上,附加值被不断地创造、累加,并通过该网络在全球范围内流动。近年来,在通信与运输成本下降和制度创新的带动下,各种产品分散在不同国家和地区生产,各类资源

---

[*] 合作者:郑文。

在全球范围内大规模地重组，世界经济已进入了全球价值链的阶段。总体而言，中国企业对全球价值链的参与，更多的是对外国跨国公司价值链的参与与适应，主要集中于全球价值链低端和低附加值的环节。据《2013 世界投资报告》，中国全球价值链参与率为59%，列全球第 11 位，中国国内附加值占出口总值的比重为70%，低于俄罗斯、印度、巴西、澳大利亚等国，在全球排名前25 位的出口经济体中列第 12 位。

因此，我国开放型经济需要提高生产的分工档次或建立自己的全球价值链，在开放中争取向价值链的中高端攀升。为此，我们要在世界范围内配置科技资源，促进科技进步，推动经济结构转型；积极主动适应国际贸易投资新规则，建设高水平自贸区网络；结合好东部地区资金、人力资本优势与内陆地区的优势，提高整体开放水平；扩大与新兴市场和发展中国家的经贸联系；建立自己的区域和全球价值链，在全球范围内最有效地配置和利用资源。

（二）在新技术革命酝酿中促进技术创新和结构调整

当前，世界新技术革命正在酝酿之中，主要集中在智能制造技术、新能源技术、物联网和云计算技术、生物医药技术、太空与海洋开发技术等方面。世界新技术革命的突破，将有可能对全球制造业生产方式产生三大重要影响：首先，生产制造模式从大规模生产转向个性化定制生产；其次，生产组织方式从工厂化转向网络化；最后，产业组织形态从大企业主导的产业链转向中小企业的网络集聚，推动形成中小企业与大企业分庭抗礼的市场竞争新格局。新兴技术的不断成熟及其对制造业各领域的持续渗透，有利于掌控先进技术的发达国家企业实现对产业链和价值链的重组，从而在国际竞争中继续处于主导地位。

发达国家产业发展的新态势已经开始吸引部分高端制造企业回流，使中国通过承接国际产业转移、利用跨国公司的技术溢出效应向价值链高端攀升的产业升级模式遇到某些阻力。此外，如果新技术革命带来的个性化定制生产成为主流的生产方式，大规模生产将不再是起主要作用的企业竞争要素，迅速响应市场需求将成为企业动态竞争能力的重要体现；在快速成型技术和网络协作体系的支持下，更多的企业将选择在终端消费市场进行本地化生产。这将对建立在大规模生产基础上的中国出口导向型的产业体系造成一定的冲击。因此，我国开放型经济新体制的建设，要求我们以更加开放的姿态，通过走出去与引进来相结合的方式，在世界范围内配置科技资源，以应对世界新技术革命的挑战，促进我国技术创新，推动结构调整。

（三）在国际贸易投资新规则酝酿中主动建设高标准自由贸易区

当前，传统 WTO 多边贸易谈判进程受阻，新一轮区域贸易自由化浪潮逐步兴起。尤其是 2013 年以来，TISA（国际服务贸易协定）、TPP（跨太平洋伙伴关系协定）、TTIP（跨大西洋贸易与投资伙伴协议）谈判均在加速推进。不同贸易体系下的谈判内容更加侧重于贸易与投资并重、服务贸易和投资协定相关联。发达国家加大力度制定新的国际贸易投资规则，积极推进新议题谈判，以占领未来国际竞争制高点。

更高标准的国际自由贸易协定在框架、内容、要义等方面提出了更为严格的要求与规定，使我国面临新一轮世界贸易投资规则制定的挑战。例如，大多数 TISA 谈判参与方在金融、证券、法律服务等领域已没有外资持股比例或经营范围限制。而我国这些领域的政策仍停留在传统的 WTO 多边贸易框架体制下，银行、证券、保险、电信等行业在上一轮加入 WTO 谈判时仍保留有许多限制外资准入的措施，缺乏参与 TISA 谈判的基本条件。TPP、TTIP 谈判更是由于国际政治等原因，将中国排除在外。为改变当前的不利地位，就要求我们在新一轮改革开放中，着眼于更高标准，主动适应国际经贸新规则，发展面向全球的高水平自由贸易区网络。

（四）在我国要素禀赋条件变化中培育新优势并发挥整体优势

东部沿海地区是我国改革开放的核心区域，但近年来劳动力成本上升很快，土地稀缺、能源短缺、环境恶化等问题日益突出，维持制造业低成本优势的现实基础逐步被侵蚀，其优势逐渐转化为资金充裕、人力资本积累；而中西部地区随着这些年西部大开发、中部崛起的推进，基础设施和软环境都得到了一定程度的改善，加之劳动力成本低廉，逐渐形成了承接产业转移的区域优势。

因此，在开放型经济新体制的建设中，要求我们既要着眼于发挥东部地区资金、人力资本新优势，又要妥善利用我国产业结构调整的重大契机，在产业配置和重大项目安排上向中西部重要城市和地区倾斜，在未来人口密集区的长江中游地区、黄河中下游地区、成渝地区等区域，选择若干发展条件较好的中心城市进行重点建设，建设成若干国家级行业中心，就能形成符合产业发展规律、相互支持、相互协调的区域经济结构，为我国内陆地区扩大开放，提高我国整体开放水平创造条件。

（五）在世界经济深度调整中加快实施走出去战略

金融危机以来，由于旧的风险尚未根除，新的不确定因素又在增加，全球经济复苏乏力。联合国贸发会议《2014世界经济形势与展望报告》预计：2014年，除美国经济增长恢复较好，国内生产总值增速可能达到2.5%外，其他主要的发达经济体复苏之路仍然漫长；西欧国家虽然走出衰退阴影，但失业率居高不下，经济增长仍然疲弱，预计仅为1.5%；日本经济预计也为1.5%。

与发达国家经济增长普遍低迷不同，新兴市场和发展中国家经济增长表现更佳。国际货币基金组织预测，2014年新兴市场国家和发展中经济体经济增长可能上升到5.1%和5.4%。中国预计将在未来数年维持7.5%左右的经济增速；印度经济增速预计升至5.3%；巴西、俄罗斯分别升至3%和2.9%。新兴市场国家和发展中国家具备后发优势，总体经济实力不断增强，南南合作日益紧密，加之资源丰富，劳动力成本低廉，投资环境日益改善，这就为我国加快实施走出去战略提供了新的广阔空间。因此，改善现有体制机制，以推动中国与新兴市场和发展中国家建立更紧密的经贸联系，将是开放型经济新体制建设的重要任务。

表 1　　中国吸收外商直接投资分行业累计统计（单位：亿美元）

分类 项目与金额	1979—2012 年				2012 年			
	项目数（个）	比重（%）	合同外资金额	比重（%）	项目数（个）	比重（%）	实际使用外资金额	比重（%）
总计	738464	100	26591.62	100	27717	100	1239.85	100
第一产业	21127	2.86	562.69	2.12	865	3.12	20.09	1.62
第二产业	503418	68.17	16208.42	60.95	11630	41.96	557.49	44.96
第三产业	213919	28.97	9820.51	36.93	15222	54.92	662.27	53.42
采矿业	1924	0.26	142.88	0.54	87	0.31	6.13	0.49
制造业	485745	65.78	15207.44	57.19	11114	40.1	521	42.02
电力、燃气及水的生产和供应业	3208	0.43	376.47	1.42	214	0.77	21.18	1.71
建筑业	12541	1.7	481.63	1.81	215	0.78	9.17	0.74
交通运输、仓储和邮政业	9657	1.31	696.13	2.62	413	1.49	31.91	2.57
信息传输、计算机服务和软件业	10291	1.39	405.4	1.52	993	3.58	26.99	2.18
批发和零售业	63868	8.65	1112.91	4.19	7259	26.19	84.25	6.8
住宿和餐饮业	6606	0.89	184.81	0.69	513	1.85	8.43	0.68
金融业	663	0.09	780.37	2.93	161	0.58	98.83	7.97
房地产业	50846	6.89	4056.26	15.25	466	1.68	268.82	21.68
租赁和商务服务业	40442	5.48	1398.04	5.26	3518	12.69	83.82	6.76
科学研究、技术服务和地质勘察业	13395	1.81	494.14	1.86	1357	4.9	24.58	1.98
水利、环境和公共设施管理业	1204	0.16	148.87	0.56	151	0.54	8.64	0.7
居民服务和其他服务业	12260	1.66	340.86	1.28	212	0.76	18.84	1.52
教育	1705	0.23	32.91	0.12	15	0.05	0.04	0
卫生、社会保障和社会福利业	1331	0.18	67.58	0.25	11	0.04	0.78	0.06
文化、体育和娱乐业	1640	0.22	101.88	0.38	152	0.55	0.35	0.51

资料来源：《中国商务年鉴（2012）》。

二 新体制主要特征之一：促进服务业开放潜力的释放

（一）我国服务业开放程度不足，拥有巨大开放潜力

1. 从外资流入角度来看，服务业开放程度不足

1979年至2012年的34年间，我国第二产业、服务业（第三产业，下同）吸收的外商直接投资额（合同外资金额）流入量累计分别为16208.42亿美元、9820.51亿美元，占全部FDI流入量累计额的比重分别为60.95%与36.93%，这表明改革开放以来我国外资绝大部分投向了第二产业。在服务业内部，外资主要进入了房地产业、租赁、商务服务等行业，其中房地产业吸收的外资占吸收外资总额的15.25%，其次是租赁和商务服务业（5.26%）、批发和零售业（4.19%）、金融业（2.93%）、交通运输、仓储和邮政业（2.62%）（见表1）。尽管近年来，外资流向服务业的比重已超过第二产业，比如2012年服务业吸收FDI的比重高出第二产业8.46个百分点，但这些外资也主要是流入了少数服务行业；其中，仅房地产一个行业就吸收了当年外资进入额的21.68%；科学研究、技术服务和地质勘察业，信息传输、计算机服务和软件业，水利、环境和公共设施管理业，文化、体育和娱乐业，卫生、社会保障和社会福利业等对国计民生意义重大的服务性行业，吸收外资程度却很低。这反映出，阻碍我国多数服务业进一步开放的体制机制障碍普遍存在，有进一步扩大开放的空间。

2. 从服务贸易角度来看，服务业开放水平不够

按照与世界贸易组织达成的《服务贸易总协定》，中国已积极履行了服务贸易部门开放的承诺。截至2012年，在按WTO规则分类的160多个服务贸易部门中，中国已经开放了110个，新开放的分部门，涉及银行、保险、电信、会计、分销、教育等重要服务部门，远高于发展中国家平均水平。但是，相对于货物贸易，服务贸易部门开放的深度和广度仍然很不够。在跨境交付、境外消费、商

业存在、自然人流动这四种服务贸易模式中，我国在商业存在与自然人流动这两个领域的开放尤其不足，在跨境交付、境外消费方面还低于较晚加入世界贸易组织的俄罗斯（见表2）。

表2　WTO成员服务贸易开放承诺的比较（部门比例）　（单位:%）

贸易模式		模式1 跨境交付			模式2 境外消费			模式3 商业存在			模式4 自然人流动		
承诺范围		无限制	有限制	未承诺	无限制	有限制	未承诺	无限制	有限制	未承诺	无限制	有限制	未承诺
市场准入	俄罗斯	64	30	6	75	19	6	25	71	4	2	93	5
	中国	22	21	57	52	3	45	2	52	46	0	55	45
	发达	64	11	25	86	12	2	39	60	1	0	100	0
	发展	44	10	46	70	2	28	20	75	5	5	81	14
	转型	52	11	37	79	11	10	27	61	12	0	99	1
国民待遇	俄罗斯	63	33	4	69	26	5	17	81	2	2	96	2
	中国	45	1	54	55	0	45	30	20	50	0	55	45
	发达	70	5	25	95	3	2	0	97	3	17	82	1
	发展	52	3	45	66	1	33	28	63	9	45	34	21
	转型	70	3	27	93	3	4	0	88	12	51	48	1

资料来源：WTO网站，根据世界贸易组织秘书处2011年数据整理。

（二）我国服务业进一步开放的原则与重点

1. 我国服务业进一步开放的原则

根据我国服务业发展所处阶段，进一步开放的重点部门应该符合两个条件：（1）与货物贸易相关的生产性服务业先开放。生产性服务行业与货物贸易紧密相关，在产业链中处于制造业的上下游；其发展可以通过强化资本、劳动和技术等要素的积累，使资源在不同的产业间进行重新配置，有利于推动产业结构调整，进而改善整体经济和贸易结构。（2）体现开放倒逼改革的行业先开放。引入外资机构能让处于改革深水区的国内服务业借鉴国外的经验和做法，竞争机制的引入对于推动相关行业深化改革也将起到正面作用。

2. 服务业开放的重点行业

（1）通信服务业。入世后，外资电信运营商的进入并没有对我国电信业造成较大的冲击，但我国电信服务贸易仍然不稳定，服务质量没有明显提高。通信服务业开放有助于通信技术在其他关联行业的扩散，在保障网络信息安全的前提下，应允许外资企业经营特定形式的部分增值电信业务。（2）海运服务业。海运服务业是发达国家普遍有限制开放的行业部门，而我国对海运业的开放力度在发展中国家中是最大的。目前，关于海运服务开放的焦点在于捎带运输，我国禁止国外海运公司在国内港口进行捎带运输的操作。就捎带运输本身而言，它的灵活性使航线网络得以优化，从而降低运输成本，同时提高了港口利用的效率。在这一点上，美国和欧盟各港口之间自由运输集装箱的业务促进了相关服务业的发展。因此，捎带运输业务是我国海运服务业进一步开放的重点。（3）航空运输服务业。航空运输服务本身是发达国家重点限制或者禁止开放的行业，但与航空运输密切相关的二级服务行业是可以进一步开放的部门。我国目前在民航业计算机订座系统领域依然存在大量的机制性进入壁垒，2012年颁布的《外国航空运输企业在中国境内指定的销售代理直接进入和使用外国计算机订座系统许可管理暂行规定》试图打破市场垄断，但相关政策依然难以落地。在不影响航空运输安全的条件下，航空外围服务市场的开放有利于引入适度竞争，提高民用航空服务质量，是我国航空运输服务业下一步开放的重点。（4）教育服务业。在中外合作模式之外探索直接办分校模式，将是对教育改革的重大突破，在农、林、矿、理工科等教育领域应大胆开放，引进境外办学资源，推动我国教育的市场竞争机制建设，提高我国高等教育融入世界高等教育竞争的程度。（5）医疗服务业。大胆引进境外医疗投资和医疗资源、医疗人才，对外资医疗服务机构放开医疗服务价格，资质好的医疗机构应给予医保覆盖的待遇。通过外资医疗机构的竞争，促进国内医药卫生体制的进一步改革。

三 新体制主要特征之二：促进"外在型经济"成长

（一）资本净输出时代即将到来，对外投资渐成主角

当前，我国的对外经济结构即将进入一个新的阶段，对外投资将为中国开放型经济提供更大的驱动力。从趋势上看，不论是中国的外贸还是吸引外资，都已经进入中低增速区间，无法再现过去两位数的高增长，而对外投资则方兴未艾。我国吸收外资额和对外投资额的比例从20世纪90年代的18∶1迅速上升到2009年的2∶1，继而上升至2013年的1.3∶1。2010年至2013年，中国FDI流入量分别为1088.21亿美元、1160.11亿美元、1117.16亿美元、1175.86亿美元，流出量分别为688.1亿美元、746.5亿美元、878亿美元、901.7亿美元。这表明，近四年的FDI流入量一直徘徊于1110亿美元的水平，而流出量则增长了31%（见表3）。从2013年的数值看，我国对外直接投资仅比实际使用外资少了274.16亿美元，资本流出追上流入的水平已成为基本趋势。

表3　　　　　　中国对外投资与引进外资　　　（单位：亿美元）

年份	海外直接投资流量	海外并购流量	海外直接投资存量	当年新设项目数	实际使用外资金额
1985	6.29		9	3073	19.56
1990	8.3	0.6	44.55	7273	34.87
1995	20	2.49	177.68	37011	375.21
2000	9.16	4.7	277.68	22347	407.15
2005	122.61	52.79	572.06	44019	724.06
2010	688.1	297	3172.1	27406	1088.21
2011	746.5	272	4247.81	27712	1160.11
2012	878	276	5319.4	24925	1117.16
2013	901.7				1175.86

资料来源：商务部外资统计、联合国贸发会议网站。

基于以上分析，中国的对外投资很可能于 2015 年或者 2016 年超过利用外资的规模，这意味着中国即将迎来实业资本净流出的时代。事实上，我国总体上已进入工业化中后期阶段，以往的要素驱动和投资驱动发展方式面临深刻变革，加大对外投资力度，实现资源配置全球化已成为经济持续发展、再上台阶的必然要求。因此，中国的开放型经济特征将从以往偏重出口贸易和吸引外资为主，转变为进出口贸易并重、引进来和走出去并重、以对外投资构建中国企业国际化生产网络为主要内容的"外在型经济"新格局，使开放经济在质和量上出现新飞跃。

（二）改革对外投资管理体制，增强投资主体权利

我国现行对外投资管理体制复杂，落后于我国企业海外投资的实践要求，这一状况亟待改变。现行对外投资管理体制以核准制为主，包括两个部分：一是由商务部及省级商务主管部门来核准企业的境外直接投资，凡属规定情形的企业境外投资均需报商务部或省级商务主管部门核准；二是由国家和省级发改委对境外投资资源开发类和大额用汇类项目的核准，称为项目核准。这一境外投资管理体制存在着审批过程中环节多、材料复杂、程序烦琐状况，使一些项目丧失最佳时机，影响了国内企业的投资热情与积极性。

因此，对外投资管理体制有待进一步完善。（1）扩大备案制的适用范围。事实上，国家发改委 2004 年《境外投资项目核准暂行管理办法》已对特定对象在一定范围内实行了备案制。依据该办法，中央管理企业可以自主决策其投资的中方限额以下的资源开发类和其他类境外投资项目，并报国家发展改革部门备案，这无疑在一定程度上推进了境外投资自由化。但是，现行备案制仅为国家发改委在境外投资项目核准中采用，且适用的范围较为狭窄，即仅适用于为数不多的中央管理企业。今后应尽力使不同类型的企业享有同等的权利，备案制不应仅局限于中央管理企业，而且也不该仅适用于境外投资项目，而是应该统一适用于所有的境外投资。（2）建立核准制的"负面清单"管理模式。逐步向审批事项的"负面清单"

管理迈进,做到审批清单之外的事项,均由社会主体依法自行决定。目前,境外投资核准条件有两种方式,商务部采用否定列举的方式规定核准条件,这类似于"负面清单"管理,国家发改委则采用肯定列举的方式规定了核准条件。从效果看,采用否定列举的效果明显优于肯定列举,因为采用肯定列举,非得经过较长时间的实质审查不可,并且将能获得核准的境外投资限定在了较小范围内;而采用否定列举,只要不违反公共利益的境外投资要求就能获得核准,这就扩大了企业境外自由投资权利的范围,限制了政府规制境外投资活动的范围,并使核准制变得更为简便、更具效率。

四 新体制主要特征之三:适应多种形式贸易投资自由化

(一) 以多边贸易体制为出发点、以区域自贸区建设为重点突破

经济全球化深入发展的一个重要特征是出现了多种形式的贸易投资自由化的制度安排,我国开放型经济的建立是在适应多边贸易体制基础上起步的,我国加入世界贸易组织后已经基本适应了多边贸易规则,但随着经济全球化的深入发展,贸易投资自由化的制度安排也更加多样化,各种区域贸易自由化谈判和自由贸易区的建立成为新的潮流。在这种新形势下,我国开放型经济新体制的构建也必须适应形势的新发展,要使我国的开放型经济新体制具有更大的包容性。当然,在如今大力推进自贸区建设的热潮中,也要注意防止否定或轻视多边贸易体制作用的倾向。我们要坚持以多边贸易体制为主、以区域自贸区建设为重点突破方向。

坚持以多边贸易体制为主。WTO 规则实质上是在总结两次世界大战教训之上,制定出的一整套国际贸易规则,对推动整个世界经济的发展、贸易的繁荣起了非常重要的作用。WTO 的透明度、非歧视性、贸易与投资自由化三原则与对成员的审议、争端解决、通过贸易谈判来制定新规则三大功能仍然具有生命力;尽管要达成协议仍面临许多困难,但现在的日内瓦多边谈判正努力争取在贸易

便利、最不发达国家的诉求以及有关发展中成员农业安全与农产品关税配额管理等方面有所收获;所以强调维护多边贸易体制仍然是非常重要的。自由贸易区建设和区域经济合作不仅不是多边贸易体系的对立面,反而是其基本动力和有益补充。当前区域主义的确对多边体制造成了一定挑战,但这种挑战恰恰是由于区域主义发展程度还不够;当区域主义发展到一定程度,区域经济一体化将会主动增加对多边贸易体制的诉求,近年来不少区域贸易争端最终通过WTO 的规则和机制加以解决就是明证。由于各个自贸区原产地规则不同,同一种产品来自不同区域和国家关税不同,不同的安全标准与检验检疫标准势必要加大各国外贸的管理成本和交易成本;我们还须看到,尽管区域、次区域合作和自贸区谈判近年来有一定的发展,但各个区域一体化谈判过程也面临很多的难题,需要付出更多的努力和相当长的时间才能达成协议。因此,结论是明确的,区域主义再怎么发展,也仍然不可能彻底摆脱多边体制。

以区域自贸区建设为重点突破方向。相对于区域主义,多边贸易体制并不能及时、高效、全面地满足成员方的需求,有些方面特别是那些敏感、涉及政治和利益集团的利益较大的领域,如竞争政策、政府采购和政策与立法协调等在多边范围内很难在短时间有所作为,区域主义则容易在这些领域先行取得成果。区域主义作为介于国家与多边贸易体制之间的"地区多边贸易体系",不仅为开辟和进一步推动多边贸易自由化进程培养专业化人才、积累经验和提供"试验场地",而且有助于自由经贸政策思想在成员间的传播,成为加强成员内政治利益集团与工商产业同多边贸易谈判沟通联络的纽带。因此,我们要采取更加积极主动的开放战略,统筹多边、双边和区域自贸区的建设;以更加开放、包容和进取的姿态,积极参与亚洲地区经济一体化和自贸区建设进程,同时为实现多哈回合早期收获做出努力,为巩固和发展多边贸易体系做出新贡献。

(二) 加速区域自贸区谈判,升级现有区域自贸区

截至 2013 年年底,中国已签署自贸协定 12 个,涉及 20 个国

家和地区，规模还极为有限，需大力发展。展望未来，应以中国—冰岛和中国—瑞士的自贸协定为基础，以中德为突破口，建立中国—欧盟自由贸易区；以中国—智利、中国—秘鲁和中国—哥斯达黎加的自贸协定为基础，以中国—巴西为突破口建立中国—拉丁美洲自由贸易区；以最终建立包括中国—非洲自由贸易区、中国—俄罗斯自由贸易区在内的以中国、俄罗斯、德国、巴西为主的区域全面伙伴关系协议，使中国成为全球最大的自贸区。但就现实性而言，近期应力争在2014年内完成中韩自贸区谈判，中澳自贸区谈判实现突破，并致力于构建大中华自贸区。

在我国已建成的12个自由贸易区中，东盟的人口、地域与经济规模均最大，且地处我国周边。中国—东盟自贸区的进一步发展具有重要意义，是我国现有自由贸易区升级发展的重中之重，它的升级发展也将为其他已建成自贸区的进一步发展提供示范效应。为此，在现有框架基础上，应致力形成区内货物、服务、资本、资源、劳动、技术和管理自由流通的统一市场；缩短敏感行业准入过渡期，降低敏感产品和服务的关税与非关税壁垒；尽快启动更高版本的中国—东盟投资协定谈判，进一步降低或取消相互投资的准入门槛；尽快使人民币成为区内贸易投资主要结算货币，争取成为东盟国家的主要储备货币之一；整合现有政策对话机制，逐步提高财政、货币、产业、贸易、投资政策的协调程度；以教育、医疗、金融和文化娱乐为重点，主动推进以服务业开放为重点的市场开放。

（三）加快上海自由贸易试验区试点，大力建设自由贸易园（港）区

设立现代化新型自由贸易区，已成为各国（地区）发展经济、抵御经济衰退和开展战略合作的重要平台和手段。自由贸易区是指在一国领土之内、国家关税领域之外，加以划定允许外国商品货物豁免关税，免除通关、清关的复杂手续，可以在区域内自由流通或再出境的一个特定区域，有自由区、自由港、自由贸易区、自由贸

易港区等多种形式。目前,全球有 1200 多个自由贸易区,中国香港已建成自由港,中国台湾也有 5 个自由贸易区。美国堪称是全球自由贸易区第一大国;据不完全统计,1970 年美国各类自由贸易区只有 7 个,目前已经发展到 277 个,还有 500 多个分区,我国在这方面的差距是极为明显的。

建立中国上海自由贸易试验区是新形势下推进改革开放的重大举措,要切实建设好、管理好,为全面深化改革和扩大开放探索新途径、积累新经验。作为试点的重要成果,中国(上海)自由贸易试验区于 2013 年 9 月出炉了首份区域性的负面清单。该版负面清单编制特别管理措施共 190 项,占行业比重的 17.8% 左右。在这 190 项特别措施中,使用禁止字样的有 38 条、限制字样的有 74 条。总体上看,它只是简单地从形式上汇总原有投资目录中禁止和限制的类别,突破不大。未来负面清单的修订过程中,要扩充架构,采用"保留行业+不符措施"的方式,同时需要扩大准入和扩大范围,进一步扩大开放的领域和区域。对限制类但无具体限制措施的条款分类处理;对需保留的,应明确具体限制措施;对没有保留必要的,则尽量取消。

在推进现有试点基础上,可选择天津、重庆、深圳、青岛、大连、宁波、唐山等城市优先发展自由贸易园(港)区。比如,依托曹妃甸综合保税区,积极争取设立曹妃甸自由贸易园区,或借鉴"一区多港"经验,争取与环渤海省(市)联合设立跨区域的"中国(渤海湾)自由贸易园区";舟山群岛新区在条件成熟时,可建立自由贸易港。

(四)推进中美、中欧投资协定谈判,为参与国际新规则制定提供范例

中美投资协定谈判启动于 2008 年,截至 2014 年 1 月共进行了 11 轮谈判。鉴于两国对于世界经济举足轻重的地位,中美投资协定的意义已远远超过双边范畴,谈判步伐还可以进一步加快。考虑到中国亟须与几乎所有主要贸易伙伴签署或修订补充双边投资保护协定，而美国是连续数十年的对外直接投资第一大国、连续数十年的吸收外商直接投资第一大东道国，是当前对国际经贸规则影响最大的国家；中国则既是连续20多年蝉联吸收外商直接投资最多的发展中国家，又是当前全世界最令人瞩目的新兴对外投资母国。因此，中国与美国的双边投资保护协定可望成为中国与其他多数贸易伙伴新投资保护协定的样板，部分内容甚至可能纳入区域经济一体化组织和世贸组织，这场谈判的意义极大，不亚于当年的入世谈判。

中欧投资协定谈判于2014年1月21日正式启动，这是中欧经贸合作中具有里程碑意义的重要事件。欧盟对国际经贸规则的影响固然接近美国，但欧盟的决策机制效率极为低下，与欧盟的双边投资保护协定谈判进程必然大大落后于中美投资保护协定，因此后者的示范作用也将大于前者。

最新一轮中美投资协定谈判已正式开启了文本谈判，正就负面清单本身的内容进行商定。"准入前国民待遇和负面清单"这种模式的采纳，挪开了多年来困扰我国进行自贸区谈判和扩大对外投资的绊脚石，不仅为中美投资协定谈判，也将为中韩自贸区谈判打开突破口。此后的数轮谈判中，知识产权保护、劳工条款、环保要求等具体内容都需予以确认，因此中美投资协定谈判全面谈成和签署还须更长时间。中美投资协定若能达成，将为中国引进外资带来新的增长点，并有助于改善外资的结构和质量，扫除中国企业在美投资的一些障碍，推动中国企业"走出去"。

五　新体制主要特征之四：接近和适应国际经贸新规则

（一）准入前国民待遇与负面清单

据不完全统计，世界上至少有77个国家采用了"准入前国民待遇"和"负面清单"的外资管理模式。全面的"准入前国民待遇"是指除通过"负面清单"方式来保护的某些产业和活动外，在准入阶段给予外国投资者国民待遇原则所承诺的待遇，实质是把外资和内资从设立前、设立中、设立后各个环节都同等对待。"负面清单"相当于投资领域的"敏感区",列明了企业不能投资或限制投资的领域和产业,未列入清单的就是开放的。开放型经济新体制要求我们建立公平开放透明的市场规则,实行统一的市场准入制度,负面清单正是一种有效的管理模式。最终,负面清单管理模式还将被普遍推广到我国国内市场,将禁止或限制企业从事的项目明确列出且平等适用于国有与非国有、内资与外资企业,这不仅是市场准入方式的改革,更是政府管理经济方式的一次重大变革,意味着已经施行数十年之久的审批管理体制将面临终结,从而营造有利于各类投资者平等准入的市场环境以扩大开放。中国(上海)自由贸易试验区已制定出了首份区域性的负面清单,最新一轮中美投资协定谈判也已开始就负面清单的内容进行商定;应在试点与谈判结合的基础上总结经验,完善这一模式。

(二)投资保护

我国正处于对外投资的高速成长期,走出去的企业面临多种多样的投资风险,如政治风险、经济风险、政策风险、自然风险及其他风险。为降低投资风险,在今后的双边投资协定与自贸区协定谈判中,应确立较高标准的投资保护待遇:第一,投资定义应考虑通过海外实体间接投资的情况。这是由于不少海外的中国企业往往先在第三国设定海外实体(甚至多层实体),进而通过这些中间实体进行投资,这些海外实体以及通过这些海外实体进行的投资应与中国企业直接对外投资受到同等的保护。第二,从保护海外国有资产的角度,应明确征收应达到"公平和公正待遇",征收程序应明确为"依照缔约国国内法律程序、本协定相关待遇标准和其他正当程序",征收应适用"及时、充分、有效"的赔偿标准。明确征收赔偿之"公平市场价值"的计算方法,建议"有关征收补偿的公平市场价值应根据市场的流通价值确定,如不存在有效流通市场,则通过现金流量折现法予以确定,除非在直接征收的情况下可通过账面价值确定"。第三,无须投资者与东道国政府另行约定,投资者可直接诉诸（ICSID）仲裁。实践中，如果提交国际仲裁之前需要东道国政府同意，投资者将很难获得公正有效的裁决。可借鉴美国的示范文本，在投资保护协定中先行明确缔约方同意 ICSID 的管辖，即"如投资者选择仲裁解决争端，则任一缔约方应被视为已同意采用此仲裁方式解决其与另一方的投资者在本协议下的争端"。

（三）环境保护

从国际趋势及我国参与自由贸易协定谈判实际情况来看，自由贸易协定中的环境议题日益突出，形势发展决定了自贸协定中的环境议题是不可回避的。我国对于自贸协定中的环境保护章节，不是要不要谈的问题，而是如何谈的问题。在自贸协定中融入环境保护要素，加大环境内容，从法理上明确贸易行为必须关注环境保护。这样，一方面有利于扩大环境保护合作范围，另一方面也有利于更好地优化贸易行为和质量，进而从源头上有效避免贸易对环境的危害，守住生态环境的底线。将加快环境保护议题谈判作为加快自贸区建设的重要任务，不仅是全面深化改革的现实要求，更是加快和深化生态文明体制改革，推动生态文明制度建设，坚守环境保护底线，促进环境与经济融合的难得机遇。当前，自贸协定中涉及环境的内容形式多样、内容增多、义务变实，除了在环境章节中涵盖传统环保领域的内容外，政府采购、非法采木、渔业补贴、生物多样性以及环境产品与服务等多方面的内容也可能涵盖。为此，对自由贸易协定中设立单独环境章节及相关环境内容，应积极应对，当前可采取如下具体措施：对自贸协定开展环境评估；重视并主动参与自贸区联合可行性研究，开展环境影响评价；重视自贸协定的实施，尽快建立自贸协定环保示范园；加强自贸协定环境议题谈判的组织领导以及保障机制建设。

（四）政府采购

按照国际通行的计算方法，一个国家的政府采购市场占该国 GDP 的 15%—20%；由于我国政府采购的实施标准不高，未与国际接轨，国内企业被阻挡在美国、欧盟、日本等主要发达国家政府采购市场之外，丧失了大量商业机遇。尽管近年来我国政府采购制度有一定程度的完善，但仍然存在采购方式落后、行政干预多，腐败多发，财政资金使用效率不高等问题。如能按国际标准规范我国政府采购，将通过倒逼机制进一步规范我国政府采购市场，营造良好竞争环境，提高财政资金使用效率；增加政府采购的透明度，减少行政干预，抑制采购市场的腐败，助力廉洁政府建设。开放型经济新体制的进一步发展，要求我们积极参照国际标准，合理制定政府采购规模，充分利用门槛价以下的政府采购需求，并改进政府采购的价格形成机制，结合使用公开招标、竞争性谈判等采购方式，在保证财政资金使用效率的同时，尽量降低政府采购价格与消费市场价格的联动，提高企业竞争消费市场的积极性。加快出台政府采购法实施条例，加大政府采购监督管理和信息公开力度，建立健全政府采购过程的公开机制，加快政府采购信息化和标准化建设，为电子采购的进一步发展积累经验、奠定基础。坚持以发展中国家身份，尽快加入政府采购协议，充分利用发展中国家条款，在合理安排过渡期时间表的同时，结合实际情况稳步有序地扩大开放范围；这样不仅可以有机会进入其他参加方采购市场获得潜在贸易利益，而且能够在国家（包括地方）采购体制中更好地实现物有所值，更大程度地实现内部协调和结合。

（五）竞争中立

竞争中立是指政府的商业活动不得因其公共部门所有权地位而享受私营部门竞争者所不能享有的竞争优势，其首要目标是要求国企按照商业企业来运营，政府与国企的运营应保持适当距离。2011年以来，美国等发达国家在国际组织中大力推进有关竞争中立框架的制定和推广，试图在双边、多边贸易投资协定中加入有关限制国有企业竞争优势的条款，使竞争中立规则获得了广泛的国际关注。应该认识到，欧美等发达国家所推行的竞争中立规则，刻意忽视了发展中国家和转型经济体在政治制度、法律体系、经济水平、产业发育程度上的不同，要求所有国家达到相同的竞争中立标准存在一定的不合理性，很可能演变为贸易投资保护的工具。但由于竞争中立规则本身符合市场经济的发展规律，有利于增强市场活力，是中国参与国际竞争不可回避的国际市场新规则，所以我们必须以开放的姿态关注竞争中立规则的发展动向。我国国有企业众多，用人机制僵化且颇受政府部门制约，不少国企在优惠政策和补贴措施的掩护和纵容下实施垄断，竞争中立的推行对我国国企改革确有相当的积极意义。因此，我国应在研究与应对竞争中立规则的同时努力推动国企改革，这样才能在相关谈判中占据主动地位，提升国家利益。

（六）企业社会责任

我国仅在部分投资协议中涉及跨国公司的义务，如不从事侵犯劳工权利、污染环境和行贿腐败的行为，没有规定其为社会发展所必须履行的积极义务。近年来一些跨国公司在华经营过程中以及我国一些企业在海外投资活动中，都发生了污染环境、商业贿赂等行为，造成不良的环境和社会后果。中国有必要借鉴联合国《跨国公司行为守则》《OECD跨国公司准则》的相关内容，在国际投资协议谈判中引入企业社会责任条款，促使跨国公司承担必要的社会责任以平衡其权利和义务；使企业社会责任不再是一种自愿选择，而是一种应尽的法律义务。引入该条款不仅有助于规范跨国企业在华经营行为，也有助于改善中国跨国公司海外形象，促进中国对外投资持续健康发展。

六　新体制主要特征之五：拓展开放型经济战略空间

35年来，我国对外开放由东及西渐次展开，在成就珠三角、长三角、环渤海三大经济区的同时，也出现了东部沿海和内陆沿边地区明显的差距。现阶段我国发展的不平衡，主要体现为区域发展的不平衡；开放程度的不协调，更多体现为内陆沿边和沿海开放的不协调。内陆沿边开放是我国新一轮对外开放的主要潜力所在，是拓展开放型经济广度和深度的关键所在。

（一）完善内陆与沿边机制建设，扩大开放纵深

推动内陆同沿海沿边通关协作，实现内陆海关和沿海海关信息互换、监管互认、执法互助，提高货物通关效率，降低企业运行成本。我国现有的通关流程是基于行政区划与口岸管理权限分配而形成的，对内陆企业的国际经贸往来尤为不利；为有效消除行政分割、条块分割，须创新通关流程，简化通关手续和环节，提高整体通关效率。为此，要加强"属地申报、口岸验放""直通放行"等区域通关改革；结合企业诚信记录，扩大"属地申报、口岸验放"覆盖范围；深化推广口岸城市间的检验检疫合作，扩大"直通放行"模式试点。比如，重庆在创新内陆保税区监管模式的过程中，就通过与边境关区协作，运用 GPS 定位等物联网高科技手段，成功实现了"一次报关、一次申请、一次验放"。重庆的进口货物，边境海关直接放行，进入重庆保税区后再查验；重庆保税区验放的出口货物，边境关区不二次查验；重庆保税区之间的货物交换，无须重复办理进出关手续。由此，通关更加便捷，效率大大提高，有效促进了当地的国际经贸发展。

加强口岸建设，提升综合服务水平。（1）加快调整口岸管理体制，整合口岸管理相关职能，从体制上解决口岸管理部门林立、通关环节众多、执法平台封闭运行等问题。（2）在海关、口岸单位、生产企业以及第三方物流企业等物流活动所涉及的各个环节都建立和完善电子口岸系统，实现监管手段全面信息化，把电子口岸建设成为具有一个人网"门户"、一种认证登录方式和"一站式"办事等功能，并逐步向相关物流商务服务延伸的大通关统一信息平台，使口岸执法管理更加严密、高效，使企业进出口通关更加有序、便捷。（3）推动口岸综合执法服务水平。以综合监管为基本模式，发挥业务工作"预报员""监督员""调度员"的作用，整合物流监控资源，缩短 A 类、AA 类诚信企业评定时间，为口岸各部门提供便捷通关执法依据，采取允许税款分期延期支付、缴纳部分滞纳金后先予以清关等切实措施帮助守法企业渡过难关。（4）促进出入境便利

化,形成"从管理为主向促进便利通关转变、从注重风险向促进贸易发展转变"。有序扩大多次往返和落地签证试点范围,改革商事登记制度;推广边民互市场所化管理,延伸边民互市功能,形成口岸贸易、边民互市交易、物流配套多位一体的现代贸易体系。

加快设立沿边自由贸易试验区与沿边出口加工区,加快跨境经济合作区创新发展。整合沿边开放资源,设立具有国际贸易、转口贸易、国际物流功能的"沿边自由贸易试验区",全面实施贸易投资自由化政策。充分利用周边国家的资源优势和劳动力低成本优势,承接沿海地区加工制造业转移,建设跨境产业合作基地,形成以出口加工为主,以国际贸易、储运服务、国际旅游为辅,具有自由贸易试验区功能的出口加工区。加快跨境经济合作区创新发展,比如在中越河口—老街以及凭祥—同登跨境经济合作区率先探索"一区两国、自由贸易",探索跨境经济合作区的运营模式、管理体制机制与多层次跨境协调机制。

扩大内陆沿边地区金融领域对外开放。支持内陆沿边中心城市建立辐射东盟和中亚的区域性金融中心,积极发展金融结算、金融后台服务等特色金融,形成多层次、开放性、均衡布局的涉外金融新格局,带动周边地区扩大对外开放。鼓励内陆沿边地区金融机构稳健拓展国际业务,建立与国际贸易大通道相适应的对外金融服务体系。鼓励国内外金融机构设立产业发展基金,形成多层次的股权投资体系,支持内陆沿边地区先进制造业和现代服务业发展。主导建立多边开发性金融机构,诸如亚洲基础设施投资银行、上合组织开发银行,以满足我国与周边国家(地区)互联互通的基础设施建设需求。

(二)推动"一带一路"建设,拓展经济发展战略空间

丝绸之路沿线的多数内陆国家,由于远离全球贸易的主要通道,其人均 GDP 远低于世界平均水平,造成了发展失衡。建设丝绸之路经济带,从国内来看,可以使西部地区成为对外开放的前沿;从全球来看,可以使亚欧大陆的内陆地区更多地参与到全球贸易中来,中国和全球的经济发展都将更为平衡。因此,建设丝绸之

路经济带是我国确立的面向欧亚内陆开放的重大举措，它将实现从南、北、中三条线打造第二亚欧大陆桥国际经济走廊及国际能源大通道，形成横贯东中西的对外经济走廊，为我国在欧亚内陆方向的经贸合作拓展发展空间。

海上丝绸之路自中国东南沿海港口，往南穿过中国南海，进入印度洋、波斯湾地区，远及东非、欧洲；这一东西方交往的海上交通要道，历史上也被称为瓷器之路、茶叶之路、香料之路。随着中国步入海陆复合型发展道路，海上丝绸之路被赋予了新的内涵与新的意义。海上丝绸之路既是中国与周边国家传播海洋文化、增强软实力的新渠道，也是中国与周边国家发展海洋经济的助推器，其良性建设与运营也将有力缓解中国与周边国家的海洋争端，因而具有重要的意义。海上丝绸之路建设，除国内相关的港口、铁路、公路等基础设施建设外，应大力推动相关国家（地区），特别是周边国家（地区）配套基础设施建设，比如加快泛亚铁路西线（昆明—密支那—仰光—曼谷—吉隆坡—新加坡）建设，尽快取得公路大通道西线（昆明—瑞丽—曼德勒—皎漂）建设的重点突破，加快改善澜沧江—湄公河国际航运通道通航条件。

参考文献

李玉梅、桑百川：《国际投资规则比较、趋势与中国对策》，《经济社会体制比较》2014年第1期。

裴长洪：《全球治理视野的新一轮开放尺度：上海自贸区观察》，《改革》2013年第12期。

孙振宇：《整合自贸区以防贸易规则碎片化》，《人民日报》（海外版）2013年6月27日。

杨志远等：《中国（上海）自由贸易试验区服务业开放研究》，《经济学动态》2013年第11期。

（原载《经济学动态》2014年第4期）

中国特色开放型经济理论研究纲要

把对外经济关系列为政治经济学的研究范畴，在马克思主义经典著作中有文献可考。马克思在1857年撰写的《〈政治经济学批判〉导言》中曾有这样的分篇结构设计："（4）生产的国际关系。国际分工。国际交换。输出和输入。汇率。（5）世界市场和危机。"[①] 他还说："我考察资产阶级经济制度是按照以下的次序：资本、土地所有制、雇佣劳动、国家、对外贸易、世界市场。"[②] 因此，改革开放前的政治经济学（资本主义部分）教科书一般都有资本主义世界市场和对外经济关系方面的内容。但是，社会主义政治经济学如何分析对外经济关系，很长时间是个空白。进入21世纪后，党中央抓了马工程建设，出版了《马克思主义政治经济学概论》，我也曾参与文稿的修改。该书第四篇论述了经济全球化和对外开放，应当说这是填补了社会主义政治经济学在对外经济关系分析方面的空白，有很大贡献。但现在回头来看，不仅认识落后于实践，而且与习近平总书记关于马克思主义政治经济学建设的要求也差距甚大。不仅内容显得单薄，而且缺乏理论支撑，基本上只是叙述了经济全球化的内容和我国对外开放的必要性以及主要措施。

中国对外开放的伟大实践，其成功业绩举世公认，而社会主义政治经济学的主要任务则是发现和总结它的理论创新，使之升华成

---

① 《导言（摘自1857—1858年经济学手稿）》，载《马克思恩格斯全集》第12卷，人民出版社1962年版，第759页。
② 《政治经济学批判·序言》，载《马克思恩格斯全集》第13卷，人民出版社1962年版，第7页。

为继续指导实践发展的成熟理论。2015 年 11 月 23 日，习近平总书记在中共中央政治局第二十八次集体学习时指出，党的十一届三中全会以来，我们党把马克思主义政治经济学基本原理同改革开放新的实践结合起来，不断丰富和发展马克思主义政治经济学，形成了当代中国马克思主义政治经济学的许多重要理论成果。在这些成果中，他提到了关于用好国际国内两个市场、两种资源的理论。可以肯定，我国对外开放的长期实践中，已经产生了重要的理论创新成果，中国特色社会主义政治经济学体系中应当有它的地位和内容。

我认为，中国特色开放型经济理论是我国对外开放长期实践的基本理论总结，在开放领域的各项理论创新成果中是概括性和纲领性的总名称，因此也是中国特色社会主义政治经济学在对外开放领域中的主要内容和理论分析架构，需要理论工作者加以论证和阐发。

一　中国特色开放型经济理论的形成过程

"开放型经济"是我国实行对外开放政策的必然结果。早在 1978 年 9 月，邓小平就提出要吸收外国资金、技术和管理经验，也要大力发展对外贸易，之后他经常重申这些主张。到党的十二大召开时，他正式提出了我国实行对外开放的基本政策："独立自主、自力更生，无论过去、现在和将来，都是我们的立足点。""我们坚定不移地实行对外开放政策，在平等互利的基础上积极扩大对外交流。"① 之后很长时间内并没有"开放型经济"的提法，一直到党的十四届三中全会，才首次出现"开放型经济"这一新概念，全会提出"充分利用国际国内两个市场、两种资源、优化资源配

---

① 《中国共产党第十二次全国代表大会开幕词》（1982 年 9 月 1 日），《邓小平文选》第 3 卷，人民出版社 1993 年版，第 3 页。

置……发展开放型经济"①。当时提出这个概念所包含的主要内容是，首先区域上强调全方位开放，除了推进经济特区和沿海开放以外，还要着力推进沿边、沿江和内陆中心城市的开放；其次是深化外贸体制改革，加速转换各类企业的对外经营体制；最后是积极引进外来资金、技术、人才和管理经验。所以在那时，这个概念是若干工作任务的集合体，并非就是理论，但是已经有了新理念的萌芽，它经历了内涵不断丰富完善、理性概括层次不断升高，最后成为理论创新的过程。党的十五大报告中进一步提出"完善全方位、多层次、宽领域的对外开放格局，发展开放型经济"②。对比过去，这里所说的"开放型经济"，增加了扩大服务贸易、积极参与区域经济合作和全球多边贸易体系、有步骤推进服务业对外开放、鼓励能够发挥我国比较优势的对外投资，更好利用国内国外两个市场、两种资源等新内容。2000年党的十五届五中全会再次提出"进一步扩大对外开放，发展开放型经济"，指出我国应充分利用加入世界贸易组织的发展机遇，并首次提出实施"走出去"战略，努力在利用国内外两种资源、两个市场方面有新的突破。③

党的十六大报告总结对外开放的成就时指出："开放型经济迅速发展，商品和服务贸易、资本流动规模显著扩大，国家外汇储备大幅度增加，我国加入世界贸易组织，对外开放进入新阶段。"并指出未来五年开放型经济发展的重点是坚持"引进来"和"走出去"相结合。④ 为了进一步发展开放型经济，党的十六届三中全会提出了"深化涉外经济体制改革"和"完善对外开放的制度保障"

---

① 《中共中央关于建立社会主义市场经济体制若干问题的决定》（1993年11月14日中国共产党第十四届中央委员会第三次全体会议通过）。
② 《高举邓小平理论伟大旗帜，把建设有中国特色社会主义事业全面推向二十一世纪》，1997年9月12日江泽民在中国共产党第十五次全国代表大会上的报告。
③ 《中共中央关于制订国民经济和社会发展第十个五年计划的建议》（2000年10月11日中国共产党第十五届中央委员会第五次全体会议通过）。
④ 《全面建设小康社会，开创中国特色社会主义事业新局面》，2002年11月8日江泽民在中国共产党第十六次全国代表大会上的报告。

的改革任务。① 党的十六届五中全会提出的任务是，要推进"开放型经济达到新水平"，并首次提出促进全球贸易和投资自由化便利化和实施互利共赢的开放战略。②

党的十七大报告宣告，我国开放型经济进入新阶段，未来的任务是提高开放型经济水平，总的要求是，扩大开放领域、优化开放结构、提高开放质量，完善内外联动、互利共赢、安全高效的开放型经济体系，形成经济全球化条件下参与国际经济合作和竞争新优势。这里第一次提出了"开放型经济体系"的概念。③ 2010年10月党的十七届五中全会进一步提出"完善更加适应发展开放型经济要求的体制机制"，并首次提出"积极参与全球经济治理和区域合作"与"推动国际经济体系改革"的主张。④

党的十八大对开放型经济有了更完整的表述："全面提高开放型经济水平。适应经济全球化新形势，必须实行更加积极主动的开放战略，完善互利共赢、多元平衡、安全高效的开放型经济体系。"⑤ 对比党的十七大报告的表述，开放型经济体系的三个定语发生了调整和改变，"互利共赢"成为第一个定语，原来的"内外联动"改成了"多元平衡"，成为第二个定语。这种变化绝不可能是文字游戏，而是包含着复杂的背景和深刻的含义。党的十八届三中全会明确提出要"构建开放型经济新体制"，这是在继续扩大服务业开放和外资准入以及推出中国上海自由贸易试验区举措、加快

---

① 《中共中央关于完善社会主义市场经济体制若干问题的决定》（2003年10月14日中国共产党第十六届中央委员会第三次全体会议通过）。

② 《中共中央关于制定国民经济和社会发展第十一个五年规划的建议》（2005年10月11日中国共产党第十六届中央委员会第五次全体会议通过）。

③ 《高举中国特色社会主义伟大旗帜 为夺取全面建设小康社会新胜利而奋斗》，2007年10月15日胡锦涛在中国共产党第十七次全国代表大会上的报告。

④ 《中共中央关于制定国民经济和社会发展第十二个五年规划的建议》（2010年10月18日中国共产党第十七届中央委员会第五次全体会议通过）。

⑤ 《坚定不移沿着中国特色社会主义道路前进 为全面建成小康社会而奋斗》，2012年11月8日胡锦涛在中国共产党第十八次全国代表大会上的报告。

自由贸易区建设和"一带一路"建设的重大背景下提出的任务。①党的十八大以后，习近平总书记也不断重申："中国将在更大范围、更宽领域、更深层次上提高开放型经济水平。"②"完善互利共赢、多元平衡、安全高效的开放型经济体系。"③并第一次提出了"共同维护和发展开放型世界经济"的新理念。④党的十八届五中全会提出："必须顺应我国经济深度融入世界经济的趋势，奉行互利共赢的开放战略，发展更高层次的开放型经济，积极参与全球经济治理和公共产品供给，提高我国在全球经济治理中的制度性话语权，构建广泛的利益共同体。"并提出："必须丰富对外开放内涵，提高对外开放水平，协同推进战略互信、经贸合作、人文交流。"⑤从1993年党的十四届三中全会第一次出现"开放型经济"的提法之后20多年以来，伴随着我国对外开放实践的扩大和发展，"开放型经济"的提法不仅被党和国家重要文献以及领导人不断重复使用，而且其内容也不断丰富，包含了经济体系和体制、开放战略、参与全球经济治理以及形成参与国际经济竞争合作新优势等重大理论命题，事实上它已经成为指导中国对外开放的政治经济学理论。

中国特色开放型经济理论，作为一个成熟的理性思维，其基本要件是：总结了我国35年对外开放的基本实践和基本经验，揭示了事物发展的客观规律；提出了我们党的价值观和追求目标；规划了未来的行动纲领。35年我国对外开放的基本实践是，不断改革不适应对外开放发展的对外经济贸易体制，全方位、宽领域、多层

---

① 《中共中央关于全面深化改革若干重大问题的决定》（2013年11月12日中国共产党第十八届中央委员会第三次全体会议通过）。
② 习近平：《在同出席博鳌亚洲论坛二〇一三年年会的中外企业家代表座谈时的讲话》（2013年4月8日），《人民日报》2013年4月9日。
③ 习近平：《深化改革开放，共创美好亚太——在亚太经合组织工商领导人峰会上的演讲》（2013年10月7日），《人民日报》2013年10月8日。
④ 习近平：《共同维护和发展开放型世界经济——在二十国集团领导人峰会第一阶段会议上关于世界经济形势的发言》（2013年9月5日），《人民日报》2013年9月6日。
⑤ 《中共中央关于制定国民经济和社会发展第十三个五年规划的建议》（2015年10月29日中国共产党第十八届中央委员会第五次全体会议通过）。

次努力扩大各种形式的对外经济贸易联系；顺应经济全球化发展趋势，在深度融入世界经济中发展壮大自己，并接受、适应和引领国际经济规则。我们的基本经验是，坚持独立自主、自力更生的方针，又要善于利用两个市场和两种资源；在改革和开放的相互促进中统筹国内国际两个大局；在实施开放战略的行动部署中坚持两种思维，既抓住和利用机遇，又有防范风险和安全意识。我们揭示的客观规律是：经济全球化是资本主义生产方式和世界经济发展的新的历史阶段，我国对外开放和参与经济全球化，必然使我国深度融入世界经济并参与未来开放型世界经济体系的构建，必将促进国际经济秩序朝着平等公正、合作共赢的方向发展。我们党的价值观和追求目标是：完善互利共赢、多元平衡、安全高效的开放型经济体系，构建平等公正、平衡和谐、合作共赢的开放型世界经济。我们未来的行动纲领是：构建开放型经济新体制，培育参与和引领国际经济合作竞争新优势，积极参与全球经济治理和公共产品供给，迈向更高层次开放型经济。

二 中国特色开放型经济理论的基本品格：实践与创新

总结这个理论的形成过程，它的明显特征有以下几点。

（一）政治决定、实践先行

开放型经济理论的形成，离不开对外开放这个政治决定的大前提。中国实行对外开放是以邓小平为核心的中国共产党第二代领导集体的政治决定，这个政治决定来源于对世界大势的深刻认识和把握。20世纪80年代初期，邓小平对世界大势有以下清醒认识，他认为在较长时间内不发生大规模世界战争是有可能的，应当改变原来认为战争危险很迫近的看法。随着世界新科技革命蓬勃发展，经济、科技在世界竞争中的地位日益突出，没有硝烟的战争是世界的主要矛盾，这是我们党可以把工作重心转移到经济建设上来的国际环境。他还认为，经济上的开放，不只是发展中国家的问题，也是发达国家的问题,世界市场如果只在发达国家兜圈子,那很有限度。这是中国可以实行对外开放的国际条件。同时他还认为,在国际垄断资本控制世界经济和市场的情况下,封闭孤立地奋斗竞争不过他们,要靠开放政策打开出路。进入90年代以后,经济全球化加速发展,经济和综合国力的较量日益成为各国竞争的主要方式。我党敏锐洞察这一世界大势的变化,党的十五大报告首次提到了"经济、科技全球化趋势"。随后党的领导人指出,经济全球化是社会生产力和科学技术发展的客观要求和必然结果,有利于促进资本、技术、知识等生产要素在全球范围内的优化配置,是世界经济新的发展机遇,我国应当顺应潮流、趋利避害。[①] 这就为我国继续扩大开放,发展开放型经济提供了新的认识依据。因此可以说,对外开放的政治决定是中国开放型经济理论形成的政治基础和前提。

同时,中国开放型经济理论的形成过程是问题导向、实践导向的,它要解决当前和未来一个时期干什么,怎么干的问题,因此它是一个动态发展、补充和完善的过程。这与西方经济学理论以解释和验证过去发生的事情有很大不同。粗略划分,改革开放以来,我国开放型经济经历了三个发展阶段,开放型经济理论也经历了与时俱进的三个发展时期。20世纪整个80年代至90年代中期是我国开放型经济的初步发展时期,也是开放型经济理念的开始酝酿时期。这个时期的主要任务是,不断深化外贸、外汇体制改革,发展对外贸易,特别是货物出口贸易,争取更多外汇收入;吸引境外资金和技术,创办"三资企业";创办经济特区并进而完成从沿海开放城市到沿江、沿边的对外开放的空间布局。

1994年中国对外贸易总额迈上了两千亿美元大关,更重要的是,通过外贸体制改革的深化和出口导向型外商投资企业的成长,我国出口贸易的比较优势已经形成,并能够连续创造贸易顺差。到

---

① 江泽民:《在2000年亚太经合组织工商界领导人峰会午餐会上的演讲》(2000年11月15日),《人民日报》(海外版)2000年11月16日。

1990年，我国出口商品结构中，工业制成品比重已达到80%，1995年，我国机电产品的出口比重上升到29.5%，开始大幅度超过纺织品和服装的比重，首次成为中国出口的第一大类商品；在1990—1994年间，外贸企业第二轮的承包经营责任制已经完成，对外贸企业的财政补贴已基本取消，外贸企业已基本成为市场主体，人民币汇率改革进入新的阶段，外汇调剂市场已演进为全国的银行间外汇市场，原先的双重汇率已变为单一汇率。外商投资企业的出口导向特征已基本形成。

表1　　　　　　1990—1994年中国对外贸易（货物）情况

（单位：亿美元）

年份	出口	进口	差额	外资企业出口	比重（%）
1990	620.9	533.5	87.5	78.13	12.6
1991	719.1	637.9	81.2	120.47	16.77
1992	849.4	805.9	43.5	173.6	20.44
1993	917.4	1039.6	-122.2	252.4	27.5
1994	1210.1	1156.1	53.9	347.13	28.7

资料来源：《海关统计》《中国统计年鉴》各有关年份。

从20世纪90年代中期至2007年党的十七大召开前的十多年间，是我国开放型经济加速发展时期，开放型经济这一理念不断被充实、被赋予新的内涵。这个时期的主要任务是，除了继续发展对外贸易和利用外资外，重点是围绕中国恢复关税贸易总协定缔约国地位和加入世界贸易组织，开展了深化对外经济贸易体制改革和贸易自由化的新举措，以便更深入参与经济全球化的进程。这个时期，适应全球多边贸易体制的建立的要求，发展服务贸易以及要求在利用两个市场、两种资源方面有新的突破，从而把实施"走出去"战略等新的重大实践课题引入了开放型经济的理念之中。

这个时期，中国全面履行加入世界贸易组织的承诺，平均关税水平从2001年的15.3%降低至2006年的9.9%；取消了进口非关税壁垒，全面放开了对外贸易经营权。2004年4月新修订的《对外贸易法》明确将外贸经营权获得改为登记制，并删除了关于经营资格条件的要求。这个时期中国的外经贸法律法规与WTO基本规则接轨，为提高贸易政策的透明度，中国政府制定、修订、废止了近3000余件法律、行政法规和部门规章（陈德铭，2008）。在服务业开放中，中国承诺开放100个服务业领域，占WTO分类的服务部门的62.5%，已经全面履行承诺的有证券、建筑、旅游、教育、商业服务业等12个行业。同时，加大了知识产权保护的力度。可见这个时期"开放型经济"这一理念已经从刻画经济活动形式深入刻画与世界经济接轨的制度、体制形式。

这个时期，开放型经济的硬实力迅速增强。1996年我国货物进出口总额仅为2900亿美元，2001年跃升为5096亿美元，2004年攀上1.15万亿美元，2006年达到1.76万亿美元，这10年间年年贸易顺差，2005年贸易顺差超千亿美元，2006年则达到1775亿美元。在吸收外商投资方面，1996年我国吸收外商直接投资达到548亿美元，之后连年保持在500亿—600亿美元，2006年达到670亿美元。随着服务业开放的扩大，服务贸易发展迅速，1996年我国服务贸易进出口总额仅为430亿美元，2006年增长到1917亿美元，其中进口额从206亿美元增长到1003亿美元。中国企业对外直接投资从2003年的28.5亿美元跃升为2006年的211亿美元。这个时期，硬实力和软实力都为开放型经济理论的形成提供了必要的准备。

第三个时期是从2007年至今，党的十七大报告提出"完善内外联动、互利共赢、安全高效的开放型经济体系"，标志着中国特色开放型经济理论基本形成。2008年后发生了由美国次贷危机引发的国际金融经济危机，世界经济进入衰退、恢复和调整时期，经济全球化面临新的形势，我国的开放型经济不仅面临要培育参与国际经济竞争和合作新优势的挑战，同时又面临更深入参与全球经济治理的新机遇,这就对开放型经济的内涵以及提法提出了修改、充实和完善的进一步要求。党的十八大报告修改了开放型经济体系的三个定语的位置和提法,党的十八届三中全会提出了"构建开放型经济新体制"、党的十八届五中全会提出发展更高层次的开放型经济,完善互利共赢开放战略,这些都是在新形势下对开放型经济理论的补充和完善。

(二)与时俱进、大胆创新

对马克思主义理论的创新发展贯穿于中国特色社会主义现代化建设的各个时期。早在 1992 年,江泽民在党的十四大报告中就指出过我党对马克思主义政治经济学的新发展:"党的十二届三中全会通过了关于经济体制改革的决定,这个决定提出我国社会主义经济是公有制基础上的有计划商品经济,突破把计划经济同商品经济对立起来的传统观念,是对马克思主义政治经济学的新发展。"在我国对外开放实践中产生的开放型经济理论在哪些方面对马克思主义理论有创新发展呢?

第一个理论创新是对马克思世界市场理论的创新。恩格斯认为,世界市场的产生和发展是资本主义生产方式的历史使命,"大工业便把世界各国人民互相联系起来,把所有地方性的小市场联合成为一个世界市场,到处为文明和进步做好了准备,使各文明国家里发生的一切必然影响到其余各国"[1]。因此,资本主义生产方式创造的是一个统一的世界市场。这是马克思在未曾预料到社会主义革命将在少数国家取得成功条件下的判断。列宁分析了世界资本主义生产方式的内在矛盾,指出这个统一的世界市场的不平衡性、不稳定性和不可持续性,预言了少数国家率先实行社会主义革命的前途。[2] 苏联社会主义革命成功后,斯大林认为这个统一的世界市场

---

[1] 《共产主义原理》,载《马克思恩格斯全集》第 4 卷,人民出版社 1958 年版,第 361—362 页。

[2] 《帝国主义是资本主义发展的最高阶段》第 22 卷,载《列宁全集》,人民出版社 1958 年版。

瓦解了，取而代之的是两个平行的世界市场，或两个对立的世界市场——资本主义世界市场和社会主义世界市场。① 我国的开放型经济理论，突破了斯大林两个平行和对立的世界市场的理论。我们说的两个市场，是指国内国外两个市场，主要是按照不同主权国家利益和经济制度划分的市场，而不是按照政治制度和意识形态特征划分的市场；而且，这两个市场不是对立的，而是相互影响、相互渗透的，从而融合形成习近平总书记提出的"开放型世界经济"。我们需要充分利用两个市场和两种资源。

第二个理论创新是对马克思国际分工理论的创新。马克思认为，在一个统一的资本主义世界市场体系中，少数工业国家利用技术优势，形成对生产条件的垄断，扩大与落后国家的差距，将落后国家长期固定于不利的国际分工地位。② 在第二次世界大战之前，这确实是国际分工体系的真实写照。第二次世界大战以后，围绕这种分工格局，出现过"中心—外围"说、"比较优势陷阱"等理论，但是随着科学技术的发展和国际分工的深化，类似"亚洲四小龙"这样的新兴经济体脱颖而出，原有的国际分工格局被打破，世界呈现多极化发展趋势，国际分工理论滞后于实践的发展，暴露了局限性。中国的开放型经济理论顺应和总结了世界经济新的发展趋势，不仅提出了"发挥我国比较优势"，积极参与国际分工，大力发展对外经济贸易活动的主张，而且提出了攀升全球价值链新台阶的战略目标，提出了"培育参与国际经济竞争与合作新优势"的新要求，成为马克思主义国际分工理论创造性运用的典范。

第三个理论创新是对毛泽东三个世界划分理论的创新。20世纪70年代初期，针对苏联霸权主义的威胁，毛泽东提出了三个世界划分的重大理论观点，而且搞了"一条线"的战略，既与日本、

---

① 斯大林：《苏联社会主义经济问题》（中译本），人民出版社1979年版，第23页。
② 《关于自由贸易的演说》（1848年1月9日发表于布鲁塞尔民主协会的公众大会上），《马克思恩格斯全集》第4卷，人民出版社1958年版，第444—459页。

欧洲和美国结成统一战线以应对苏联霸权主义的主要矛盾。① 在这个理论指导下,中国的外交斗争更加积极主动,对外经济贸易关系也有了恢复和发展,1975年在邓小平实行整顿工作的当年,中国进出口总额达到147.5亿美元,创新中国成立以来最高水平,而且1970年以来的5年间年平均增长速度高达26.3%。特别是恢复了我国在联合国的合法席位,中日、中美建交,有效缓解了苏联霸权主义的威胁;西沙群岛自卫反击战和中越边境自卫反击战,捍卫了中国领海、领土安全,并为1979年我党工作重点转移以及与西方国家经贸关系的新突破都奠定了有力基础。可以说,三个世界划分的理论堪称当时马克思主义政治经济学的杰作,尤其是在政治战略上划清了敌、我、友的界限,具有极强的动员力量和巨大杀伤力。进入新的时期,特别是"冷战"结束以后,如何在对外开放新形势下回答"谁是我们、谁是合作伙伴、谁是敌人"这一国际政治经济学的最大问题,摆在了新一代领导人的面前。邓小平提出了对外开放是向西方发达国家、苏联东欧国家、第三世界发展中国家全方位开放的主张;同时又一再重申中国坚持独立自主、自力更生的立场不变、坚持反对一切侵略和霸权主义的立场不变、坚持用和平共处五项原则处理国际关系的立场不变、坚持建立国际经济新秩序的立场不变。② 邓小平的思想突破了传统战略思维,为新形势下我们反对什么找到了战略方向。1992年江泽民分析了世界多极化趋势,"大国关系不断调整,多个力量中心正在形成。广大发展中国家总体实力增强,地位上升,成为国际舞台上不容轻视的一支重要力量。世界多极化格局的形成尽管还是一个长期的过程,但这种趋

---

① 《在军委扩大会议上的讲话》(1958年6月4日),载《邓小平文选》第3卷,人民出版社1993年版,第127页。
② 《军队要服从整个国家建设大局》(1984年11月1日)、《中国共产党第十二次全国代表大会开幕词》(1982年9月1日)、《在中华人民共和国成立三十五周年庆祝典礼上的讲话》(1984年10月1日)、《以和平共处五项原则为准则建立国际新秩序》(1988年12月21日),载《邓小平文选》第3卷,人民出版社1993年版,第98—99、3、70、281—283页。

势已成为不可阻挡的历史潮流"①。这个分析指明了中国在经济全球化趋势中的历史方位,以及中国与新兴力量的关系。胡锦涛指出,在世界多极化和经济全球化深入发展中,必须建立和谐世界,致力于全球经济和谐发展,"各国应该重视并采取有效措施推动经济全球化朝着均衡、普惠、共赢的方向发展,努力缓解发展不平衡问题""努力建立开放、公平、规范的多边贸易体制,实现优势互补、互利共赢,使所有国家都从中受益"②。这个声明反映了我国参与经济全球化的价值观和目标追求。习近平根据世界经济深度调整和我国开放型经济深入发展的新形势,提出了"一带一路"建设的新理念,这既是我国扩大开放的行动纲领,又是扩大开放的理论指引,成为我党继三个世界划分理论脉络后的又一个新的理论创新成果。"一带一路"建设理念,继承了邓小平在对外开放形势下的战略新思维,从江泽民、胡锦涛的分析和声明中获取了更高层面的理性认识来源;既具有想象和憧憬,又具有行动感;既具备地缘政治经济学的主要特征,又具备具体的战略思维逻辑,回答了"谁是我们"(基于"一带一路"沿线60多个国家)、"谁是伙伴"(不限于"一带一路"沿线的所有经济体)、"谁是敌人"(霸权主义、发展不平衡、不公正和不合理的国际经济政治秩序,以及一切威胁人类安全与和平发展的行为),从而也更具有广泛的号召力和影响力。这个理论观点的创新,使开放型经济理论更加丰满。

　　需要补充的是,我国开放型经济理论的形成,离不开广大理论工作者的参与和宣传。在我国对外开放的历史进程中,广大理论工作者积极投入理论研究和宣传工作,发表了难以数计的理论文章和著作,如果以研究方向加以归类,这些研究成果有的是追踪国家对外开放进程中的体制、政策与发展问题,如中国对外贸易体制改革

---

　　① 江泽民:《关于建立社会主义的新经济体制》(1992年在中央党校省部级干部进修班上的讲话),载江泽民《论社会主义市场经济》,中央文献出版社2006年版。
　　② 胡锦涛:《促进中东和平建设和谐世界——在沙特阿拉伯王国协商会议的演讲》(2006年4月23日),《人民日报》2006年4月24日。

研究、中国对外贸易政策研究、中国对外贸易发展战略研究、特区经济研究、加工贸易研究、利用外资研究、中国企业对外投资研究、中国"复关"与"入世"研究、人民币汇率研究等；有的是追踪中国参与国际经济合作方面的研究，如经济全球化和区域经济合作，中国建立和发展自由贸易区的研究；有的是追踪大陆与中国香港、中国澳门、中国台湾地区发展经济贸易关系的研究；有的是追踪中国与国际规则接轨问题的研究，如对多边贸易体制问题的研究，对知识产权、贸易救济、纠纷仲裁等问题的研究，包括对贸易新规则对我国影响的研究等；不少研究也致力于进行介绍和解释当代西方主流经济学关于国际经贸方面的理论；更值得一提的是也有不少研究继续对马克思主义国际经济学理论进行了回顾和新的解释（薛荣久，2008）。毫无疑问，这些研究对开放型经济理论的建设和发展，都起到了添砖加瓦的作用。

总而言之，我党创立的中国特色开放型经济理论之树遗传了马克思主义优化培育的基因，深深扎根于我国亿万人民的对外开放的伟大实践，经过广大理论工作者的辛勤浇灌，日益枝繁叶茂，如今它已经成长为参天大树。

三 中国特色开放型经济理论框架及主要研究内容

根据党的十八大、十八届三中、五中全会精神，中国特色开放型经济理论框架可以简要概括为：

完善互利共赢、多元平衡、安全高效的开放型经济体系；

构建开放型经济新体制；

培育参与和引领国际经济合作竞争新优势；

完善对外开放战略布局；

积极参与全球经济治理和公共产品供给。

（一）互利共赢、多元平衡、安全高效的开放型经济体系

既然是一个经济体系，它就应当具有立体形象，那么可以勾勒

为下面的一个分析框架（裴长洪，2013）。

1. 开放活动的内容（即开放的部门和领域）：（1）商品流动：物质的生产和贸易；（2）要素流动：资本和技术交易，吸收国际直接投资和中国企业对外投资；（3）服务流动：服务和信息的可贸易性（服务贸易的四种形式）。

2. 开放活动的场所（即开放的空间布局）：（1）沿海与开放城市（优惠政策的先期效应）；（2）内陆与沿江城市（市场准入的差别）；（3）边境地区（市场准入的差别）。

3. 开放活动主体之间的契约关系：（1）双边经贸关系；（2）多边经贸关系；（3）区域合作关系（上海合作组织、APEC等）；（4）区域经济一体化（自由贸易区）。

互利共赢，是这个开放型经济体系的第一个属性。西方发达国家可以说都是开放型经济体系，而且就目前的开放水平看也都比我国更开放。如果我们只是朝着继续扩大开放方向与它们看齐，那我们与它们就没有区别，充其量不过是后来追上来的一个发达国家，富国俱乐部增加一个成员而已，那我们说的中国特色开放型经济就没有社会主义的特点，在世界上发展中国家中就缺乏亲和力，所以我们强调互利共赢。怎么能实现互利共赢呢？首先当然要研究的是中国自己市场的开放。货物与服务市场的开放都是贸易伙伴关切的问题，除了关税和非关税壁垒外，还要研究市场的公平竞争，哪些因素妨碍了公平竞争，实现哪些改革才能真正做到让我们的贸易伙伴公平分享中国巨大市场的利益。其次要研究中国企业对外投资活动的福利效应。对东道国的就业、贸易创造以及税收产生了什么结果。如果只对自己有利，而对东道国贡献甚少，那就可能产生"新殖民主义"的曲解。最后要研究贸易的国际规则对不同国家的影响，公平合理的国际经济秩序对国际规则制定有哪些要求。最早西方发达国家鼓吹贸易投资自由化，说自由贸易的中性规则（或竞争中立）可以使交易双方都有利。在加入世界贸易组织谈判中，党和国家审时度势、勇对挑战、有保留地接受了这个说法和人家制定的商业规则，并努力使自己适应和运用规则，创造条件使自己在交易中获取相应利益，但这是需要付出代价的，而且也不是每个发展中经济体都能够像我们这样做到的。因此所谓的"中性规则"其实并非完全公平合理。现在我们已经成长为贸易投资大国，而且有条件接过贸易投资自由化的旗号去与西方发达国家交涉自己应得的利益，对发达国家而言，贸易投资自由化也好，中性规则也罢，在一定程度上已经成为我们的武器。但是，如果我们今天拿着这些说辞去对第三世界的穷国说，就有英雄欺人的嫌疑了。在发达国家面前，我们需要研究如何加强在规则制定中的能力，同时研究如何让这些规则照顾不发达国家的利益。在发展中国家面前，我们需要研究"南南合作"中对双方都有真实利益的商业规则。

多元平衡，是这个开放型经济体系的第二个属性。我理解的多元平衡，主要是三方面的平衡。首先是中国经济的内在性与外部条件的平衡，集中表现为内外需的平衡。这关系到中国经济的发展战略。中国作为大国，发展经济只能以内需为主，根据过去我主持的商务部委托的课题"中国内外需协调发展研究"的计算，即便在1978—2008年这30年间，外需在中国经济总需求中的比重不超过15%，所谓中国经济依靠外需增长的说法并无研究依据，2008年国际金融危机以后这个比重大幅度下降。那么讲平衡究竟又如何量化？通常外需指的是商品和服务的净出口，由国际收支平衡表中的经常项目反映。但是随着我国金融开放和人民币跨境交易结算的发展，境内外资金流动比过去自由和频繁，外汇进出和收支经常是由于境内外人民币汇差和利差所导致，并非真实贸易投资活动的记录。这就给我们依据国际收支来计算外需的数量带来了困难和误差。如何克服这个技术困难并给出内外需求平衡的量化概念，是研究要克服的难点。其次是与贸易伙伴利益关系的平衡，集中体现为进出口贸易平衡以及资本进出流动的平衡。其衡量标准不仅要看国际收支，还要看贸易投资活动的互补性以及双方社会福祉的增进。最后是国内深化改革与营商活动规则日益国际化之间的平衡。在我国社会主义市场经济体制继续完善中，仍然存在着不少不适应国际化发展趋势的体制性矛盾，无疑需要改革，但这些改革内容都具有复杂性和牵连广的特点，而不少国际规则和国际合作范式也处在或即将变革之中，因此要讲求两者之间的平衡，讲究顶层设计和试验先行，否则将导致进退失据、宽严皆失。所谓统筹国内国际两个大局，也包含这方面的内容。

安全高效，是这个开放型经济体系的第三个属性。资本主义经济危机是资本主义生产方式不可克服的内在矛盾，资本主义世界的经济金融危机从来就没有间断过。因此我们一方面要大胆开放，利用国外市场和资源，另一方面要防范危机对我们的冲击。防范经济金融风险是我国开放型经济体系必须具备的安全阀。因此要研究这个安全阀的设计、制造、安装、监测以及运行管理。所谓高效，是要求这个开放型经济体系的运行成本最低化、效率最大化。因此要研究是什么因素导致成本高、效率低。一般而言，体制障碍导致制度的交易成本高、效率低；机制障碍导致管理成本高、效率低；技术障碍导致操作成本高、效率低。例如，推进贸易便利化，关税和非关税措施是主要的体制障碍，降低成本和提高效率的改革空间主要在这里；海关和口岸管理的各个部门，政出多门和不协调是主要的工作机制障碍，降低成本和提高效率的空间主要是整合这些管理规则和管理工作，实行"单一窗口"的改革试验；港口和码头作业的设施、技术落后会形成贸易便利化的技术障碍，降低成本和提高效率的空间就是实现港口和码头建设的信息化、现代化。

（二）构建开放型经济新体制

这个新体制主要包括六方面特征：

第一是建立与服务业扩大开放相适应的新体制和新机制。由于我国服务业开放程度还不够，因此要促进服务业开放潜力的释放。关于我国产业开放度的研究已经有不少文献，但是承诺开放与实际开放的差别需要在研究中加以区别。承诺开放可以从中国在多边贸易体系或各种区域合作的议定书和协议中找到，但这不等于实际开放,还需要从服务业吸收外资的数量和结构中,服务贸易发展的数量和结构中,以及在国际比较中发现需要改进的空间。

第二是建立适应多种形式贸易投资自由化的新体制和机制。这包括:改革对外投资管理体制,增强投资主体权利。因此,要研究进一步完善对外投资管理体制:(1)扩大备案制的适用范围。(2)建立核准制的"负面清单"管理模式。逐步向审批事项的"负面清单"管理迈进,做到审批清单之外的事项,均由社会主体依法自行决定。

以多边贸易体制为出发点,以区域自贸区建设为重点突破。因此要研究加速区域自贸区谈判,升级现有区域自贸区;要研究可能增加哪些国际贸易新规则、新议题的谈判,如何建设面向未来的高标准自由贸易区,以应对美国 TPP 酝酿的国际贸易新规则。要追踪研究上海、天津、广东、福建自由贸易试验区的进展并总结其成功的可复制、可推广的经验,在其他条件具备的地方大力复制和建设类似的自由贸易园(港)区。要研究中美、中欧投资协定、美国 TPP 谈判内容及其协定文本,既为参与国际新规则制定提供借鉴,也为我国自贸区升级版建设提供参考。同时,要研究美国 TPP 谈判内容及其协定文本对我国的实际影响,以及我国如何应对。

第三是建立具有战略纵深和双边、区域合作广泛利益共同体支撑的开放型经济新体制。我国发展的不平衡,主要体现为区域发展的不平衡;开放程度的不协调,更多体现为内陆沿边和沿海开放的不协调。内陆沿边开放是我国新一轮对外开放的主要潜力所在,是拓展开放型经济广度和深度的关键所在。因此要研究内陆与沿边扩大开放的体制机制建设。

要研究如何通过"一带一路"建设,在拓展经济发展战略空间的同时,因地制宜、因国施策,发展双边、诸边、区域、次区域经济合作,构建广泛的利益共同体,增强我国开放体制的国际支撑力。

第四是逐步培育具有与海洋强国相适应的新体制、新机制。我国全方位的开放型经济离不开海洋资源开发和海洋经济合作,我国开发海洋资源和发展海洋经济刚刚起步,未来潜力很大。新的体制机制建设应当有超前意识，要研究如何建立有利于提高我国海洋资源开发能力，同时又能够有效保护海洋生态环境的体制机制；如何发展海洋装备制造业和海洋工程设施产业，使我国海洋工业从只会造船迈上更高的台阶；海洋的服务产业从在岸贸易和运输向转口贸易、离岸贸易基地，向海洋科研教学、科研实习基地，以及向海洋勘探、检测的服务基地方向提升转变。要研究什么是"海洋强国"，发展海洋经济与发展海洋强国的关系，我国成为"海洋强国"的路线图和时间表。

第五是具有法治化、国际化的营商环境。重点是研究如何进行法律、法规的修订和重建。要研究"国际化"的坐标是什么，它是静态的还是动态的过程，我们的建章立规工程如何适应动态化的国际规则。要研究塑造新的营商环境的主要内容，在不依靠优惠政策体现的条件下，优良的营商环境需要哪些条件和努力，建设法治化、国际化营商环境的主要措施。

第六是政府管理方式的转变。要研究贸易便利化改革涉及的有关问题，如海关等各监管部门的协调，以及如何简化程序提高效率；要研究投融资改革，如何适应准入前国民待遇和实行负面清单管理，从重事前审批转为重事中事后监管；要研究服务产品市场化所涉及的问题，如市场构建、价格改革以及市场监督管理等问题；要研究人员流动以及劳动力市场管理改革、境外人员居留等一系列管理改革；要研究信息沟通所涉及的网络、移动互联等领域扩大开放后所面临的管理工作的转变和完善。

（三）培育参与和引领国际经济合作竞争新优势

改革开放 40 年来，我国在发展对外经济贸易活动中，主要依靠的是廉价劳动力供给的要素禀赋优势，在国际经济竞争中主要以价格低廉取胜，这使我国许多中低端产品在国际市场中赢得较高的份额。随着我国人口和劳动力供给形势的变化，原来廉价劳动力供给的优势已经并继续弱化，未来在向更高层次的开放型经济发展进程中，应当培育哪些新的潜在的优势呢，概括起来有以下几方面。

第一是新的比较优势。随着我国产业的技术进步和资本有机构成的提高，以及资本要素价格均等化趋势的作用，我国部分产业中资本和技术密集的比较优势正在形成，如高铁设备和一些基础设施装备，这些产品将成为我国有国际竞争力的产品；随着我国教育和职业技术教育的发展，新一代劳动者的文化教育水平已经明显提高，相对低廉的人力资本将成为我国新的劳动要素禀赋优势，进而成为一些新产业和新产品在国际市场有竞争力的产品。

第二是"走出去"形成的价值链、供应链优势。随着我国企业境外投资的发展，不仅布局国际生产，而且形成国际营销网络，形成由我国企业自主的价值链和供应链网络，这将使我国经济利用两个市场、两种资源的国际竞争力大大增强。

第三是国内市场优势。2014年我国货物贸易进口额达到1.96万亿美元，向全世界提供了1/10以上的货物市场份额，服务进口达到3835亿美元，提供了7.9%的世界市场份额。这样庞大的贸易规模必然吸引全世界投资者的关注和青睐，必然对我国在全球资源配置中主动作为提供有利因素和必要条件。

第四是体制优势。如何使我国社会主义市场经济体制成为参与国际经济合作与竞争的优势要素，是一个需要研究的课题。尽管现阶段我国社会主义市场经济体制还不完善，但它继续完善和与时俱进的更新动力很强，自我发展能力也很强；而国际经济领域中的规则和制度规范也是一个不断发展和变化的过程。在某种意义上说，除个别超级大国，相当多发达国家一旦适应原来的国际规则，它要比发展中国家更不适应需要不断变化的国际规则，特别是不适应世界多极化发展趋势影响下的国际规则变化。而我国的社会主义市场经济体制的更新和发展能力恰恰具备这种适应国际经贸环境变化的优势。而且，我国的社会主义市场经济体制，不仅强调"有效的市场"，而且也强调"有为的政府"，从而使我国经济体制的竞争力得到更有力的保障。

第五是提供国际公共产品能力的优势。我国正在培育参与制定国际规则的能力，并已经在国际经济领域开始发起新倡议、新议题和新行动。这标志着我国开始培育自己生产和提供全球公共品的能力。随着我国硬实力和软实力的增长，提供国际公共产品能力必然逐步增强，这种优势也必然不断发展。

（四）完善对外开放战略布局

第一是完善对外开放的区域布局。要研究什么是"各有侧重的对外开放基地"，我国各个区域对外开放的起点不同，时间也有早晚，当地经济发展水平对开放型经济的形成和发展也有很大影响，因此不同区域的外向型产业集群建设也必然有其各自的特点，应当总结不同类型的发展路径。在沿海发达地区，应当研究如何建设"具有全球影响力的先进制造基地和经济区"。这包括，战略性新兴产业的培育和发展，原有制造业的转型和升级。同时要研究在产业转移中形成沿海与内地互连互补的专业分工关系，以空间延续廉价劳动要素的优势。中西部地区将会更多承接劳动密集型产业，但是不应该重复沿海地区早期工业化的模式。应当在沿海向内地的产业转移中，保持沿海与内地的专业分工联系，建立互补的产业体系，形成沿海与内地优势互补，沿海与内地紧密结合的供应链体系，在国际经济竞争中发挥中国大国的综合竞争优势。

第二是完善对外贸易布局。核心是要研究如何从贸易大国迈向贸易强国。贸易强国是一个历史的、动态的概念，不同时代它都有特定的时代内涵，体现这些内涵的国家也不同，既没有"日不落帝国"，也没有在所有商品和服务领域的"全能冠军"。一般来讲，资源和要素禀赋、科学技术的应用以及贸易的支持条件（如运输、国内产业与贸易政策）是一国或经济体经贸发展强弱水平的三个最重要因素。根据当代发达国家的经验，所谓贸易强国的主要标准是：在商品与服务的生产中利用已有比较优势和培育新优势的能力；在全球范围内配置资源的能力，一国境内的生产能力不等于国际的交换能力，国际的交换能力往往还取决于跨国生产能力、国际运输能力、国际营销能力等；本国货币在世界的流通能力，国际交换中商品和服务的定价权不仅来自一国商品和服务的贸易量,而且还来自该国货币在世界的流通能力;国际交换中的商品与服务的技术标准制定能力;全球或国际交易规则的制定能力,技术标准和国际交易规则,都是一种公共品。能够生产和提供这类公共品的国家,一般都是贸易强国。

第三是完善投资布局。要研究在经济新常态下如何更好利用外商直接投资,未来提高利用外资水平的导向是什么。"三个有利于"是未来完善我国吸收外商投资的基本导向,即有利于构建开放型经济的新体制;有利于促进我国经济结构调整和产业升级;有利于培育我国经济新的国际竞争力。其政策取向是:继续扩大服务业吸收外商投资,逐步开放教育、医疗、健康、养老、文化、各类中介服务等领域的外商投资;着力吸引具有先进制造业技术、工艺、管理优势的外商投资。

同时还要研究如何提高企业"走出去"的水平。按照党的十八届五中全会《中共中央关于制定国民经济和社会发展第十三个五年规划的建议》的要求,未来如何建设一批大宗商品境外生产基地,培育一批跨国企业。如何积极搭建国际产能和装备制造合作金融服务平台,形成中国企业自主的跨国生产经营网络。要进一步研究如何确立互利共赢和促进国内经济结构调整、产业升级的立足点作为中国企业对外投资的指导方针,以建设自主国际化生产经营网络作为战略目标,来规划企业海外投资并建立与此相关的服务促进体系的思路,并使之落到实处。政策研究的课题是,如何鼓励制造业领域的投资,鼓励多采取绿地投资方式,在服务体系建设中,要研究针对民营企业的弱点和不足,提供更多有针对性的、有效率的服务。同时要研究如何改善中国企业对外投资和经营的统计、税收以及绩效考核等方面的管理。

(五)积极参与全球经济治理和公共产品供给

全球经济治理就是生产和提供一种全球公共品。国际公共产品,第一类是各种技术标准和国际商业规则,包括多边的国际规则和区域的国际规则。第二类是主权经济体为国际规则提供运行载体和平台所提供的成本，还包括为特殊国际经济问题提供的援助，这些都属于全球或国际性的公共品。这种公共品的供给与供给能力有关，供给能力取决于经济硬实力，也取决于文化软实力。硬实力以经济、金融、科技和重要资源为后盾，软实力则需要话语权以及自身的体制、机制的优势（裴长洪，2014）。为此要研究我国如何增强国际性公共产品的供给能力，从而更有效地参与全球经济治理。特别是要研究如何增强我们的文化软实力，一方面如何使我国的社会主义市场经济体制更具备与国际商业规则接轨的灵活性，另一方面如何使我们在国际交易中的话语体系更具有影响力，即能够把我们的故事讲得更动听，更有亲和力。

还要研究我国参与全球经济治理的策略。2015年美国主导的《跨太平洋伙伴关系协定》（TPP）已经出笼，尽管这个协定的生效至少还需要两年时间，但它试图重新书写未来国际经济贸易规则的基本框架已经成型面世，需要我们认真研究对待。可以预料在一个时期内，美国试图把中国排除在外，我们的应对策略就是实施"一带一路"建设和面向全球的更高标准的自由贸易区网络，以更加积极主动融入世界经济的实际行动来打破孤立我国的企图。这就是毛泽东军事思想中"你打你的、我打我的"策略的新运用和新实践。

四 对西方主流经济学的借鉴和扬弃

怎样对待西方经济学，是建设中国特色社会主义政治经济学必须回答的问题。西方主流经济学与马克思主义经济学的根本区别在于立场和认识论的分歧。前者维护资本主义生产方式及其经济制度，其认识论是唯心主义的先验论；马克思主义经济学揭示资本主义生产方式的内在矛盾以及其必然灭亡，必然为社会主义经济制度取代的发展规律，而中国特色社会主义政治经济学揭示在中国建设社会主义经济的发展规律，其认识论是辩证唯物主义的实践论。当然，西方经济学在其发展的几百年间，也提出了不少反映社会化大生产规律以及经济发展规律的观点和认识，采用了包括统计学、高等数学以及数学模型等现代方法来描述经济活动，建立了适应这种"精确化"研究的分析框架和研究范式，形成了一套比较成熟的话语体系，加上西方国家的文化软实力，特别是美国在世界上的霸权地位，使这一套经济学学术体系风靡全球。中国经济学研究在西方经济学学术体系的强烈影响之下，要想走出一条反映中国特色社会主义经济发展规律的、中国风格和中国气派的理论发展道路，确实任重道远。

在对外经济关系领域，西方学者把各种经济学流派中有关对外经济和世界经济的分析和理论拼凑为"国际经济学"，并作为大学教科书和知识体系广为传播，目前我国高校中广泛使用的《国际经济学》教材基本上是这种知识体系的介绍和解读。其中，有反映古典经济学的比较优势理论、要素禀赋理论以及该流派的后来继承者产品生命周期理论、规模经济和不安全竞争理论，以及国际直接投资理论等；有反映新古典经济学的世界市场均衡理论、汇率理论、国际收支理论等；有反映把各种经济学流派（包括凯恩斯经济学和新自由主义）加以综合的理论内容，如贸易政策、关税同盟、区域经济一体化、经济全球化和国际经济政策协调等。从中国改革开放的实践来看，这个体系中可以启发我们思考的内容不少，而且有些概念也为我们所借鉴和吸收，如"比较优势"和"经济全球化"等，但总体来看，可以用来解释中国对外开放发展的理论则很有限，可以把它作为指导我们实践的理论则几乎没有。在我们的政策语言中，与这个知识体系有关且使用频率最高的是"比较优势"，但我们政策语言中的"比较优势"与李嘉图的"比较优势"理论也是不同的，后者说的是两个国家、在两种相同产品的生产中，都不具备生产率优势的一国可以选择劣势较少的某一产品来开展国际贸易，赢得专业分工的利益。而我们讲"比较优势"，首先是一种工作状态和动员，也包括发现"绝对优势"（你无我有)、要素禀赋优势（你少我多），还包括创造竞争优势（你有我优、我廉）。所以，我们讲"比较优势"，已经是一种演绎和发挥。再如，贸易投资自由化、经济全球化这些理论概念，在西方经济学教科书中，虽然有解释经济发展和世界经济发展趋势的一面，但它是不讲独立自主、自力更生的，它只讲让渡国家主权；它也只讲贸易投资自由化、经济全球化对各国经济福利的增进，不讲经济金融风险，因此有很大的局限性甚至欺骗性。一旦发现发展中国家参与经济全球化也可以得到好处，原来拼命鼓吹贸易投资自由化和经济全球化的人就会马上提出"去全球化"和"世界经济再平衡"理论，完全暴露了鼓吹这些理论的人的实用主义和机会主义的立场。

在其他国际贸易和国际投资理论中，绝大多数是以西方国家，特别是西欧国家和美国的实践为依据的，例如相互需求理论、产品生命周期理论、规模经济和垄断竞争理论、企业优势、内部化和交易成本理论，等等，都只能解释发达国家贸易和相互投资的发展，而不解释（也不能解释）发展中国家发展贸易投资的经验。涉及发展中国家对外经济问题的成熟理论很少，而且也很陈旧，例如"中心—外围"理论，资金外汇两缺口理论等。

西方国际经济学把新古典经济学的一般均衡理论扩展到世界经济领域，形成的所谓世界市场均衡理论是最缺乏科学性的。它宣扬资本主义经济通过自由市场可以达到均衡，在国内市场上靠价格来调节，在世界市场上靠汇率来调节。因此汇率理论和国际收支理论是西方国际经济学宏观理论的核心。随着西方国家以美元为中心的固定汇率制度的破产，世界市场均衡理论遭到无情讽刺；随后浮动汇率理论登场来修补均衡理论。20世纪80年代美国依据这个理论来压迫日元、西德马克升值；21世纪初又压迫人民币升值，认为这样可以达到世界经济平衡。但事实上却与美国的愿望完全相反，日元和马克升值并没有导致日本对美国贸易顺差的减少，人民币升值也没有使美国贸易逆差下降，这种浮动汇率理论实际上已经破产（见表2、表3）。

表2　美元对西德马克和日元的汇率以及货物贸易差额

年份	西德马克兑美元汇率 （马克/美元）	日元兑美元汇率 （日元/美元）	美国对西德贸易差额 （亿美元）	美国对日本贸易差额（亿美元）
1975	2.460	296.79	4.50	3.715
1976	2.518	296.55	12.60	-40.594
1977	2.322	268.51	-4.266	-76.052
1978	2.009	210.44	-13.612	-104.328
1979	1.833	219.14	-2.513	-61.386
1980	1.818	226.74	23.411	-73.428
1981	2.260	220.54	11.088	-136.082
1982	2.427	249.08	0.381	-123.612
1983	2.553	237.51	-19.259	-185.442
1984	2.846	237.52	-54.622	-335.425
1985	2.944	238.54	-80.655	-405.846
1986	2.171	168.52	-131.681	-525.164
1987	1.797	144.64	-135.950	-530.607
1988	1.756	128.15	-94.377	-479.778
1989	1.880	137.96	-44.732	-457.010
1990	0.826	144.79	-61.038	-382.796

注：汇率数据来自 UNCTAD 数据库。西德和东德在1990年统一，该年德国马克对美元升值比较大。贸易差额由美国对西德或者日本的货物（merchandise trade）出口减去进口得到，负值表示美国的贸易逆差。进出口原始数据来自 IMF 的 Direction of Trade Statistics（DOTS）数据库。

表3　人民币兑美元汇率（元人民币/美元）和中美货物贸易差额

（单位：亿美元）

年份	2003	2004	2005	2006	2007	2008	2009	2010	2011	2012	2013	2014
汇率	827.70	827.68	819.17	797.18	760.40	694.51	683.10	676.95	645.88	631.25	619.32	614.28
顺差	586.13	802.7	1141.7	1442.6	1632.2	1708.6	1433.6	1813.0	2023.4	2189.1	2158.5	2370.4

资料来源：《中国统计年鉴（2015）》第637页，《海关统计》各年。人民币汇率为年平均价。

上述说明，在建设中国特色开放型经济理论中，从西方国际经济学知识体系中能够借鉴的内容并不多，可以直接为我所用的更少，因此中国经济学者应当有这样的使命感和自信心，我们必须走自己的路，创造中国自己的学术体系和理论范式，为此，要解决以下一些认识问题：

首先是要解决立场问题。要建设中国特色开放型经济理论，包括中国特色社会主义政治经济学，首先要热爱中国改革开放的伟大事业，衷心拥护领导这个伟大事业的中国共产党，并积极投身于研究如何把中国的事情办好的研究工作中，而不是把中国的事情看作与自己不相干的事，置身事外，或者只是从事专门挑毛病的研究（一些国外的"中国问题"专家就是专门干这种事情的），那是必定难以承担我们的历史使命的。在一次会议上，有个境外媒体朋友问，为什么中国大陆没有一个真正的经济学家？我回答，我不知道你说的真正的经济学家的标准是什么，但我知道中国改革开放和经济发展的巨大成就举世公认，我还知道，中国大陆的经济学研究者与这个伟大的成就多多少少有些联系，而境外所谓的真正的经济学家却与此无关，那么这种真正的经济学家又有什么意义呢？我的回答赢得全场掌声。我们不能指望依靠西方经济学的理论和西方经济学家来解释和回答中国的问题，这是中国学者自己的事情。要有为国家做事、为人民做事的情怀，才能有所作为。即便是资产阶级的学者要有所建树，也需要有"忧国"情怀。有人把是否有诺贝尔奖看作经济学理论和经济学家被承认的唯一标准，这是片面的。且不说这种评奖有意识形态的偏见，实际上还有国家的硬实力和软实力的背后支撑。诺贝尔经济学奖开始也是被欧洲人，特别是英国人所垄断，美国的崛起使诺奖得主转移到美国，试看未来诺奖花落谁家，可以预言，随着中国硬实力和软实力的上升，中国学者被国际学术社会承认是必然的，中国特色社会主义政治经济学在国际学术舞台占有一席之地也是必然的。

其次是如何建立自己的分析框架和研究范式。当代西方经济学的学术论文是以"精确化"研究为导向，以数量模型为主要分析工具，因此它需要一套与之相匹配的分析框架和研究范式。它既具有进步的一面,也有被滥用的另一面。不仅实证研究采用模型分析方法,连理论表达也常常用模型来演绎和论证。这种研究范式,既产生了不少具有数量化支撑的有学术价值的作品,也制造了大量庸俗和垃圾。我们对此需要区别对待,不可盲目崇拜。许多学术论文并没有什么研究发现,却用了最复杂的数学模型来分析论证最简单并早已为人所知的事实,这种为使用模型而做文章的倾向是一种脱离实际的"洋八股",我们应当坚决反对,并防止谬种流传。我们的研究范式,应当强调以社会主义市场经济建设中发展和改革的重大问题为导向,以提供解决问题的思路为目的,因此要有必要的政策思路的含义,当然也需要对一些专门性的问题做出判断或加强某个判断。一般来讲,重大的理论问题是难以用数学模型来论证和表达的,而应当学习《资本论》《帝国主义论》等经典著作的研究方法,用历史与辩证逻辑相统一的分析方法,用可靠的统计数据来支撑和证明。一些专业性特征十分明显的经济问题,涉及经济社会各领域交叉性较少,即解释变量因素不复杂的问题,在数据可获得的情况下,采用数学模型方法才具有"精确性"研究的前提和条件。所以应当实事求是,因文制宜,既反对无模型不成文的倾向,也反对拒绝使用数学模型的片面性。还需要强调,采用数学模型作为主要分析工具,是以科学的"假设"为前提的,数学模型是用来论证和加强"假设"提出的判断,但是如果没有大量的调查研究和一定数量的统计数据做支撑,怎么能产生科学的"假设"呢?所以,下功夫做调查研究,下功夫收集数据和文献资料,是任何研究方法都无法离开的不二法门。一些年轻的研究者往往不愿意做这种耗时耗力的基础工作,只是从西方文献中找出现成的结论作为自己的"假设",然后借鉴或抄袭一个数学模型,采集一些面板数据,拼凑成一篇论文。作为学习阶段,这样做也无可厚非,但这不是真正的研究,应当从这个幼稚的阶段逐步走向成熟。

最后是如何建立中国学术论文的话语体系。"五四"运动以后的新文化运动,使中国文坛摆脱了以文言文为主导的传统话语体系，产生了现代中国语言的话语体系，它的进步性体现在两个方面，一是更贴近大众生活，二是更有利于吸收外来先进文化。但要处理好这两者的关系，却不是一件容易的事情。新中国成立前在半殖民地、半封建社会背景下，洋教条和食洋不化的文化现象是旧中国殖民地文化的病症，反映到党内，有"党八股"现象的出现，毛泽东同志写的《反对党八股》和《改造我们的学习》就是系统批判了党内的教条主义倾向以及它所表现的话语形式。改革开放以后，我们学习市场经济，引进和使用了许多与市场经济相关的专门词汇、概念和理论。大大丰富了经济学理论、包括国家经济政策的话语表达形式。在这个学习过程中，中国的广大干部、知识分子和群众不仅熟悉了这些新的话语表达形式，有的还向其注入了中国元素，赋予其新的含义，形成外来文化被融合同化的现象，从而形成了中国式的话语体系，使"English"变成了"Chinglish"，经济学研究及其学术论文当然是走在这个学习过程的最前沿。站在最前沿容易产生两种可能性，一是落后于大潮流和人民大众；二是孤立冒进并脱离人民大众。在留学海外热潮逾30年经久不衰以及国家经济建设日新月异的环境下，第一种可能性不容易产生；而第二种危险却较为容易产生。一些人把生硬翻译过来的西方经济学论文的表达方式看作经济学规范的话语体系，把被多数人读不懂的话看作"学术"，认为"学术"只需要少数人看懂和欣赏，多数人看得懂，就不是"学术"了，至少也属于"学术水平不高"。怎样处理"阳春白雪"和"下里巴人"的关系，是中国经济学话语体系要解决的问题。毛泽东在延安文艺座谈会上的讲话精神为我们解决这个问题指明了方向。他说文艺作品要源于生活，又要高于生活。所谓源于生活就是不能脱离生活，不能不接地气。中国经济学的话语体系，也不能脱离多数（这个多数已经有职业范围的限定），如果我们的经济学论文只有极少数人看得懂，连多数经济学研究和教学工作者、多数政府经济工作官员（基本是大学以上文化水平）、多数有文化的企业家和其他知识界人士都看不懂，那还叫"为人民服务"吗？真理是朴素的，往往不需要深奥的语言，而庸俗却需要故弄玄虚来掩饰浅薄。当然，经济学研究又要高于普通的时事新闻，不仅要适当介绍和引进新词汇、新概念和新思想，还要有学养基础和学理逻辑。因此要在多数人读懂基础上提高和不断提高，我们的话语体系应当朝这方面努力。这样说有些人会很不以为然，有人会问，经济学诺奖著作多数人看不懂，难道不是学术吗？是学术不假，但这里不仅有意识形态倾向要考察，也有一个普及与提高的关系问题要审视。拿文艺作品来比喻，《天鹅湖》无疑属于世界文艺精品，但在解放战争期间，我人民解放军指战员是靠看《白毛女》来激发阶级仇恨和奋勇杀敌的，看《天鹅湖》不仅不适宜，而且当时也不具备多数人欣赏的社会经济条件和文化环境。从感染人、激发人的情感的艺术标准和"为人民服务"的政治标准来看，《白毛女》无疑达到了艺术标准和政治标准的统一，是当时我国的艺术精品。同理，今天我们的话语体系，更多的是需要多数人读懂基础上的提高和再提高，这是我们应当提倡和努力的主要方向，当然有少量只有少数人才能读得懂的学术文章和著作，也应当允许存在并参与百花齐放和百家争鸣。但主次不能颠倒。

中国经济学的话语体系除了要坚持多数人读懂基础上的提高和再提高外，还要坚持自己的独立性。我一直以为，中文与英文之间的翻译，有时候是很难表达原意的。例如，物流一词的英文是"logistics"，原意是军队的后勤保障，翻译成"物流"，就容易望文生义，把这个服务业的现代化水平大大埋没了，以至于在实践中走了样。反过来，中文要翻译成英文，有时候也很难，例如"三个代表"怎么翻译？"开放型经济"要是翻译成"openness economy"，还是我们要表达的意思吗？所以，龙就是"long"，翻译成"dragon"，就成了"凶暴怪兽"了。

参考文献

《马克思主义政治经济学概论》编写组：《马克思主义政治经济学概论》，人民出版社 2011 年版。

陈德铭：《中国特色商务发展道路——对外开放 30 年探索》，中国商务出版社 2008 年版。

裴长洪：《全面提高开放型经济水平的理论探讨》，《中国工业经济》2013 年第 4 期。

裴长洪：《全球经济治理、公共品与中国扩大开放》，《经济研究》2014 年第 4 期。

薛荣久：《国际经贸理论通鉴》（下册），对外经济贸易大学出版社 2008 年版。

（原载《经济研究》2016 年第 4 期）

中国特色开放型经济理论的六个基本命题

《中国开放型经济建设40年》一书回顾和总结了中国改革开放以来对外经济贸易领域的发展历程。前五篇分析讨论了对外经济贸易各个领域在发展过程中面临的主要问题及其政策以及所蕴含的相关的理论命题，有史论结合的一些特点。最后一篇是研究和探讨综合性的理论概括问题。我把它定名为"中国特色开放型经济理论"，并对其理论逻辑框架、分析方法和理论内涵作了初步的探讨。由于文字都比较长，论述也不够集中，有意犹未尽之感，所以觉得还需要写一个序来把我对40年中国开放型经济发展的理论思考做一个比较精练的归纳。

长期以来我研究中国对外经济贸易的有关问题都偏向于应用型，虽然也有相关的理论背景，但目的和导向都偏重于政策含义，而且问题比较具体，显得比较碎片化。但是也有好处，毕竟我从中积累了许多从每个具体实践问题中感悟的理性认识。也许这就是从事理论研究的学者的成长道路。用哲学认识论的说法，就是从具体到一般。2010年9月我转岗到偏重于理论研究的经济研究所，这对我的研究是一个新挑战。更直接的触动是，我们已经到了需要进行理论总结的阶段。我长期担任商务部经贸政策咨询委员会成员，接触过陈德铭、高虎城、钟山三任部长，他们曾经说："我找你们开会，话题都是应对眼前的事情，最多谈点战略，什么时候听听你们讲点理论，我们对外开放成就这么大，我们有什么自己的理论吗？"这句话问得我很尴尬。

中国的理论来源于实践。能够拥有最广泛、最深厚的实践依据、并具有最权威和最高层次理性认识的表达必定是党和国家或领袖的重大提法、重要观点和论述。因此在中国社会科学诸多学科的理论研究中，做这种文献研究应当是最先从事的必修课。"开放型经济"这一提法最早出现在党的十四届三中全会决议中，从中共十五大报告开始，党和国家重要文献和领袖论述都一直沿用"开放型经济"的提法来概括经济领域对外开放的实践活动，并且不断重复，到党的十七大、十八大报告，出现了"开放型经济体系"的概念。在这个过程中，它的内容不断被充实和完善，形成了一套中国特色的话语逻辑体系。

我把这一套话语逻辑体系归纳为"六个一"：一个新体系（开放型经济新体系）、一个新体制（开放型经济新体制）、一种新优势（培育国际竞争与合作新优势）、一种新平衡观（开放型世界经济的多元平衡）、一个新的国际经济治理模式（新的国际公共品供给模式）、一个人类命运共同体的价值观（中国与开放型世界经济的利益汇合点和经济全球化新理念）。

当然，这一套话语体系还不是学术意义上的经济学理论，接下来的事情就是我们作为经济学研究工作者的专业任务了。按照经济学的思维逻辑和基本原理，我们需要提炼和归纳这些重大提法或重要观点中所蕴含的大量实践的基本特征，基本规律，从而探寻和挖掘它的理论内涵。我认为这是建构中国自己理论的正确的研究路径。这里需要提一提我们怎么看西方主流的经济学理论。

西方国际贸易理论是比较成熟的经济理论，古典经济学也多涉猎贸易理论。20 世纪 30 年代，英美就有了《国际经济学》（R. F. Harrod，1933）和《国际贸易理论》（Gottfried Haberler，1935）教科书。第二次世界大战以后，随着美国世界霸主地位的确立，美国新古典经济学流派综合了各家理论，集成并完善了用于传道授业的《国际经济学》教科书新版本，最有名的是保罗·克鲁格曼，他的《国际经济学》教科书先后出版了 15 个版本，并且风靡全球。这个体系的微观部分，讲假设在要素自由流动条件下，贸易为什么会发生，解释产业间贸易的有绝对优势理论、比较优势理论；解释产业内贸易的有产品生命周期理论、垄断竞争规模经济理论；以及新贸易理论；解释产品内贸易的有国际竞争力理论、全球价值链理论。客观地说，这个体系的微观部分合理性相对比较强。宏观部分则用一般均衡方法解释世界市场和国际贸易关系，核心是汇率理论和国际货币制度。这部分很有问题。20 世纪 80 年代美国逼迫日元、马克升值，现在说中国操纵汇率，理论依据就在这里。实践证明，这部分理论没有事实依据。国际经贸政策协调部分是凯恩斯学说的运用，从大国政策协调到多边贸易体制、从区域经济一体化到全球经济治理，其核心理论是让渡国家主权和国际公共品供给。

西方这一套理论只说了贸易自由化以后的逻辑和故事，没有说怎么推进和实现贸易自由化，这就与广大发展中国家的理论诉求有很大距离。而中国特色社会主义理论的最优秀品格首先就是实践性，即要能够总结和解释我们的实践，并指导未来实践。实践提出的第一个问题是，我们怎么做才能走向贸易自由化，才能接近理论上的假设条件。我们说我们走的是渐进式改革道路，中国渐进式贸易自由化的路怎么走，其基本实践、基本规律和基本经验是什么？这只有中国人自己去回答，所以中国的理论建构实际上是前无古人的，不应当让洋八股束缚我们的头脑。

所谓"一个新体系"，即开放型经济新体系，其理论内涵实际就是探讨中国渐进式贸易自由化基本规律的认识。40 年对外经济贸易活动的实践内容极其丰富多彩，如何从一大堆经验事实中提炼它的本质特征？用经济学的分析范式来看，40 年我们始终围绕三对既相互矛盾又相互关联的开放关系下功夫、做文章；这三对关系是：产业开放与区域开放的关系、对居民开放与对非居民开放的关系、边境开放与边境后开放的关系。由于开放的快慢、节奏不同，每对开放关系中的两者之间的开放程度往往分离。某一产业（或行业）的开放，它涉及关税、非关税，将是一个比较长的过程，而局部试验就可以快一些,所以产生了经济特区、保税出口加工区这一类局部性的、脱离全局开放程度的试验点。西方贸易理论中没有加工贸易这一说法,而只有产业内贸易和产品内贸易的概念,加工贸易在中国实际上是海关特殊监管下的贸易形式,它有特定的政策含义。从理论层面上分析,这就是产业开放与区域开放分离的产物。随着产业开放进程的发展,逐渐经济特区不特了,加工贸易产品也可以转内销了,保税出口加工区不再增加了,区域开放与产业开放接近了、融合了。对居民与非居民的开放也是从分离开始的。在工商领域投资有市场准入政策,对居民有居民的准入政策,对非居民的政策从正面清单到负面清单;从差别待遇到准入前国民待遇;在金融领域,人民币与国际货币的兑换,居民与非居民的开放也不同。居民先从外汇调剂市场到银行间外汇市场,人民币可以在那里结售汇,实现了经常项目下人民币的自由兑换;而非居民是从外商投资项目结汇开始、后来逐渐向合格的境外机构投资者、沪港通、深港通等形式发展、上海自由贸易试验区的自由贸易账户则实现了居民与非居民开放一定程度的融合。在服务贸易领域,货物流通在边境开放,服务产品流通需要在边境后开放,这开始也是分离的,通过监管措施的变革,从物理围网向电子围网发展,自贸区的这两种开放也在从分离趋向接近。近5年来设立的全国11个自由贸易试验区以及未来的海南自贸区和自由贸易港探索不仅要继续处理这三对关系,而且将把这三对关系综合起来加以试验,从而把我国对外开放的层次推向最高水平。所以,40年经济领域对外开放的基本实践和基本规律就是我们在不断寻找这三对开放关系中的六种开放形式不断趋近和融合的突破口,探寻它的发展路径。我们的基本经验就是,分解矛盾(时空矛盾、对象矛盾)、先易后难、摸着石头过河;进而通过顶层设计,设定阶段性目标、互动推进、积小胜为大胜。所谓"开放型经济体系",实际就是刻画这三对开放关系六种开放形式的发展状态、内涵和动态;而构建"开放型经济新体制"实际就是这三对关系的矛盾运动过程中所需要的体制机制保障以及除旧布新的过程。这就是"一个新体系"和"一个新体制"的经济学解释。

"一种新优势"说的是微观经济学的问题。在微观层面上，西方贸易理论似乎很先进了，但实际上也有缺陷。比较优势从静态发展到动态，说明它需要与时俱进，但从实际现象考察，贸易并不是在具有比较优势行业里的所有企业都发生，所以20世纪80年代产生了所谓异质性企业的新贸易理论。但用它来解释中国的事情仍然大有疑问。中国从事对外贸易的企业至少在百万家以上，很难说这个数量庞大的企业群体都有什么"异质性"。恐怕"同质性"是普遍的，但贸易仍然在它们中发生。西方贸易理论的基石是要素禀赋，后来增加了用于解释竞争力的部分外部性因素，但它忽略了新技术应用下服务劳动的社会网络。在中国，既存在数量庞大的同质性生产性企业群体，也存在大量综合服务型外贸企业，它们创造的供应链商业模式赢得了竞争力，数量庞大的同质性生产性企业因此进入国际市场。这就是中国在劳动要素优势弱化后创造的一个新优势。在跨境电子商务发展中，平台企业和平台经济对微观组织的改造所形成的竞争优势，这些现象也都未进入西方主流贸易理论解释的视野。在中国的实践中，这种服务劳动的社会网络，即在互联网技术应用下社会化生产的再组织形式，它改变了微观主体和市场交换的组织形式，从而成为一种新优势，这不仅在我国发展开放型经济的实践中已经出现，而且党和国家重要文献中提出的培育国际竞争合作新优势，已经成为中国经济学研究的重要课题。

"一种新平衡观"涉及宏观经济学。在宏观层面上，西方理论用一般均衡方法解释世界市场和国际经贸关系，就显得很机械、很幼稚了。在我们的开放型经济理论中，党的十八大报告讲多元平衡，习近平讲开放型的世界经济。这些重要观点就把宏观层面的解释空间和内涵大大拓宽了。所以需要我们去挖掘它的理论内涵，解释什么是开放型世界经济的多元平衡。在中国，货物进出口要平衡、货物贸易和服务贸易要平衡、资本进出要平衡、国际收支要平衡，内涵很丰富。从世界看，世界经济也要平衡。中国 24 年的货物贸易顺差是国际分工和世界市场发展的客观必然，正如同美国、德国、日本都有长达 50 年以上的贸易顺差历史一样。前几年我做过一个研究，至少在 2030 年前中国制成品贸易顺差的历史难以改变，根本原因就是中国庞大的生产制造能力只能被少量替代。这是由它的生产效率决定的。美国要求中国短时间内削减大量贸易顺差，从经济学意义上看，是一种低效率的平衡观，既损人也不利己。"一带一路"建设是一种新的积极的平衡观。中国的贸易顺差可以转化为对外投资和基础设施建设的资本输出和产能输出，带动更多的发展中国家融入经济全球化潮流，这将是一种经济效率最高、社会福利最广泛的世界经济平衡观。日本的"黑字环流"曾经有过一些尝试性做法，限于 20 世纪 80 年代初期的历史条件，其实践的力度、范围和影响都将远远比不上今天中国"一带一路"建设的贡献，其理论分析也将远远比不上中国经济学界对"一带一路"建设所进行的深入思考和学术影响。

在全球经济治理领域，西方理论片面强调让渡国家主权的必要性和合理性，强调所谓"中性原则"，强调具有垄断地位的国际公共品供给方的成本并指责被动消费方的"搭便车"行为，实际造成和维护了国际规则制定不民主、利益分配不均衡的国际经贸秩序。中国开放型经济理论提出的"一个新的国际经济治理模式"，强调安全高效、提倡共商、共建、共享，寻求各方利益的最大公约数，这是与西方奉行的传统是截然不同的两种国际经济治理模式，因此需要有中国主张的关于让渡国家主权与国际规则的关系、国际公共产品供给方与消费方关系的理论分析和经济学解释。

经济理论，特别是重大经济理论，都隐含着特定的价值观，它指导和影响实际的经济活动。中国俗话说的无利不起早、特朗普主张的"美国优先"，都有价值观的理念。中国特色开放型经济理论提出的"一个人类命运共同体的价值观"，其实践特征就是互利共赢、重义取利（正确的义利观）和绿色发展理念。基于这样的价值观，中国对外开放的新战略就必然是，一方面，开放型经济要从高速度向高质量转变，要建设贸易强国，要形成东西双向互济的开放格局；另一方面，要与世界各国共同寻找和建立汇聚各方利益的共同点，构建开放型世界经济和人类命运共同体的发展道路，建设一个开放、包容、普惠、平衡、共赢的经济全球化。用人类关怀的价值观来引导经济学研究，不仅是我们的主张，实际上也在很大程度上为国际学术界所认同。诺奖委员会撰文评价2017年经济学诺奖得主塞勒的贡献时指出，"很多情境都可由个体自利行为假设来近似解释。但在其他情境中，对公平和正义的关切等亲社会性动机起着重要的作用，亚当·斯密（Smith，1759）就指出了这一点——塞勒指出公平感对经济主体的决策有重要影响"。因此，中国特色开放型经济理论的价值观必定对中国的开放实践产生重大影响，它成为经济学的研究对象也是题中应有之义了。

综上，中国特色开放型经济理论的重大提法和概念都来源于党和国家的重要文献和领袖的论述，我所做的工作和研究方法主要是：第一，总结、提炼这些提法和概念中包含的实践内容的本质特征并挖掘其理论内涵，论证这些提法和概念的科学性；第二，按照现代经济学的分类标准梳理这些内容并按照它的内在逻辑，努力使之成为理论逻辑框架；第三，在这个框架中，按照轻重缓急开展各个专题研究（如国际公共品、开放型经济的绩效评价、贸易强国等）。

中国经济理论的学术范式也要遵循不忘本来、引进外来、面向未来的发展方向。中国学术范式的文化传统是，大道至简、孟轲敦素，大道理简约、孟子崇尚质朴；这是本源，我们不能丢。引进外来要依靠年轻学者，尽量吸收西方经济理论中的先进方法和工具；面向未来的含义，一方面要求我们把中国经济理论建设成未来的先进文化和学术，另一方面要求我们展示给世人的是未来人类命运共同体的人文关怀。

我的工作肯定是原始和粗放的，如果说有一点贡献的话，那就是我开了一个头，算是抛砖引玉吧。理论的影响力不是靠个人，而且它是间接的，它首先影响的是自己对具体问题的研究，近几年我做的贸易强国的研究、自由贸易试验区的研究，都是以这些理论探讨作为支撑的。如果说影响力，这些具体问题的研究可能更具有社会影响，但是如果没有理论研究为基础，这些具体问题的研究也必然缺乏理论力量的支撑。

（原载《中国开放型经济建设40年》序言，
中国社会科学出版社2018年版）

实现"走出去"是提升开放经济水平的转折点[*]

党的十六届三中全会提出，要全面提高对外开放水平，增强参与国际合作和竞争的能力，实施"走出去"战略，完善对外投资服务体系，赋予企业更大的境外经营管理自主权，健全对境外投资企业的监管机制，促进我国跨国公司的发展。实施"走出去"战略，是我国今后改革开放新的目标与举措。

一 实施"走出去"战略的必要性

"走出去"战略是与"引进来"战略相对应而言的。"走出去"战略可以大体分为两个层次：第一个层次是商品输出层次，是指货物、服务、技术、管理等商品和要素的输出，主要涉及货物贸易、服务贸易、技术贸易以及工程承包等；第二个层次是资本输出层次，是指对外直接投资，主要涉及海外投资建厂和投资设店。如果一家企业的"走出去"战略发展到了第二层次，特别是海外投资到了一定规模（在两个或两个以上的国家拥有企业）后，那么，这家企业也就成为跨国公司。改革开放以来推进"引进来"战略是成功的，它为我们今天实施"走出去"战略创造了条件，"走出去"战略是"引进来"战略的必然发展。

---

[*] 合作者：彭玉榴。

1. "走出去"战略是转变外贸增长方式的重要举措

我国作为国际贸易大国,在世界经济格局中占据重要地位。2006年我国进出口贸易总额达到了17606.9亿美元,其中出口为9690.8亿美元,进口为7916.1亿美元,我国的贸易规模已居世界第三位。然而,我国对外贸易的持续发展也面临着以下难题:其一,出口进一步扩张难度增大。美、日、德等贸易大国的经验也告诉我们,出口贸易经过一段时间的快速增长以后,增速将会放慢。其二,国内产业保护余地缩小。随着我国加入WTO承诺的兑现,国内市场必须进一步开放,贸易壁垒将逐步消除,保护措施难以继续。其三,贸易摩擦日益加剧。中国由一个贸易小国一跃成为举世瞩目的贸易大国,冲击了原有的全球贸易格局,触动了其他一些国家的贸易利益,也导致了越来越多的贸易摩擦。自我国加入世界贸易组织至2006年6月底,共有32个国家或地区针对我国发起"双反双保"措施调查288起,涉案金额71亿美元。其四,我国贸易条件不断恶化。根据海关提供的资料,我国大宗出口商品中,出口总额增长幅度不及进口总额增长幅度的产品有很大一部分。自1993年建立贸易指数统计以来,我国的出口量指数一直高于出口价格指数,而进口量指数却低于进口价格指数,总的贸易条件趋于恶化。

2. "走出去"战略能够避免原产地限制

在经济全球化大背景下,中国企业参与国际竞争的方式也应多样化。一些受到配额限制的产品,如果中国企业在境外生产,就可以改变原产地而绕开配额限制。企业走出去,扩大出口商品的海外市场,既能够保证产品的品种和质量,也能够改变产品的原产地,规避贸易壁垒。如海尔、TCL、长虹、康佳等有实力的彩电企业纷纷选择"走出去"策略,通过海外生产基地向欧美出口,绕开对出口原产地的限制,减缓美国倾销裁定的负面影响。

3. "走出去"战略能够实现两个市场、两种资源的合理统筹

进入21世纪,几乎一切高技术含量、高附加值的大规模贸易活动和投资活动,都以跨国公司为主体或载体进行。目前,中国无

论是在第二产业还是在第三产业，其技术水平与发达国家都有很大差距。另外，国际上战略性矿产资源的竞争更是形势逼人，各大跨国矿业公司基本上控制了全球已探明的矿产资源，我国矿业公司的选择余地日趋减小。

只有采取"走出去"的战略，才能充分利用国内国外两个市场和两种资源，弥补国内资源和市场的不足，保证国民经济的可持续发展；才能促进我国在全球范围内进行经济结构优化和战略性调整；才能促使我国企业在更大范围、更广领域和更高层次上参与国际经济合作与竞争，在激烈的国际市场竞争中发展壮大；才能促使20多年来我国经济发展积聚的巨大能量得以释放，增强我国的综合国力和参与全球竞争的能力。

4. "走出去"战略能够解决贸易顺差不断增加带来的国际收支平衡问题

2006年我国贸易顺差达到1774.7亿美元。不断上升的贸易顺差也将导致外汇储备猛增、国内资源流失、对人民币汇率形成新的升值压力、加大中国与相关贸易伙伴尤其是美欧贸易摩擦等隐患。鼓励企业"走出去"，可以解决贸易顺差不断增加带来的国际收支平衡问题。

目前，在世界范围内，对外直接投资已成为各国经济增长的新动力，而我国作为一个对外直接投资基数很小的发展中国家，发展空间无疑更加广阔。已成为贸易大国的中国，利用传统的贸易政策与措施来刺激外贸增长的余地已经相对狭小，那么加速对外投资将成为拉动我国对外贸易持续增长的良方，是我国发展对外贸易的必然选择。

二 对外直接投资的阶段性

传统的国际投资理论主要以发达国家作为研究对象，认为跨国公司的竞争优势主要来自发达国家企业对市场的垄断、产品差异、先进的生产和管理技术、雄厚的资本实力等因素。

英国著名跨国公司研究专家邓宁于20世纪80年代提出了投资发展周期理论，并且用实证的方法研究了直接投资流量与人均GNP之间的关系。他认为，在经济的发展中，一国的净对外直接投资具有周期性规律，周期分四个阶段：第一阶段，是与前工业化相关的阶段，几乎不存在直接投资的流入及流出，净投资额为零或接近零的负数。处于这个阶段的国家，人均GNP低于400美元，属最不发达国家。第二阶段，由于基础设施等一些区位特定优势的发展，外国资本对这类国家的直接投资不断增长，这使得流入的直接投资存量增长超过国内生产总值的增长，但是对外直接投资额很小，净对外直接投资额表现为绝对值不断扩大的负数，人均GNP位于400—1500美元。处于这一阶段的国家多为发展中国家。第三阶段，国内企业所有权优势不断增长并更具特色，为寻求资源、市场及战略性资产，这些国家的企业开始进行对外投资。由于吸收的外国直接投资在减少，或由于对外直接投资的增长速度快于吸收外资的增速，净对外直接投资额表现为绝对值不断减少，这类国家的人均GNP位于2000—4750美元。随着这些国家成为净对外投资国，它们开始进入第四阶段。第四阶段，企业所有权优势的重要性远远超过母国特定的优势。对外直接投资比吸收的外国直接投资增长更快，净对外直接投资额为正值，且呈增长趋势，人均GNP在4750美元以上。1988年，邓宁又提出第五阶段理论。此阶段的净对外直接投资额绝对值呈现减少趋势，继而开始围绕零水平上下波动，与此同时，该国外来直接投资和对外直接投资都在增加。与前四个阶段相比，第五阶段受经济发展阶段的影响程度大大减弱，而更多地取决于发达国家之间的交叉投资。目前，只有美欧日等极少数发达国家和地区处于第五阶段。

对照邓宁的投资发展周期理论，按照投资总量的变化来划分我国的投资发展阶段，大致是这样的：1979—1991年经历了投资发展周期的第一阶段，吸收外国直接投资和对外直接投资规模都很小，1979—1991 年我国对外直接投资平均年增长率为 11.15%；1992—2004 年处于投资发展周期的第二阶段，吸收外国直接投资规模较大，对外直接投资也有了一定规模，净对外直接投资额表现为绝对值不断扩大的负数。据我们计算，1992—2004 年我国对外直接投资的年平均增长率约为 46.38%，可见与第一阶段相比有了明显的提高。我国目前的人均国民收入已经突破 1000 美元，按照邓宁的投资发展模型，正处于第二阶段，即吸收外资大于对外直接投资。显而易见，从 1979—2004 年，我国吸收外国直接投资的增长速度大大快于对外投资的速度。1995 年我国对外直接投资与吸收外商投资的比例，不仅远低于发达国家的水平，也低于东盟国家的平均水平。此后的年份，中国吸收外资一直高居世界前列，2004 年更是一跃成为仅次于美国的第二大吸收外资的国家，但同时我国对外投资增长缓慢，这与邓宁的投资发展理论是相吻合的，这正是投资发展第二阶段的典型特征。

我国已经基本具备对外直接投资的条件，有些企业已具备跨国经营的治理能力与资金实力，应该在经济发展和投资发展二者互动中发展对外直接投资。在引进外资的同时发展对外投资，可以在保证我国经济持续发展的水平上解决对外贸易发展的瓶颈，促进我国由投资发展路径的第二阶段向第三阶段的转化。

三 实施"走出去"战略的政策建议

1. 实行 GNP 核算体系，实现从 GDP 到 GNP 的跨越

从 1985 年起，我国经国务院批准建立了国民经济核算体系，正式采用 GDP 对国民经济运行结果进行核算。改革开放 25 年来，我国企业"走出去"开展跨国经营不断发展，但与我国吸收外资的水平相比，差距还很大。从 1993 年起，我国已连续 11 年居发展中国家吸收外商直接投资首位。与之对应的是，1993 年以来我国各年的 GDP 都大于 GNP，并且差额越来越大。以 2001 年为例，当

年我国 GDP 为 95933 亿元，GNP 为 94346 亿元，两者差额为 1587 亿元，也就是说 2001 年，外商来华投资和来华打工新增加的价值之和比中国人在国外投资和劳务输出新增的价值之和多 1587 亿元。GDP 与 GNP 差距扩大折射出我国在"引进来"和"走出去"两方面发展的失衡，说明我们的企业还远远没有抓住经济全球化的机遇。

我们应该从单纯重视 GDP，转向更加重视 GNP，寻求"引进来"和"走出去"的协调发展，这是我们参与经济全球化能力的重要体现。商务工作应发挥对国民经济的带动作用，在利用外资拉动经济增长的同时，应大力实施"走出去"战略，这是更高层次的对外开放。逐渐用 GNP 核算体系来观察中国经济国际化的水平。

2. "走出去"战略应贯彻多元化方针

所谓多元化，就是"走出去"既要重视发达国家，也要重视发展中国家。贯彻多元化的方针，有利于减少对某些国家的过度依赖，分散投资风险。当前，我国境外投资的多元化程度还有待提高，从区域流向看，我国港澳地区比重较大，欧美发达国家特别是广大发展中国家相对较少。贯彻多元化方针，应努力开拓欧美等发达国家市场，利用发达国家先进的技术水平，在发达国家投资设立高新技术研发中心或高新技术产品开发公司。亚洲、非洲、拉丁美洲一些发展中国家，经济发展水平较低，市场广阔、资源丰富、劳动力成本低，我国的产品和技术对这些国家和地区比较适用。因此，投资和开展经济技术合作潜力很大，应加大开拓力度，增大去发展中国家投资的比重。

3. 应按照有利于我国产业升级，实现长远发展的要求，确定"走出去"的方向

进行经济结构的战略性调整，推动产业升级，是增强我国国际竞争力的必由之路。因此，应保持清醒的头脑，切实按照有利于产业升级、有利于实现长远发展的要求，引导企业"走出去"的方向。对石油、金属和非金属矿产、木材等短缺资源，要更多地通过

境外投资来解决。对我国生产能力过剩的加工业，要把技术、设备带出去，在境外寻求合作与发展，在新一轮国际分工中分享比较利益。

4. 应鼓励有条件的各种所有制企业"走出去"

中国是否能够早日进入投资发展周期的第三阶段，国内企业的竞争实力是关键因素。应鼓励各种类型的优势企业走出国门，大胆在海外创业，在国际竞争中求得生存和发展。通过"走出去"战略的实施，增强企业的国际竞争力，拓展我国的经济发展空间。一些国有企业规模大，实力强，有资金、技术的优势，应成为"走出去"参与国际竞争的主导力量。非公有制企业具有自我约束力强、市场敏感度高、经营和管理方式灵活的特点，应创造条件，鼓励其积极开展境外投资活动。

5. 政府应为"走出去"创造良好的政策环境

企业在"走出去"的过程中，遇到了一些问题，其中相当一部分是靠企业自身力量无法解决的，需要政府提供必要的支持。政府应在符合WTO规则的前提下，千方百计地为企业创造良好的外部环境。加强对境外投资的宏观调控和规划指导，建立海外投资和企业的工作机制，完善管理体制，同时设置必要的政策激励，加大金融和财税政策的支持力度，建立和完善金融、信用等服务体系，在用汇、出入境等方面改进管理，在人才培训、信息咨询等方面改善服务，为企业更好地"走出去"创造条件。

（原载《红旗文稿》2007年第15期）

从需求面转向供应面:我国吸收外商投资的新趋势

党的十八大报告提出:要提高利用外资综合优势和总体效益。这个提法与以往我们熟悉的利用外资的政策语言相比,有了明显的变化。以往提过,要提高利用外资的质量和水平,更早的提法是要解放思想、扩大开放领域、大胆利用外资。以往的提法无论有什么不同的表述,其经济学意义上的共同点都是扩大资本形成能力和加速经济增长。然而,党的十八大的新提法是在2008年国际金融危机继续深化和我国经济增长出现阶段性变化等一系列新背景下出现的,因此具有不同的含义,需要深入分析。

一 当前我国经济发展面临的新挑战

近两年,我国经济发展面临的新挑战集中表现为经济增长速度下降。2012年中国经济增长率自2002年以来首次"破8"。2011年和2012年连续两年经济增长率下滑的原因是三大最终需求不足。2011年的经济增长率下调1.1个百分点,主要是由于消费不足。2011年社会消费品零售总额实际增长11.1%,比上一年回落3.5个百分点,同期出口和投资都还较为稳定。2012年经济增长率再下降1.4个百分点的原因,则与投资、消费、出口增长放慢都有关系。从固定资产投资和商品消费的增长情况看,近两年的增长速度都低于2009年和2010年。

但2012年的进出口贸易是一个特殊现象。全年进出口总额

38667.6亿美元，比2011年增长6.2%，增速比上年回落16.3个百分点；出口20489.3亿美元，增长7.9%；进口18178.3亿美元，增长4.3%。进出口相抵，顺差2311亿美元。进出口总额中，一般贸易进出口20098.3亿美元，比上年增长4.4%；加工贸易进出口13439.5亿美元，增长3.0%。由此，出现了在进出口贸易增长速度大幅度下降情况下，净出口对经济增长的正贡献结果。①

从各个地方的情况看，2012年经济增长的预期目标和最终实现目标不一致的现象主要表现为，多数发达省（市）的预期目标高于实现的指标，但只有少数欠发达省区的实现指标高于预期目标，说明增长动力不足已经成为各地的普遍现象（见图1）。

这说明，我国经济的潜在增长率趋向下降。什么是潜在经济增长率？经济学的解释是，在没有政策刺激或压抑条件下，完全依靠生产要素投入的全要素生产率所产生的供给和需求的经济增长状况。2009年在应对2008年国际金融危机中，国家采取了4万亿元投资的刺激政策，使当年经济增长率达到8.7%，2010年更高；但当刺激政策退出和效果弱化后，2011年和2012年就逐年下降。2012年下半年，国家采取了一定的刺激措施，才能使经济增长达到7.8%。所以，中国这些年的实际增长率高于潜在的增长率。反过来说就是，2012年中国经济的潜在增长率是低于7.8%的，这与以往在没有国家政策刺激情况下，经济增长率也能达到9%以上有很大区别。

为什么出现潜在增长率下降，经济学的实证研究表明，世界上大多数经济体都经历过或将会经历"结构性增速"和"结构性减速"这两个过程。我国经济过去30多年平均增长速度达到9.8%，这是一个"结构性增速"的过程，其经济机理是生产要素结构和产业结构都推动"增速"。从生产要素看，劳动力增长和劳动参与率的提高、资源要素资本化和资本形成能力的增强、工业技术的广

---

① 以上数据来源于国家统计局。

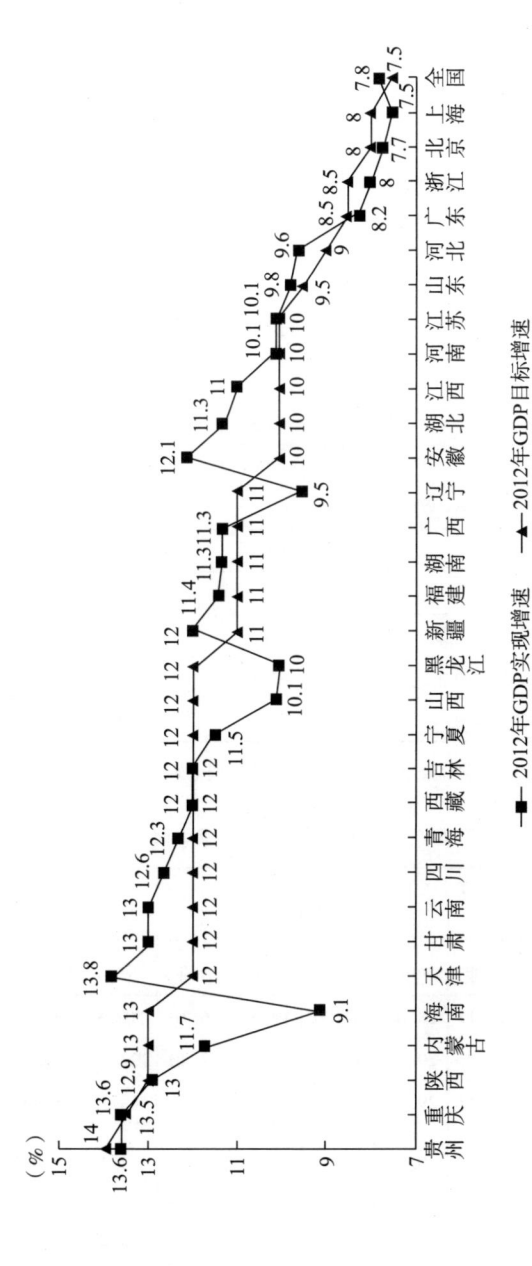

图 1　2012 年各省（区市）经济增长与年初目标对比

资料来源：各地 2013 年"两会"公布信息。

泛采用；从产业结构看，一次产业向效率更高的二次产业转移，这些经济活动都支撑了我国经济的高速增长。但这些因素近年已经发生了变化，劳动参与率趋向下降（见表1），资本报酬递减导致资本投入亦呈下降之势，二次产业的技术创新面临瓶颈；产业结构缓慢向第三产业转移，但第三产业中的技术创新以及传统行业的效率提高都面临动力不足的挑战（见表2），这些因素都导致我国经济进入"结构性减速"阶段。

表1　　　　　　　　　　劳动生产率与参与率

要素	增长率（%）		
	历史：峰—峰 1984—2007年	最近发展 2008—2012年	预测 2012—2017年
1. 劳动年龄人口（15—64岁）	1.6	0.9	0.1
2. 劳动参与率	0.4	-0.6	-0.7
3. 非农就业比率	2.1	2.6	2.1
4. 非农部门劳动生产率	6.7	6.4	6.4
5. 全社会GDP与非农部门增加值比率	-0.9	-0.3	0
6. 总和：实际GDP	9.9	9	7.9

资料来源：中国社会科学院经济研究所"经济增长理论研究"课题组。

表2　　　　　　　　产业结构变动对增长的贡献下降

年份	增加值结构（%）			就业结构（%）			劳动生产率（元/人）		
	第一产业	第二产业	第三产业	第一产业	第二产业	第三产业	第一产业	第二产业	第三产业
1984	25.00	47.00	28.00	64.00	19.90	16.10	507.82	3038.15	2210.20
2007	6.00	65.00	29.00	40.80	26.80	32.40	1223.66	20392.94	7452.74
2011	5.00	66.00	29.00	34.50	29.50	35.70	1687.51	27306.65	9682.60
1984—2007（年均变动%）	-5.9	1.3	0.3	-2.0	1.6	3.5	4.4	8.6	5.4
2008—2011（年均变动%）	-5.0	0.5	-0.2	-3.9	2.4	2.5	8.4	7.6	6.8

资料来源：同表1。

此外，投资回报逐年降低，可以从我国工业增加值率（工业增加值/工业总产值）的下降趋势中看出来。2010年工业对GDP贡献超过49%，但增加值率却很低，只有28.3%。同时，劳动要素对增长的贡献也趋向下降。

以上证据说明，在"结构性减速"阶段，靠扩大投资需求来拉动经济增长的效果将比过去大大降低。同理，单纯从数量和规模来吸收外商投资也会遇到同样问题，特别是经济比较发达的东部地区，吸收外商投资的效益会更差。在这种挑战面前，过去单纯以需求导向考虑吸收外商投资的政策和做法到了应当转变思路和理念的时候了。

二 第三次世界工业革命的新机遇

全球金融危机发生后，美国重新认识到以制造业为主体的实体经济的重要意义，实施"再工业化"战略，因此需要寻找科技创新的支撑点和经济增长的支柱产业，从而占领国际竞争的制高点。这个战略导向的理论依据是，制造业对国民经济的贡献主要不是体现为制造业直接创造的价值或制造业在国民经济中的比重，而是体现为制造业所蕴含的生产性知识的复杂性。美国哈佛大学和MIT等机构的一份合作研究认为，在过去60多年间，由生产性部门产品复杂性所反映的一国生产性能力是所有预测性经济指标中能够最好地解释国家长期增长前景的指标，国家间的生产性能力差异能够解释国家间收入差异的至少70%，而制造业中的专用设备、仪器仪表、医疗器械、化学工业和数控机床等制造业是生产性部门中产品复杂度最高的行业。这个视角的研究发现意味着，虽然制造业在发达国家经济总量中比重不断下降，但制造业本身所蕴含的生产能力和知识积累却是关系一国经济长期发展的关键。这种认识极大影响了美国"再工业化"的技术路线，制造业技术的信息化、数字化、智能化以及与新能源相结合成为工业发展的战略性方向，并引起各国的纷纷效仿，对世界未来经济竞争格局的影响是广泛和深远的。

从近几年趋势看，各国都在厉兵秣马角逐新的工业革命：（1）美国：新能源开发利用、混合动力汽车、生物医药、航天、海洋开发、信息和互联网、气候变化应对；（2）欧盟：健康、食品、农业与生物工程、纳米科学与工程、材料和新产品技艺、信息和传媒工程、能源、环境、运输、安全、空间；（3）英国：生物产业、创意产业、数字产业、通信产业、绿色能源、先进制造、重启核电发展计划；（4）法国：生态经济和绿色化工、再生能源、未来城市建设、未来交通工具、数字内容；（5）德国：数码软件创新研究、药物疗效和新药安全、成像诊断学、智能传感器和眼科学、环境友好创新技术、未来物流、重启核电；（6）意大利：太阳能与光伏、纳米技术与材料产业；（7）日本：信息通信、纳米材料、系统新制造、生物及医疗护理、环保汽车、能源、软件、融合战略；（8）韩国：新可再生能源、低碳能源、高质量水处理、LED 应用、绿色交通系统、高科技绿色城市、传播通信融合产业、IT 融合产业、机器人应用、新材料纳米融合、生物制药和医疗设备、高附加值食品产业、全球医疗服务、全球教育服务、绿色金融、文化创意、会展观光；（9）新加坡：新能源汽车、绿色化工制药法、创新手机、电子产业研发；（10）巴西：发展以乙醇为中心的产业、生物燃料汽车、风能、核能产业、电动汽车产业；（11）智利：混合种植技术、生产和加工生物燃料、生产沼气；（12）印度：软件产业、生态旅游、文化旅游和农业旅游、医疗旅游、医药产业、信息产业。世界第三次工业革命的预言，就是在这种背景下提出的，与前两次世界工业革命相比，它确实已经出现了许多新的技术支撑点，在一定意义上说，具备新工业革命的迹象。

我们可以从三次工业革命的主要衡量标准来观察：第一次工业革命使用的能源是煤炭、原材料是熟铁、信息沟通是通信和印刷品、交通及基础设施是蒸汽轮、火车、运河、铁路；通用技术是蒸汽机（蒸汽时代）；制造范式是单件小批机械制造。第二次工业革命使用的能源是石油与电力；原材料是钢铁；信息沟通是电话电报；交通及基础设施是汽车、飞机、高速公路、机场、港口；通用技术是电动机（电气时代）；制造范式是大批量流水线制造。第三次工业革命使用的能源是新能源；原材料是复合材料纳米材料；信息沟通是互联网；交通及基础设施是新能源汽车和信息网络；通用技术是计算机（信息时代）；制造范式是个性化的数字制造和智能制造。第三次工业革命对国际经济竞争的影响将主要表现在以下几个方面：

第一，劳动成本的重要性下降。由于直接从事生产制造的人数将减少，少量"现代机械和知识型员工"对大量"传统机械和简单劳动力"逐步替代，劳动成本在整个生产成本中的比例也将随之下降。这可能会进一步弱化我国劳动要素的成本优势。2005年中国劳动力平均成本是美国劳动力成本的22%，但2010年上升到了31%，到2015年前后，预计将达到60%左右。美国《纽约日报》曾报道，飞利浦电子公司设在荷兰的一个工厂里有128台具有高超柔韧性的工业机器人，可以永不停息的工作，来完成工人无法完成的精细工作。

第二，更加贴近市场在竞争中的重要性上升。未来竞争的关键是看企业是否具有快速响应市场个性化需求的品种适应能力。而大规模定制和全球个性化制造范式的优势主要就体现在对市场需求的快速反应和提供个性化产品上。为了更贴近市场，更快响应市场需求，企业会更多选择在消费地进行本地化制造。在我国，许多产品的生产需要进口大量原材料和关键零部件进行加工组装生产，未来这将受到明显影响。

第三，高端服务业的竞争优势将进一步强化。制造业的数字化、智能化的趋势加快了制造业和服务业深度融合，不仅使得制造业和服务业空间上更为集中，而且第二、第三产业的界限模糊。以

3D 打印机为代表的个性化制造和网络开放社区的发展将大大促进以个人和家庭为单位的"微制造"和"个人创业"等极端分散组织方式的发展，研发、设计的社会化参与，促进了新型制造范式时代的到来。由于现代制造系统与服务业的深度融合，发达国家在高端服务业形成的领先优势将被进一步强化。

第四，制造环节的竞争优势将上升，"微笑曲线"理论受到挑战。在产业价值链上，制造的某些环节将变得与研发和营销同等重要，甚至超越其他的价值创造环节，曾经为寻找更低成本要素而从发达国家转出的生产活动有可能向发达国家回流和转移。近年来，以福特、通用电气为代表的美国制造业企业明显加大了在本土的投资规模（技术密集型、劳动集约型）。2012 年年底，库克公司就宣布将在 2013 年投资 1 亿美元，把部分电脑生产线转移回美国。波士顿咨询集团甚至预测，2020 年将会有多达 60 万个制造业岗位从中国返回美国。

然而，第三次工业革命对我国既是挑战，也是机遇。首先，我国庞大的制造业为先进制造技术和相关产业的发展提供了巨大的潜在市场和应用场所。第三次工业革命虽然一定程度上缩小了大规模制造的适用范围，但大规模生产和大规模定制仍然在模块化架构和流程化技术范式产品领域具有广泛的应用空间。由于第三次工业革命是一个渐进的过程，我国还有时间通过战略调整和改善我们的学习机制来应对。其次，我国已经初步具备先进制造业的技术基础。我国拥有完备的工业体系和强大的产业基础，这些年来在新型工业化战略指导下，一直坚持信息化与工业化融合发展，在制造业数字化方面掌握了一定的核心关键技术（2011 年中国十大科技进展之一就是研制出世界上最大的 3D 打印机），具有进一步跨越式发展的技术基础。只要有危机意识和战略应对措施，充分利用我国的制造优势，调动企业技术创新和应用的积极性，促进技术和工艺的持续改善，我国完全有可能将第三次工业革命转化为经济发展和工业化进程的新动力，进而构成倒逼中国产业结构调整的新机遇。

我国在第三次工业革命中所面临的挑战和机遇，是吸收外商投资导向的重要参照系。未来我国吸收外商投资已不再是单纯地扩大生产能力，而是适应国际经济竞争的新需要，促进工业技术的改造和升级，促进产品结构和产业结构的优化，促进要素生产率和劳动参与率的提高，在国际经济竞争中保持和提高我国的"世界工厂"地位。

三 国际直接投资流动的新动向

受世界经济拖累，2012年全球外国直接投资流入量下降了18%，约为1.31万亿美元，再次回到与2009年低谷相当的水平（见图2）。显然，各大经济体面临的不确定性继续阻碍外国直接投资的复苏。这些不确定性主要根源于全球经济增长持续低迷、欧元区债务危机、美国的财政悬崖以及一些国家投资保护主义的抬头。这些都影响了全球外国直接投资的恢复势头。2012年全球外国直接投资的主要特点是：

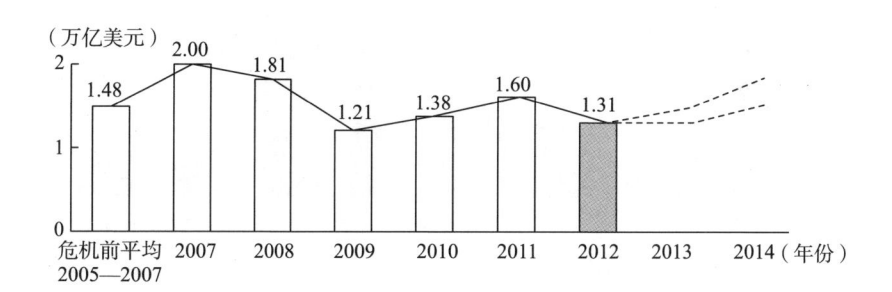

图2 全球外国直接投资流入量

资料来源：联合国贸发会议。

首先，发展中国家吸收的外国直接投资继续超过发达国家（图3）。流入发展中经济体的外国直接投资达6800亿美元，仅下降3%，比发达国家多出1300亿美元。其中，流向亚洲发展中家的外国直接投资有所减缓（下降9.5%），但该地区发展中国家吸引外资总体上仍处于历史较高水平，在发展中国家吸引外资总量中占59%。拉丁美洲和加勒比地区的外国直接投资流入保持增长，其中南美增长势头最为强劲（见图4）。

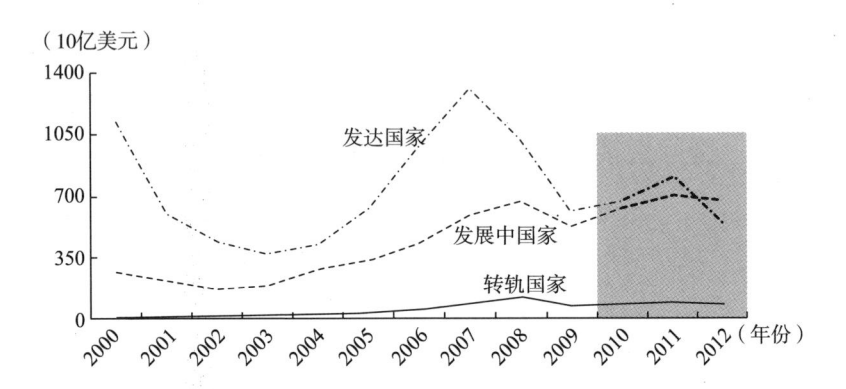

图3　2000—2012年全球外国直接投资流入量

资料来源：同图2。

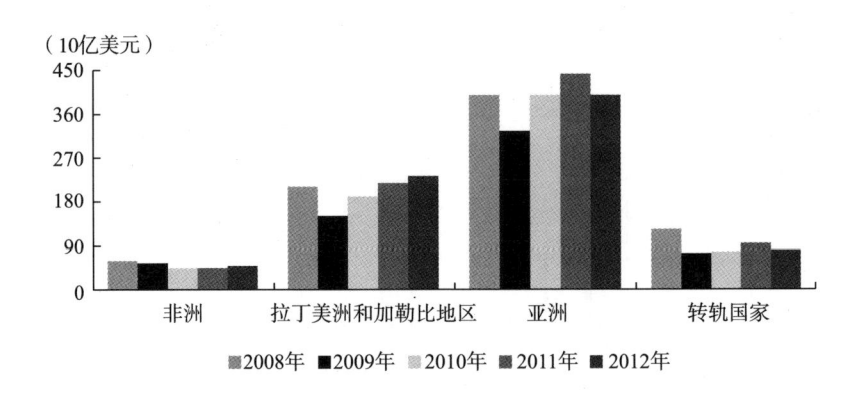

图4　2008—2012年流入发展中和转型经济体的外国直接投资

资料来源：同图2。

其次，流入发达国家的外国直接投资急剧下降到10年前的水平。从2011年的8078亿美元下降到5489亿美元。2012年全球外国直接投资减少了3000亿美元，近90%是由发达国家外国直接投资下降造成的。多数欧盟国家出现显著下挫，外国直接投资流入额下降了1500亿美元。其中，比利时下降了800亿美元；由于出现大量撤资，流入德国的外国直接投资净值也从2011年的400亿美元下跌到2012年的13亿美元。美国的外国直接投资流入量也下降了800亿美元，主要是针对该国的跨境并购额下滑，但该国仍为全球最大外国直接投资流入国。日本连续第三年出现净撤资。

最后，跨境并购大幅下挫，但发展中国家海外并购逆势上涨。2012年全球跨境并购额下降了41%（见图5），为2009年以来的

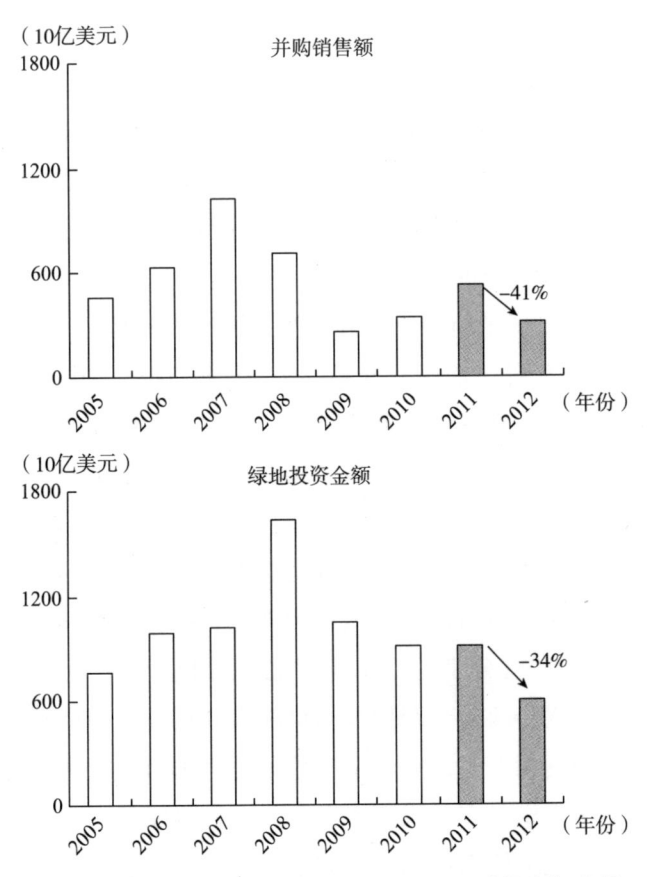

图5 2005—2012年跨境并购销售额及"绿地投资"金额

资料来源：跨境并购销售额来自该组织跨境并购数据库，"绿地投资"金额来自《金融时报》FDI Markets（www.fDimarkets.com）。2012年数据为初步数据。转引自联合国贸发会议。

最低水平。欧洲很多国家的外资并购额从2011年的水平显著下降。相比之下，针对新兴市场的并购出现上升。跨境并购数据显示，发达国家投资者大量减持海外资产，而发展中国家投资者则在海外大举并购，在全球跨国并购中的份额上升到37%，创造了历史新高。

2012年，许多发达国家，如英国、卢森堡、葡萄牙、澳大利亚和法国的跨国公司大幅撤回海外资产。例如，ING集团出售了在美国和加拿大的约120亿美元资产，BP出售了在墨西哥湾油田的56亿美元资产。相反，发展中经济体的跨国公司的境外收购达到1150亿美元，较大的并购包括：马来西亚国家石油公司收购加拿大Progress能源资源公司（54亿美元），中国石化集团收购Petrogal（巴西）公司资产（48亿美元），中国长江三峡集团公司收购葡萄牙Energias公司资产（35亿美元）。来自拉美的跨国公司的海外并购增长了51%，达280亿美元，但亚洲投资者在发展中国家海外投资中仍占据最大份额（75%）。

2012年，出现了新的十大外资流入国（经济体）。全球外国直接投资十大流入国（地区）依次为：美国、中国、中国香港、巴西、英国、法国、新加坡、澳大利亚、加拿大和俄罗斯。发展中经济体占据了半壁江山，一些经济大国如德国、日本吸收外资远低于许多发展中国家。

今后两年，预计全球经济将维持缓慢的、不平衡的增长，全球外国直接投资流入量可能出现两种可能性：一种是温和上升，2013年及2014年预计将分别达到1.4万亿美元和1.6万亿美元。随着宏观经济状况逐步改善，跨国公司可能会利用其手中持有的创纪录的现金进行新的投资。此外，主权债务危机重组可能进一步出售国有资产，也会提供更多的投资机会。另一种可能是，由于主要发达经济体和全球金融体系的结构性问题，可能进一步恶化宏观经济环境，以及对投资更多的限制等。如果这些风险持续存在，外国直接投资的复苏可能进一步推迟。

2012年，中国吸引外资近1200亿美元，同比下降3.4%，但仍保持在历史较高水平。从全球外国直接投资下降18%、亚洲下降9.5%的背景看，中国吸引外资表现仍然出色。虽然欧盟及亚太一些经济体对华投资有所下降，但德国、荷兰、瑞士等国对华投资仍出现强劲的增长；美国对华投资也保持良好的增长势头。尽管中国吸引外资进入了成熟阶段，但很难重现过去起飞阶段的高速增长。未来中国吸引外资将更多地从量的增长，转向质量和结构的提升与优化。高附加值、高技术含量的外国投资，以及高端制造业和服务业吸引的外资比重将进一步上升。

在国际投资舞台上，中国企业对外投资的增长将继续引人注目。2012年中国对外投资达770亿美元，同比增长28%。中国对外投资面很广，涉及了140多个国家和地区。对外投资与吸引外资的比例逐年上升，中国对外投资进入了快速增长阶段。今后几年，中国企业走出去的步伐将进一步加快，投资导向也将进一步多样化。以绕过贸易壁垒为目的的出口导向型的投资，以及以获取战略资源（包括技术、市场渠道和管理技能）为重点的战略资源导向型投资的比重将不断上升。

随着全球直接投资复苏势头的受挫，国际投资的政策趋势也将出现新动向：第一，全球投资协定谈判在双边及区域两层面上保持快速发展的势头，但重心呈现出从双边向区域转移。一些主要国家积极参与、推动区域投资协定的谈判。例如，美国正在积极推动跨太平洋伙伴关系协定以及美国—东非共同体贸易和投资伙伴关系谈判。预计这一势头在今后几年将进一步发展。第二，国际投资协定的谈判更加重视可持续发展，包括企业社会责任等问题。第三，一些国家开始对现有的基于双边投资协定的国际投资体系，包括发展中国家公共政策空间等问题，进行反思和修订。与此相应的是，各国投资政策也会有两种主要变化趋势：一种是投资政策总体上朝着自由化和投资促进方面发展，一些国家采取了投资鼓励和单边投资自由化措施，如对外资开放一些重要行业等；另一种是对外国直接投资加强监管和限制的政策措施所占比例不断上升，投资保护主义有所抬头。各国新出台的投资政策中，限制性政策措施所占比重已从 20 世纪 90 年代的 3%—5% 上升到近年的 30% 左右。

从未来两三年国际直接投资流量趋势和各国对国际投资的政策动向来看，我国有可能继续保持 1000 多亿美元以上的外商投资流入量，但增长速度不可能太快，甚至不排除有的年份还会出现负增长。因此，未来几年我国吸收外商投资的理念再立足于数量多、增速快是不现实的，而要立足于质量和效益。什么是质量和效益？这就需要从供应面经济学的新视角来分析和论证。

四 培育国际竞争力的新要求

在结构性增速阶段，我国利用土地和廉价劳动力的比较优势，通过吸收外商投资，增强资本形成能力，就形成了当时较强的国际竞争力，这种竞争力主要表现为产品价格的竞争力。吸收外资的目的是加速资本形成，满足投资需求增长的需要。在结构性减速阶段，随着土地和廉价劳动力要素禀赋优势的弱化，为了保持或提高我国经济的国际竞争力，就必须从过去主要依靠土地、劳动力廉价的要素禀赋优势向培育国际竞争的新优势转变。

第一，培育人力资本新优势。未来大量劳动密集型企业的存在是必然的，那么它们的优势在哪里呢？它们的优势在于形成新型的劳动密集型制造企业。竞争力不仅取决于工资水平，还取决于劳动生产率和单位产品成本。工资水平提高并不绝对意味着竞争力下降，如果劳动生产率提高，单位成本下降，有可能抵消工资水平上涨的不利影响。而要提高劳动生产率，也不仅仅只有资本替代这一途径，提高人力资本水平，也是提高劳动生产率的重要途径。这也是阻止制造业某些环节向发达国家转移的重要措施。富士康公司在 2012 年 12 月宣称，带到美国的任何制造工作都需要利用比中国低成本的工人、有更高价值的工程人才。如果这样的人才在中国的供给是充分而又相对成本低廉，制造业必然继续留在中国。

第二，提高企业技术创新能力和产品的研发能力，并积极参与国际标准的制定。在技术创新的基础上培育产品的品牌。加快培育自主品牌，提高产品的品牌竞争力。自主品牌应理解为所有权的归属，它既包括自创，也包括购买等其他形式。创新也有许多形式，有技术革命型创新，它能促进新兴产业诞生、重新组织国际分工和推动大量企业涌现；也有国际分工条件下价值链环节中的二次创新，其中，既有原创型的，也有适应型、改进型、提升型的；既有完全自主知识产权的，也有引进、吸收消化再创新的，应当鼓励企业因地制宜、因厂制宜开展各种创新。

第三，采取精致化生产，通过管理创新提升产品质量和档次。许多中小企业没有能力采取资本替代措施，也不具备技术创新的各种条件，但它们依旧可以在现有技术和工艺条件下，通过精细化管理，节约成本，提高产品质量，并提高产品的附加值，使产品比过去更有竞争力。

第四，培育新的商业模式。通过专业分工，少数有竞争力的企业将不具有优势的生产环节外包，集中资源发展优势的生产和经营环节，并以生产性服务为龙头，跨地区、跨行业，把大量中小企业连接为完整的供应链，形成整体对外竞争的新优势。集中供应链体系的优势是当代国际经济竞争的新实践。

第五，发展电子商务。发展电子商务不仅能创新技术和管理，也为创新贸易方式和发展新型业态的服务供应商拓展了空间。随着互联网技术的进步，我国电子商务已有很大发展。运用电子信息和互联网技术手段降低企业经营成本，创新贸易方式，更大范围拓展国际市场份额，成为企业的新实践。福建省国际电子商务平台是国内首家"区域电子商务平台"，2008年5月18日开通后，在应对2008年国际金融危机影响中发挥了积极作用。至2009年9月底已有1万多家企业加入该平台，有2300多家企业通过平台建立了客户网络，单个会员结交客户数最多达40家，为开拓国际市场发挥了积极作用。目前，全国共有34个省市共同参与了区域电子商务平台的建设，一个全国范围、互联互通的区域电子商务平台体系正在形成。

第六，打造新型的国际商务平台。在原有国内市场基础上，改造传统商品市场，引进国际商务的技术手段、运营模式和广告宣传，形成更多的生产性服务项目和服务供应商，形成专门的和综合的生产与服务相联系的供应链体系，打造更多的义乌国际商品交易模式。

第七，企业走出去建立国际商务渠道。开拓国际商务渠道是改变传统竞争优势的最有力手段。海外市场开拓和技术、管理要素的输入不仅需要依靠现有的境外服务供应商，更需要境内服务供应商走出去，在海外建立国际渠道，深耕海外市场，进一步加大中国商品在海外流通领域的竞争力和市场开拓能力，加大从海外输入有利于我国改善影响潜在经济增长的各种要素。

第八，在产业转移中形成沿海与内地互连互补的专业分工关系。以空间延续廉价劳动要素的优势。中西部地区将会更多承接劳动密集型产业，但是不应该重复沿海地区早期工业化的模式。应当在沿海向内地的产业转移中，保持沿海与内地的专业分工联系，建立互补的产业体系，形成沿海与内地优势互补，沿海与内地紧密结合的供应链体系，在国际经济竞争中发挥我国大国的综合竞争优势。

未来我国培育国际竞争力的新要求，不仅需要国内的要素供给，也需要外部的要素供给，这是吸收外商投资的另一重要导向。以往在传统竞争力还具有优势的条件下，我国在吸收外商投资中，主要考虑的是外商的资金投入量，而不用太多考虑投资者的产业特定优势、技术品牌优势、管理和人力资本优势，以及形成国际竞争力新优势的其他要素。今后，我国培育国际竞争力新优势时，资金投入量的考虑虽然仍然有必要，但应当让位于或更多权重地考虑其他上述各项因素。从需求面转向供给面，就成为我国吸收外商投资的新理念和新要求。

五 利用外资的新理念和新导向

结合上述八个方面吸收外商投资以提高国际竞争力，并持之以恒，在集聚一定的数量和规模后，就一定能够达到提高利用外资的综合优势和总体效益的目标。从经济增长机理来看，当前我国进入了一个结构性减速的新阶段，今后一个时期我国经济增长将进入一个位于8%左右较以往略低的水平上。所以，今后我国经济工作再片面强调扩大投资需求来拉动经济增长，将会事倍功半；与此同理，如果只考虑扩大外商投资规模和数量来增强资本形成，不仅从国际投资流量上没有现实可能，而且对经济增长的效果也没有以往那么明显。因此，吸收外商投资的指导思想，要从以往只从需求面着眼，转变到需求与供给面并重方面来。

什么是供给面的考虑？这实际上是借鉴供应经济学（Supply-Side Economics）的含义。"供应学派"由美国经济学家裘得·万尼斯基在1975年命名。除了裘得·万尼斯基外，罗伯特·蒙代尔和亚瑟·拉弗是另外两位极力推崇"供应学派"的经济学家。毋庸讳言的是，供应学派的经济学理论并未形成像凯恩斯经济学那样的独立体系，而且供应学派的经济政策在主张上也并不与供应学派经济学家的理论完全相同。在经济政策实践中，凯恩斯的以"需求拉动增长"和供应学派提出的"以供给创造需求"，虽然各自强调不同的着力方向，但是在实践中却都少不了政府的干预。它们的分野也只在"大政府"和"小政府"的区别，并非会产生理论意义上的完全自由的放任的市场。

中国政府对宏观经济的管理模式更容易采取凯恩斯主义刺激需求的做法，从而将需求管理做到极致，而忽略供应面的管理，这难免发生刺激效果逐步递减的结局。供应学派所主张的理想状态并不存在，但是供应学派的经济政策和管理理念却值得借鉴。这就是今天我们应该重新思考、借鉴和引申供应经济学的意义所在。从供应

经济学派的主张中,对于吸收外商投资,可以引申出以下几个方面的内容以及所蕴含的政策主张:

第一是提高资本效率,即从提高投资回报率的视角,吸收较高质量的外商投资。当前的机遇是在发展战略性新兴产业中吸引外资。通过具有先进制造业水平的外商投资,推进我国战略性新兴产业培育和先进制造技术发展。通过发展战略性新兴产业,为先进制造技术突破提供应用场所和市场支撑,通过先进制造技术的发展为战略性新兴产业的工程化、产业化提供工艺保障。其中,实行精致化生产和管理创新也都是提高资本回报的重要途径。

第二是从有利于促进技术创新方面考虑。我国的产业赶超必须从"承接制造+产品创新"向"产品创新+过程创新"的模式转型。总体来看,中国制造业已经相当于发达国家20世纪90年代末和21世纪初的水平,为产业结构优化和转型升级提供了较好的基础。当前缺乏的是新的支撑点,如电子商务、现代物流、工业设计、软件和信息服务等现代生产性服务业的发展,这是先进制造业的"心脏"和"大脑",是走向高端制造业的重要基础和支撑,需要通过引进外资和技术来实现。

特别是信息基础设施建设亟须引进创新。我国现阶段信息基础设施与发达国家仍然有较大差距,这种差距近五年仍被拉大。核心芯片、各种操作系统的关键技术,如高档数控系统、制造执行系统、工业控制系统、大型管理软件、宽带技术和铺设等方面都还落后甚至受制于人,一定要通过引进外资和技术缩小差距。过去的实践证明,引进创新是自主创新的捷径,也是效率最高的方式。

第三是建立以外商投资企业为龙头的第三次工业革命应用基地。通过吸引外资建立第三次工业革命的试验和应用基地,培育一些现代"母工厂",推进我国的先进制造技术突破和应用。将这些"母工厂"建设作为我国先进制造技术突破、应用的示范场所,建设成为先进制造技术和先进现场管理方法改善的试验基地,从而最终以点带面地推进我国制造业素质的整体提升。

第四是以"两化融合"为目标吸引外资。未来在东部沿海发达地区，产业的发展路径必然是：工业由制造向创造转变，生产型制造向服务型制造转变，由粗放型向集约型转变；按照高端化、集约化、服务化的发展方向，推动三次产业融合发展，加快构建以现代服务业为主体、战略新兴产业为引领、先进制造业为支撑的新兴产业体系。电子商务和专业分工基础上的供应链体系，都可以促进两化融合。

引进外资促进"两化融合"，一方面是吸收能够形成智能制造的外商投资，其基本特点是整个生产线全自动化，生产效率显著提高，终端制造能力增强；另一方面是能够促进服务型制造的外商投资，其特点是以生产性服务引领制造过程以及客户消费过程，制造商与服务供应商密切结合。

第五是增强利用人力资本的服务业引资力度，增加劳动参与率。如果资本和技术提高了效率，但劳动参与率下降，仍然会使经济增长打折扣。我国面临劳动参与率下降的新挑战，既有人口年龄等方面的自然原因，也有产业结构与人力资本结构不匹配的原因。其中，扩大具有12年以上教育的劳动者的就业岗位在城市中十分迫切，这就需要扩大这方面的资本形成。从有利于吸引劳动者参与的就业岗位看，可以吸引外商投资的行业主要有基础设施、交通和物流、网络信息化技术应用、职业和专业技术性教育、文化创意、康复医疗、公共卫生等领域。

第六是发挥中西部地区吸引外资的后发优势。近年来，由于中西部地区劳动要素和土地价格的上涨幅度低于沿海发达地区，外商投资仍然可以继续得到要素价格优惠的利益，因而出现了跨国公司"西进"现象。从2012年以来，西门子、富士、丰田、摩托罗拉、福特、日立、索尼、佳能、三菱、爱普生、艾默生等100多家跨国公司负责人纷纷前往西部地区考察新兴产业项目投资。很显然，未来中西部地区将成为外商投资的新热点。但是，今后西部地区的吸收外资也不能重复以往的路径，不能仅仅考虑需求方面，也应同时考虑供给方面，特别是要通过外商投资建立沿海与内地的产业分工和相互衔接的关系，这将有利于提高资本效率和其他要素的生产率。

参考文献

蔡春林、姚远：《美国推进第三次工业革命的战略及对中国借鉴》，《国际贸易》2012 年第 9 期。

郭熙保、罗知：《外资特征对中国经济增长的影响》，《经济研究》2009 年第 5 期。

中国社会科学院工业经济研究所课题组：《第三次工业革命与中国制造业的应对战略》，《学习与探索》2012 年第 9 期。

[美] 保罗·克雷·罗伯茨：《供应学派革命：华盛顿决策内幕》，杨鲁军、虞虹译，上海人民出版社 2011 年版。

[美] 杰里米·里夫金：《第三次工业革命》，张体伟、孙豫宁译，中信出版社 2012 年版。

Albuquerque, Rui, The Composition of International Capital Flows: Risk Sharing Through Foreign Direct Investment, *Journal of International Economics*, No. 61, 2003, pp. 353 – 383.

Borensztein, Eduardo, Jose De Gregorio, and Jong – Wha Lee, How does Foreign Direct Investment Affect Growth? *Journal of International Economics*, No. 45, 1988, pp. 115 – 135.

（原载《财贸经济》2013 年第 4 期）

中国企业对外投资与"一带一路"建设机遇

当前,中国经济和世界经济高度关联。自党的十八大以来,我国对外开放形成了一套新的思路并推出一系列重大举措,致力于全球视野下的合作共赢、文明互鉴。"一带一路"建设就是在我国新一轮对外开放的大背景下提出的,是党中央在经济新常态下构建开放型经济新体制、打造全方位对外开放格局的重大战略部署。在这一背景下,中国企业"走出去"不仅为了开拓国内国外两个市场、利用国内国外两种资源以促进国际收支平衡,更要积极参与未来世界经济的构建,为世界创造中国的独特价值,尤其在"一带一路"建设中把握机遇,实现互利共赢;在增加中国企业对外投资的东道国福利,保障国家能源、粮食、食品安全做出贡献的同时,构建自主的跨国生产经营价值链、整合全球资源。因此,需要对全球视野下的中国企业对外投资进行全面分析,并对"一带一路"的内涵进行探讨梳理,以谋求"一带一路"建设背景下中国企业对外投资的发展新机遇。

一 中国企业对外投资的动因分析

(一) 全球视野下的中国对外投资

提到对外投资,一般都容易想到是发达国家到发展中国家去投资。自从20世纪90年代以后,世界投资形势发生了很大的变化。现在,不仅发达国家到发展中国家投资,发展中国家也对外投资,既到发展中国家投资,也到发达国家投资,并且发展中国家对外投资的比重越来越高，亚洲成为发展中国家对外投资的主力（见图1）。因为亚洲有几个特点：几个新兴市场经济体都在亚洲，像新加坡、韩国，加上东南亚各国，当然最重要的还有中国，成为对外投资的主力。他们在对外投资中很重要的特点是主要向发展中国家投资。其中，在亚洲区域内投资占到85%，还有一部分投向非洲和发达国家，促使出现了"南南合作"的新局面。

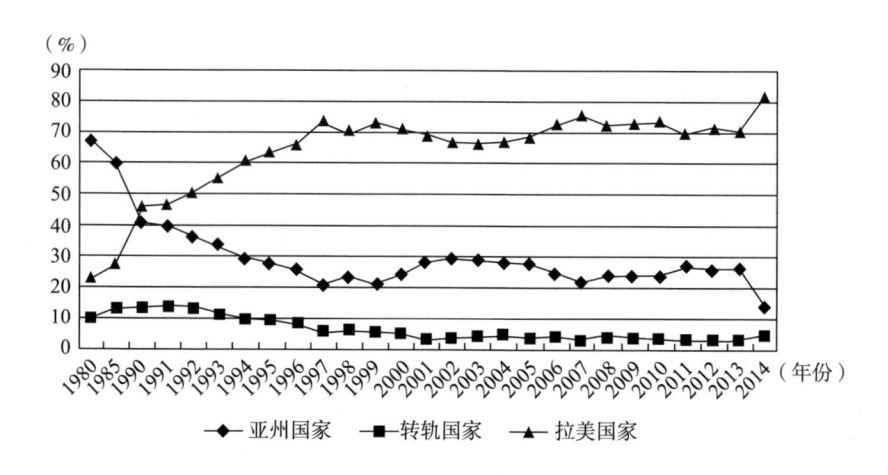

图1　亚洲是发展中国家对外投资的主力

2000年，我国政府正式提出实施企业"走出去"战略，此后，中国企业的对外投资有了迅猛的发展。20世纪以来，我国对外投资已实现13年连续增长，年均增幅高达33.6%。到2014年，中国企业对外投资的流量按照美元来计价，累计的数量加起来是六七千亿美元，排在世界第三位，超过日本。一方面，中国在海外的资产超过一万亿美元，另一方面，在海外的人民币超过两万亿美元，这是中国经济融入世界经济的一个重要标志。2015年年末，中国对外直接投资存量首次超过万亿美元大关，占全球比重3.4%左右，其中，80%在发展中国家，20%在发达国家。2016年前9个月，我国非金融类对外投资继续保持旺盛增长，流量达到1340亿美元，同比增长53%。特别是央企对外大的投资项目，像自然资源、矿厂矿山，一并购就是几十亿美元。与此同时，民企对外投资增长很快，到2015年为止，我国海外投资的累计流量是民营企业和国有企业各占一半，这与前几年相比有了很大的变化。前几年国企基本占到百分之六七十，现在国企的比重在下降。因为往往国企一到海外投资，政治敏锐性很强，对方会怀疑我国政府在背后有什么意图；但民企往往也存在实力不够、块头小、抗风险能力低等问题。所以，国企和民企联手对外投资会是更好的选择。

（二）中国企业对外投资的发展趋势

世界银行和联合国贸易发展会议针对新兴市场国家和发展中国家研究发现：一个国家，包括发展中国家，开始既不可能大量吸引外资，也不可能对外投资，随着经济发展，吸引外资增加，但对外投资较少，这种比例关系随着经济发展将逐步发生变化，经济学研究对这种现象进行了实证分析，提出了双向投资发展阶段变化的理论（见图2）。2005年，我国处于该理论的S2阶段，以吸收外资为主；到2014年，我们进入图中的第三个阶段，2015年，我国实际利用外资是1263亿美元，对外投资是1180亿美元，基本接近。根据这个变化图预判，"十三五"期间，中国很可能会变成资本净输出国，围绕图中中位线1:1比例上下波动。

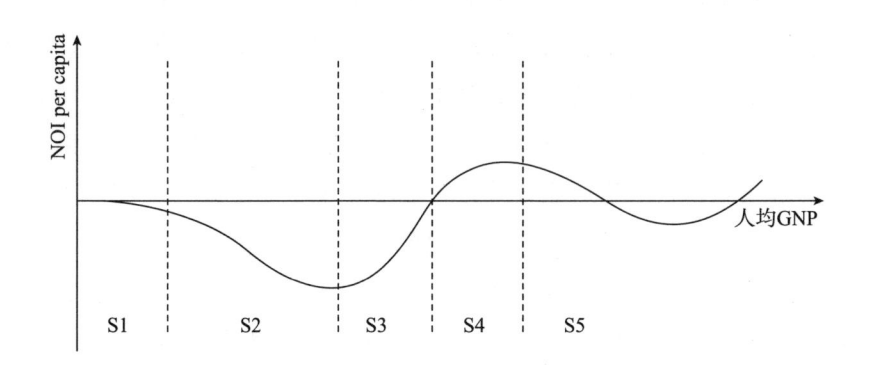

图2 一个国家随着经济发展双向投资比例变化

正如美国作为非常富裕的发达国家，既是对外投资的大国，也是全世界吸收外资最多的国家，可谓是"大进大出"。如何理解这一现象？这说明美国配置全球资源的能力最强，所以既能"大进"，也能"大出"。而这也正是我国对外开放、倡导企业"走出去"的原因所在。中国企业对外投资的快速发展，正是利用国内、国外两种资源、两个市场的现实要求和必然选择。因为我国人均的各种资源都很有限，央企大的并购项目基本都是资源性的项目，必须要利用国外的资源。而要利用两种市场，除了利用国外的商品市场，还要利用国外的资金市场、技术市场。过去，我国用了很多优惠吸引国外资金，外资进来配置资源，我们是被动的。现在，到了需要走出去的时候，我们要主动去配置全球的资源。从发展趋势看，未来我国企业的海外投资会继续增加，这也是"一带一路"建设的必然趋势。从另外一方面看，现在全世界是怎样一个状况？全世界是一个国际化的生产体系，国际化的生产体系是由跨国公司支配的。跨国公司控制了全世界生产和贸易的80%，同时它要求政府推动贸易投资自由化，形成一个全球生产网络。包括我国在内的很多工业生产都是和全球的生产紧密联系的。市场是全世界的，国际分工呈现出产业间分工、产业内分工、产品内分工这种多层次并存的崭新格局，这种多层次的分工形成了全世界范围的供应链和价值链。这就是生产贸易层面的经济全球化。全球生产网络以价值链为纽带将空间分散的组织和分工有机结合，涵盖价值链所有环节的分工，不仅包括生产作业活动，还囊括了技术研发、后勤和采购、市场和销售、售后服务等各种活动，在全球范围内实现价值活动的整合，建立一体化、高依存的全球价值网络体系。现在，全世界的生产贸易都是这样来组织的，各个国家参与价值链的程度越来越高。据国际组织统计，全球57%以上的生产和贸易都是和别国相关联的。

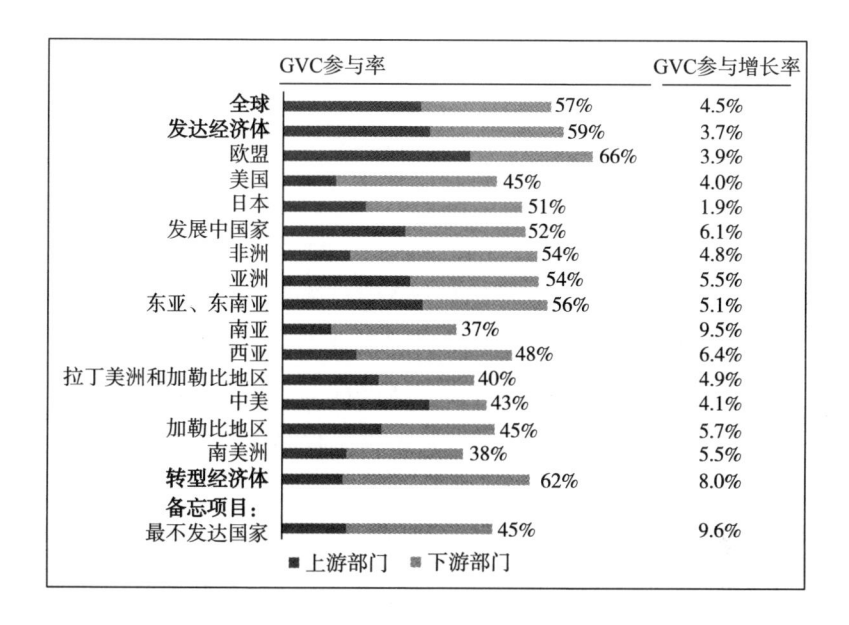

	GVC参与率	GVC参与增长率
全球	57%	4.5%
发达经济体	59%	3.7%
欧盟	66%	3.9%
美国	45%	4.0%
日本	51%	1.9%
发展中国家	52%	6.1%
非洲	54%	4.8%
亚洲	54%	5.5%
东亚、东南亚	56%	5.1%
南亚	37%	9.5%
西亚	48%	6.4%
拉丁美洲和加勒比地区	40%	4.9%
中美	43%	4.1%
加勒比地区	45%	5.7%
南美洲	38%	5.5%
转型经济体	62%	8.0%
备忘项目：		
最不发达国家	45%	9.6%

■ 上游部门　■ 下游部门

图3　发达国家的生产高度依赖全球价值链

注：GVC参与率（2010年）和GVC参与增长率（2005—2010年）。

资料来源：UNCTAD – Eora GVC 数据库。

不论是发展中国家还是发达国家，全世界范围内生产贸易活动都是相互依存的，而且越小的经济体依赖性越高。那么，这种价值活动的一体化形成的全球价值链的国际生产网络会出现怎样一个现象？它会不断扩大新的国际生产空间，出现一个"新经济地理"。在全球价值活动一体化的背景下，越来越多的国家和地区加入全球化中来。例如，中国改革开放后参与经济全球化，因为价值链活动不断扩大，不仅推动了世界经济的发展，也促使自身得到了发展。实际上，目前还有很多地方没有进入全球价值链的生产经营网络，这也就是我们提出"一带一路"往西走、往南走的原因所在，因为我们要扩大国际生产的空间，要寻找新的经济领域，就跟当年哥伦布发现新大陆一样，我们在寻求"新经济地理"。

从企业层面来讲，提出了企业国际生产的空间和组织选择的概念，是指企业要扩大新的经济领域，要根据企业比较优势的具体表现来选择适合的国际生产组织形式，要按企业的比较优势找出与之契合的国家和空间，然后选择恰当的分工方式，选择不同的企业组织形式。实际上，全球价值链需要国家层面做的事情很多。因为企业"走出去"是一种投资行为，这与全球贸易活动会遇到关税、非关税、商品检验查验等"边境障碍"，需要WTO来解决这些问题一样，对外投资活动则是到不同国家设立企业和项目，它涉及的是当地的法律、制度、产业政策、技术标准、商品质量标准等一系列的经济管理规定。因此，全球价值链不仅是企业的行为，它更要求国家的参与，因为其涉及的生产问题、贸易问题及服务问题，这些问题要求各个国家对其贸易投资政策进行改革，需要一套配套政策，否则，全球价值链就无法形成。目前，WTO主要解决的是贸易活动的问题，它对于双向之间各领域的投资，不仅是货物包括服务的投资，涉及的问题比较浅，做的规定、相互约束比较少，所以，我们需要一套新的规则，这就是美国为什么要设立TPP（跨太平洋合作伙伴协定）和TTIP（跨大西洋伙伴协定）的原因。这表明，全球价值链的发展对贸易政策和投资政策都提出了改革的要求，其主要目的是降低成本。

现在，很多地方在设立自由贸易试验区，其中，有一个试验叫提高贸易便利化水平。什么叫提高贸易便利化水平？实际上就是要降低贸易的成本，包括生产成本、距离成本、边界成本、规则成本、文化成本以及交易成本等。为此，我们设立了单一贸易窗口，实际上就是把各个部门都集中在一起办公，为企业提供便利。那么，涉及投资活动，要改革的内容就更多。目前，全世界的第一代投资贸易规则正在向第二代过渡，在这个过程中，WTO完成不了这样一个历史使命，但是，我们又很难让一百多个经济体坐在一起来谈一个统一的规则，这个难度太大。所以，当下出现了区域合作的潮流，在小范围内先准备一套新的规则。现在，我国提出"一带一路"建设，与"一带一路"周边的国家搞国际产能合作，同样涉及规则问题。目前,我们对外投资谈判还停留在双边阶段,例如中国和蒙古国、中国和巴基斯坦、中国和印度,双边谈判比较容易,但是像上合组织这样的多边平台要达成一个协定就比较困难。而"一带一路"涉及60多个国家和地区,我们之间的协调机制和对话机制还没有出现,甚至召开一个共同的会议,哪怕只是召开一个研讨会也还没有实现,所以,我们倡导的"一带一路"建设还有很漫长的路要走。

当前,中国主导建立了亚投行,很多国家响应,初步落定57个成员国。所以我们说,区域合作是突破各种瓶颈问题的先导,我们推进"一带一路"同样顺应了世界经济的潮流。正如习近平总书记所说,我们要参与的世界经济体系是一个开放的世界经济体系。要参与全球化,要融入世界经济和全球价值链,就要求改革贸易投资政策。但是,全球一起改革存在困难,那么就要求局部进行改革。如同美国设立 TPP,不让中国参与,带有一定程度的排他性政治含义,但是这对我们没有太大的影响,为了应对这种排他性,我们也在进行其他的区域合作。而从一定意义上说,"一带一路"也是我们应对一元政治的一个有力措施,"一带一路"建设是我们参与全球经济化的必然的选择,也是经济发展的必然趋势。

二 "一带一路"建设的顶层设计目标

到目前为止,关于"一带一路"最权威的官方文献是 2015 年 3 月 28 日由国务院授权,国家发改委、外交部、商务部联合发表的政策声明《推动共建丝绸之路经济带和 21 世纪海上丝绸之路的愿景与行动》,声明全文 2 万多字,共九个部分,在互联网上全文公布,是目前中国政府对外最严肃、最完整、最权威的官方声明,对"一带一路"建设的说明很具体。党的十八届五中全会《中共中央关于制定国民经济和社会发展第十三个五年规划的建议》指出,推进"一带一路"建设要秉持亲诚惠容、坚持共商共建共享原则，完善双边和多边合作机制，以企业为主体，实行市场化运作，推进同有关国家和地区多领域互利共赢的务实合作，打造陆海内外联动、东西双向开放的全面开放新格局。那么从这些文件来看，笔者把它归纳出十个重要含义。

第一，我们对外不说"战略"，而是说国家主席的重大倡议。如果说"战略"，就是一个单边的行为。我们与周边国家是"共建"，不是"战略"。

第二，"一带一路"的基本理念是和平发展，是要实现经济发展、文明交流、维护全球自由贸易体系和开放型世界经济，打造开放、包容、均衡、普惠的区域经济合作框架。这里面有很多新提法。过去我们没有出现过这样的字眼，比如普惠，"一带一路"要有普惠的区域经济合作架构，同时要探索全球治理的新模式，要探索美国主导之外的一个新的模式，这个新的模式是开放、包容、均衡、普惠，这就是新内容，但是都是"和平发展"。

第三，建设目标是什么？构建世界经济新的体系，实现世界范围宏大的经济愿景。一是努力实现区域基础设施更加完善，安全高效的陆海空通道基本形成，互联互通达到新水平；二是投资贸易便利化水平进一步提升，高标准自由贸易区网络基本形成；三是政治互信、人文交流更加广泛深入，不同文明互鉴互荣。这是很高的目标。

第四，共商、共建、共享。这表明"一带一路"不是单方行动。一是坚持开放合作，基于但不限于古代丝绸之路的范围。我们基本上是沿着古代丝绸之路这个路线去开展合作，但不限于此，这就叫"开放合作，基于但不限于"。二是坚持和谐包容、兼收并蓄、共荣共生。三是坚持市场运作，是指发挥企业的主体作用，也发挥政府的协调作用。四是坚持互利共赢，寻求利益契合点和合作最大公约数，能合作多少就合作多少。

第五，陆海统筹："两圈"对接、六条走廊。陆地也走，海上也走，"两圈"指的是东亚经济圈和欧洲经济圈，这两圈对接，贯穿亚欧非大陆。"六条走廊"主要是讲基础设施,陆地上打造新亚欧大陆桥、中蒙俄、中国—中亚—西亚、中国—中南半岛、中巴、孟中印缅等国际经济合作走廊,一共叫"六条走廊",这个丝绸之路是通过陆地往西走,而海上丝绸之路是往南走然后再往西走。

第六,谋求合作共赢之道,实现"五通"。一是政策要沟通;二是基础设施领域互联互通,基础设施是广义的,陆海空包括油气管线,包括电力线路;三是进行贸易投资合作;四是民心要相通,我们要通过学术往来、文化交流、人才交流合作让当地民众参与进来,实现民心相通;五是资金的融通,在"一带一路"的资金上,既可以用中国的资金,也可以用别国的资金,既可以由中国的金融机构提供支持,也可以由别的国家的金融机构提供支持,既可以在中国境内发债,也可以在境外发债,既可以用人民币发债,也可以用外币发债,是一种双向选择,而不是只考虑人民币国际化。

第七,务实民主的合作机制。我们的表达很灵活:官民并举,政府层面要沟通,双方要有联合工作机制,要有研究推进实施方案的行动路线图。目前,我们还处于发动群众阶段,还没有达到组织化的高级形式,等到双边、多边都认为有必要的时候,我们可以组织相关论坛或者对话机制。

第八,举国响应。现在,全国都在热火朝天地讨论如何支持"一带一路"建设。实际上,文件中全国绝大多数省市都没落下,这也就是告诉大家,这件事大家都有机会参与,各个省市都要出力,全国各地要根据自己的情况对外开放,其中比较有具体意义的一件事就是打造"中欧班列"品牌。中欧班列是连接中国和欧洲的集装箱的铁路运输,目前国内开的有好几条专线,应该说很有实际意义。如果通关一体化能够完全实现,我国到欧洲的运输成本就会大大降低,运输时间也从一个月缩短到十天左右。但是,现在货源组织遇到了困难,没办法做到天天发运,只能是隔几天发运,做不到比较短时间定期发运,特别是在海外组织货源往回运困难更大,这反映出我们在海外的商业运作能力需要提高。

第九，体现大国责任，作为推进"一带一路"的重要目标，中国愿意在力所能及的范围内承担更多的责任和义务，为人类和平发展做出更大贡献。这个目标不仅仅是说说而已，而是真的要这么去做。马云在 2015 年的达沃斯论坛上说，我们中国企业家 21 世纪的追求是参与世界经济的构建，为人类做更大贡献。这个解读是正确的。

第十，培育参与和引领国际经济合作竞争新优势。现在的竞争优势是全球价值链，产品的国际竞争不是单打独斗，实际上是一个"链"与另一个"链"的竞争，里面涉及产业体系、价值链体系，涉及规则、体制等很多的问题。所以，需要通过"走出去"战略、通过"一带一路"的建设来培育新优势。

三 "一带一路"建设的进展、遇到的问题及未来趋势

（一）当前"一带一路"建设的进展

2015 年，我们"一带一路"相关国家的投资增长很快，总计达到 148 亿元，总体而言，进展很显著。

现在最主要的合作模式叫作境外经贸合作区。这也就是说，中国企业的对外投资不完全是企业行为。坦率地说，80% 的投资在发展中国家，这些发展中国家包括水电供给、道路等基础设施都较差，法制环境不好，而且金融服务也很滞后，企业各自去投资会遇到很多困难，如何解决？实际上，我们在复制国内开发的经验，由政府与对方的政府谈判，在对方国家设立对外经贸合作区，对方划一块地给予优惠或者免费，然后由龙头企业跟对方政府谈，以优惠的价格把这块地租下来，建设一些基础服务设施，并由这个龙头企业代为行使"开发区管委会"这样的职责，与当地政府沟通税收、劳动力招工等一系列政策，然后再去国内进行招商引资，让其他企业入驻这个园区。目前，这个形式相对比较成功，我们已经在境外设立了 69 个境外经贸合作区。这其中有 19 个合作区是由商务部主

导设立的，还有省一级谈判设立的，当然也有企事业单位直接谈判设立的，但是背后都有政府的支持。

境外经贸合作园区的建设不仅能解决当地的就业，还为当地提供税收，这一成绩是很大的。对我们而言，境外经贸合作园区作用何在？一是降低海外经营风险和成本，二是服务国内产业发展，同时入园区的企业能够享受园区服务，这是我们搞"一带一路"和对外经济贸易发展的一条先进经验。目前，我国海外投资国有企业占比49.6%，非国有企业占到50.4%。商务部提供了一些比较成功的案例，例如民营企业江苏红豆集团在柬埔寨建设的园区，已经变成一个对外贸易生产基地；上海东方集团是个国企，它在孟加拉国建立了一个服装产业园，主要是服装的生产贸易；泰中罗勇工业园主要进行汽车零部件制造，也比较成功；还有苏伊士经贸合作园等。还有些非园区建设，例如安哥拉的社会住房项目，是中信公司作为龙头企业，同时也是联合舰队，由38家国内企业一起承包；还有中国路桥公司承建的肯尼亚的铁路项目。从未来对外投资路径看，会向由更多大型跨国公司牵头的趋势发展。

在海外投资中，金融支持是必不可少的。海外投资究竟可以得到哪些金融支持？党的十八届五中全会关于"一带一路"金融支持的设计提出：一是加强同国际金融机构的合作；二是设立一些国际性的金融开发机构，像亚投行、金砖国家银行和丝路基金等；三是吸引国际资金共建开放多元共赢的金融合作平台，目前还在筹划阶段。当前进行的是国内各个金融机构对于有关地方给的一些项目融资和授信，还有个别金融机构在海外发美元债。此外，就是设立了一些开放性金融机构，像亚洲基础设施投资银行。目前，最受关注的就是亚投行，因为它已经成立，有57个国家成为创始成员国，其中，有27个是域外的国家包括英国，现在对亚投行持冷淡态度的就是美国和日本两国，其他的国家都很积极。但是由于经济条件有限，亚投行真正能够按时交纳股本金的只有少数几家，笔者测算全年股本金到位的只有100亿美元，因为它注册资本是1000亿美元，比亚开行还少，亚开行是 1600 亿美元。实际上，亚投行在国际开发性金融机构中还在发展初始阶段，所以对它的作用应合理评估。但就是这样一家金融机构也让欧美很紧张，因为以前的国际金融机构都是由他们控制的，后来仅仅是日本设立了亚开行。第二次世界大战以后，没有哪一个发展中国家能够设立国际金融机构，所以，尽管亚投行很小，但在欧美看来，中国人已经创造奇迹。从这个角度来看，亚投行任重道远。

习近平总书记说，亚投行要打造成"命运共同体、利益共同体、责任共同体"，这需要行长金立群先生首先是个政治家，其次是个外交家，最后还要挣钱。所以说，亚投行实际上面临很多考验。第一，内部结构，要避免国际金融组织的弊病，要兴利去弊，本来就缺乏经验，还要实现三个"共同体"，非常不容易。第二，亚洲基础设施的商业意义值得商榷，亚洲基础设施绝对需求很高，但是有效需求实际是不足的。第三，项目需要做风险评估。第四，涉及不同的金融设施生态环境，"一带一路"周边六十几个国家的支付体系、币种结算、信用环境、金融监管等都有差异。第五，要与现行国际规则接轨、协调，因为与亚开行、世界银行、国际货币基金组织等都有联系，亚投行的规则不能与其冲突，要处理好与他们的关系。所以，亚投行面临很多问题，必然要经受很多考验。

所以，企业走出去参与"一带一路"建设，应作合理规划和预期。2015 年，国务院除了发布联合声明外，还出台了一个重要的文件——《关于推进国际产能和装备制造合作的指导意见》，它从产能和装备制造怎么支持"一带一路"建设的角度作了具体的要求，执行以来取得了一些效果。第一是铁路项目，一个是印度尼西亚旺高铁项目开工，同时，中老铁路进入实施阶段，中泰项目虽有波折但是已经启动，还有匈塞铁路动工、土耳其东西高铁落成等，都是央企或国企走出去的成果。核电设备和核电建设开始进入世界市场，高铁有色建材这些一般的项目也有走出去的势头，主要是一般的竞争性项目和产品。第二是对外投资工程承包，签订了一些承包合同，大型成套的设备出口增长也比较快，这样就带动了国内装备的标准品牌走出去。第三是业务创新。我们现在的基本做法是建营一体化，这个主要指的是大型项目，尤其是工程项目，采用的基本做法就是建设和经营一体化，投资经营者合一，经营一段时间之后再交出去。这种项目在铁路交通建设方面发挥了很大作用，包括一部分的经贸合作园区也采用这个办法，比如说埃塞俄比亚的工业园、中白工业园，以及缅甸的茭白经济特区，都是采用这种新的业务方式来推动"一带一路"建设。第四是"一轴两翼"，重点是周边地区六条经济走廊，特别像哈萨克斯坦，我们之间的产能合作已经有了早期收获，涉及 52 个项目。同时，俄罗斯、巴基斯坦等周边国家的发展也比较快，这叫"一轴"。"两翼"则主要是西边，西翼是中非产能合作，因为非洲现在正在推进工业化，所以，政府想把埃塞俄比亚打造成中非产能合作的承接地、示范区，同时聚焦肯尼亚、坦桑尼亚、埃及、南非等重点国家。通过提高中非产能的合作水平，实施中非工业化合作，推动非洲的"三网一化"，就是铁路、公路、航空三大网络和工业化，这是政府在非洲的布局这是其一。其二是中欧，中欧产能合作也是西翼，欧洲的合作重点是 16 + 1，就是中国—中东欧，思路是关键技术、市场依托西欧，然后利用我们的一些装备和产能在中东欧投资。其三就是"东翼"，中国和拉美合作，主要是通过资金、信贷、保险，做物流、电力、信息。这是目前我国促进国际产能和装备制造合作走出去的办法。

它的制度保障和工作机制一方面是贯彻落实境外投资管理办法，99.6% 对外投资实现备案管理。然后同国外 17 个国家建立了双边、多边的产能合作机制，对接非盟、欧盟、东盟、拉共体这些区域组织。跟法国、韩国谈了第三方合作机制，意思是我国在境外的产能技术和市场都在对方的国家。同时，发改委已经和九省签订央地协同合作协议，还有十省在商签，这些都是工作机制的构建。我们还关注到，配合"一带一路"建设在建的一系列双边、多边合作基金。其中有丝路基金支持的，比如，中哈产能合作基金、中拉产能合作基金。所以说，地方央企想要走出去，需要基金支持，要有一个完整的构想。另一方面是在境外发债，主要发的是美元债，现在上海自贸区也在酝酿在自贸区发人民币债，这是一个好办法，因为境外有很多这样的运营商。

（二）"一带一路"建设中遇到的问题

第一，要实现基础设施互联互通、搞产能合作、行业标准、技术资质互认，这本身就是个问题，因为有些标准还没有国际化。现在我们"一带一路"走出去就遇到双重标准、技术不互认的问题，没有互认，我们的标准和技术得不到对方的认同，这就是个大问题。

第二，国企与民企并购重组难。国企和民企"走出去"有各自的优势，也有不利之处。国企的最大不利之处就是别人敏感，担心你有政府的意图，他们往往很谨慎；而民企"走出去"实力不够强。所以，促进国企、民企合作对我们也是个新的问题，地方央企想走出去，我建议要联合国企、民企一起走。

第三，海外并购、工程承包融资租赁模式效率很低。国内银行的融资不支持出去并购，不支持出去搞国际承包，只能搞绿地投资。

第四，境外国际招投标困难多。因为缺乏境外的国际采购平台，作为总承包商的成本就很难控制；同时，国内银行包括政府服务体系现在也不完善，还有很多跟不上的地方。

第五，当地法律存在隐性贸易和投资壁垒，境外投资会遇到很多问题。比如，法律要求当地雇员的比例，要求你跟当地企业联合投标，而且有些地方还会限制你的股权比例，不是你想怎么干就能怎么干。

第六，工程技术、环保标准很高。虽然有些国家是发展中国家，但是它的标准和欧美没有差别，尤其是环保技术标准很高。按国内的一套可能会不适应，比如到非洲投资，他们的劳工标准就很高，工人上班要喝咖啡、要有空调，他们的要求是西方的标准。

第七，"一带一路"建设过程中，商业原则有时候很难贯彻。很多时候我们和这些国家合作，往往是既当甲方又当乙方，本来是对方的事都得你去替他办，无形中增加了很多成本，实现盈利可能就存在困难。

第八，面临日本的明显竞争。在亚洲地区，日本加紧了与中国的竞争。中国提出"一带一路"以后，日本先是采取冷处理的态度，之后加紧了在亚洲地区与中国的竞争。2015年5月，日本宣布5年内对亚洲基础设施投资1000亿美元；12月，与印度签署120亿美元高铁协议；此外，加大对外援助的贷款，总规模达到14700亿日元，涉及铁路的有菲律宾2429亿日元、印尼770亿日元、印度1240亿日元。

所以说，整个"一带一路"建设应该看作一个长远的建设项目、长远的建设目标，我们现在处在刚刚起步的阶段，已经有一些早期收获，但是也面临着挑战与困难，要把这些挑战和困难看得多一些，看得大一些，这样才能端正我们的心态。首先，参与"一带一路"建设的企业要端正一个认识，"走出去"是要负责任，是要为世界人民作贡献。其次，在"走出去"过程中遇到的困难都不是小事，都会对企业的市场化运作、商业运行产生影响。

（三）"一带一路"建设未来的发展趋势

第一，要注重部门、地方、驻外使馆、协会、企业、金融机构"六位一体"的协同推进。

第二，"两重一商"项目与不同资金来源匹配分类推进，就是说对重大战略性项目、重大政府间合作项目和一般商业性项目采取区别化资金支持。如果有重大战略性项目、重大政府间合作项目，政府会考虑提供资金支持；但一般的商业性项目就得完全依靠市场。

第三，以周边为主轴，以非洲、中东和中东欧为"西翼"，以拉美为"东翼"全面推进，"一轴两翼"从政府层面提出45个重点国家，"一带一路"沿线是六十几个国家，但重点是这45个国家，这里面既有双边合作，也有多边合作，还有第三方合作，力争重点国家双边产能合作机制全覆盖。同时，要设立第三方市场合作基金，这也是很重要的信息。这种金融设计是要树立第三方的合作样板，以德国、英国、美国、韩国等高收入国家为重点合作伙伴，选准合作领域和重点项目，共同开拓第三方市场，这是"一轴两翼"布局的含义。

第四，"三网一区一链"整体推进，交通网、能源网、信息网是"三网"，一区是产业集聚区，形成产业链来推进国际产能装备制造合作项目，滚动推进项目落地，这叫"三网一区一链"整体推进。这个构想很宏伟，但要稳步推进，不可能在短期一两年内完成。那么，在沿线六十几个国家的合作范围基础上建立一套新的国际规则就是更长远的努力方向。所以，国际的经济合作协议要推进需要很艰苦的谈判，任重道远。

同时，另有几个问题需要澄清：其一，"一带一路"建设不是中国版马歇尔计划，我们不是搞对外援助，而是要进行市场化运作，企业需要担负很大的责任，不能指望政府买单。其二，"一带一路"建设不是为国内过剩产能找出路。我们的项目建设都要参与国际招投标，是要出去参与平等竞争，没有特殊待遇。当然，通过"一带一路"可能会有一部分过剩产能可以被消化，但是要通过竞争消化，没有特殊途径也没有制度安排，这个是不能误解的。应充分认识中共十八届五中全会《中共中央关于制定国民经济和社会发展第十三个五年规划的建议》指出的"一带一路"建设要广泛开展教育、科技、文化、旅游、卫生、环保等领域的合作，造福当地民众。其三，"一带一路"建设及相关措施是对现行国际金融经济秩序的补充和完善。不论是"一带一路"建设还是成立亚投行，都不可能重塑国际投资贸易金融规则。

总而言之，"一带一路"建设追求兼收并蓄、共生共荣，遵循市场规律和国际通行规则，中国企业走出去要发挥主体作用，也要发挥政府作用,通过兼顾各方利益和关切,寻求利益契合点和合作最大公约数。

参考文献

裴长洪、于燕:《"一带一路"建设与我国扩大开放》,《国际经贸探索》2015年第10期。

裴长洪:《经济新常态下中国扩大开放的绩效评价》,《经济研究》2015年第4期。

(原载《财政监督》2017年第3期)

中国企业对外直接投资的国家特定优势*

一 中国企业"走出去"对国际经济学提出了新课题

第二次世界大战以后,资本输出逐渐转为以直接投资为主,而且主要发生在发达国家之间。按照联合国贸发会议的定义,从商业意义上说,直接投资与借贷资本(间接投资)的区别在于,后者只以资本收益为目标,而前者则不仅要取得资本收益,而且要取得经营权或经营控制权。这使经济学家的研究视野发生了转移。外国企业投资东道国为什么要取得生产经营权,在已不具有殖民地特权条件下,外国企业有何优势与本土企业竞争,从而保证其资本收益的目标?围绕这个问题,产生了当代国际经济学关于FDI理论和跨国企业投资与经营的解释,涌现了垄断优势论(Hymer,1960)、内部化理论(Buckley,Casson,1976)和国际生产折中论(Dunning,1977;1980;1981;1982;1988)等一系列学说,奠定了当代FDI理论的基本框架。这些学说主要是解释欧美最发达资本主义工业国企业跨国投资行为的理论,其分析的范围也主要适用于发达国家的相互投资。20世纪60年代以后,一些后起的资本主义国家如日本的大公司也先后开始对外投资,对比欧美的大公司,它们的跨国投资行为并不具有十分明显的企业特定优势或内部化优势,如何解释其投资行为?日本学者小岛清(Kojima,1978)以"边际产

---

* 合作者:樊瑛。

业转移论"解释日本企业在东亚的产业转移所形成的"雁行分工",实际是比较优势动态化的延伸,与邓宁的区位理论有接近的含义。

20世纪80年代以后,国际直接投资现象日益纷繁复杂,南南投资乃至南北反向投资都大量出现,这使国际经济学教科书中的传统学说日益丧失对发展中国家企业对外直接投资的解释力。Wells (1983) 提出了小规模技术理论,认为发展中国家企业的比较竞争优势来自低成本,这种低成本优势主要来源于拥有为小市场需求提供服务的小规模生产技术;即使技术不够先进、经营范围和生产规模较小的发展中国家企业,也能够通过对外直接投资来参与国际竞争。Lall (1983) 在对印度跨国公司的竞争优势和投资动机进行深入研究的基础上,提出了发展中国家跨国公司对外直接投资的技术地方化理论,认为发展中国家的跨国公司的技术形成包含着企业内在的创新活动,这种创新活动形成了发展中国家跨国公司特有的优势。以上理论把发展中国家的企业对外直接投资行为用微观层次理论予以解释,证明了发展中国家企业以比较优势参与国际生产和经营活动的可能性。

进入21世纪,针对发展中国家企业对外直接投资现象,涌现出大批新的跨学科研究成果,Bair(2005;2008)从经济社会学视角,Mudambi(2008)从经济地理学视角,Schumitz(2004)从发展经济学视角,Levy(2008)从政治经济学视角,Ramamurti 和 Singh(2009)、Narula(2009)从国际经济学视角分别对发展中国家企业通过全球生产网络和全球价值链进行对外直接投资的路径变迁进行了分析。虽然研究视角各异,但是上述研究得出相近结论,指出发展中国家企业对外直接不断增多的重要原因包括:经济全球化的影响、信息通信技术的进步、大多数发展中国家从进口替代战略向出口导向战略的完全转型等,但是,最重要的因素是全球生产网络和全球价值链的发展不断吸引发展中国家企业参与。起初这些企业是作为东道国企业参与国际分工,作为供应商融入发达国家跨国公司主导的全球生产网络或全球价值链，通过技术外溢等渠道，不断积累自身优势，时机成熟时就走出国门，成长为发展中国家的跨国公司，作为母国企业进行对外直接投资。邓宁（Dunning，1981；1988；1993）在其早期对投资发展路径理论（简称 IDP 理论）的基础上，又针对发展中国家企业对外直接投资行为将 IDP 理论和国际生产折中理论再度结合（Dunning & Narula，2009），提出在吸引 FDI 过程中，发展中国家企业积累所有权优势、内部化优势和区位优势，最终三种优势同时具备，就可以成长为跨国公司，进而作为母国企业进行对外直接投资。

21 世纪出现的大量 FDI 研究文献，虽然从全球生产网络和全球生产价值链的角度对发展中国家企业对外直接投资行为的变迁做了解释，但是，发展中国家企业在国际化过程中如何能够像发达国家企业一样成为全球生产网络和全球生产价值链中的主导制造商或主导销售商，现有研究仍然没有给出明确的答案。20 世纪 90 年代中国政府提出了"走出去"战略，进入 21 世纪中国企业对外直接投资异军突起，越来越成为东亚乃至世界直接投资的重要力量。中国企业特别是工业制造业企业，不仅在发展中国家投资，甚至在发达国家投资，中国企业的优势在哪里、中国企业又如何构建国际生产体系？对这种现象的大量发生，应当用何种学说来解释。显然，难以科学解释现象的理论，也很难用来指导实践的发展。这是国际经济学面临的新课题。

二 动力机制的考察：资本利益与国家利益

发达国家和其他发展中国家的对外直接投资，其动力机制主要来源于公司企业的资本收益。无论是直接资本还是间接资本，资本最主要的属性就是逐利，投资者会根据资本收益大小决定资本流向。大量资本以对外直接投资形式出现，是因为对外直接投资收益率比一般的商业贷款利息率高得多。在国际收支平衡表中，FDI 收益来自金融账户上的直接投资项目，收益包括所有跨国投资者在东道国的各类投资项目获得的收入。根据世界银行的估算，20世纪90年代后期，发达国家在发展中国家对外直接投资的年平均投资收益率为16%—18%，而在非洲的撒哈拉沙漠国家的年均收益率更是高达24%—30%。2000年以来，美国对外直接投资总额长期高于外国对美直接投资总额，这一差额从2000年的1106亿美元迅速扩大到2007年的9101亿美元。与此相反，外资在美国获得的回报率却远低于美国对外直接投资的回报率。2003—2006年，美资回报率分别为9.5%、10.6%、10.8%和11.5%，而外资回报率分别只有4.8%、6.0%、6.5%和6.9%。改革开放40年来中国吸引外资取得很大成就，不仅中国在商业环境、吸引外资方面做出了努力，而且外商投资企业也获得了很大收益。按照国际货币基金组织的统计，外商在华直接投资收益率约为13%—15%。

中国企业对外投资，不完全可以用公司利益最大化解释。在中国经济高速增长背景下，在中国投资应是绝大多数企业的合理选择。根据中国行业企业信息发布中心《2007年度中国制造业500强企业信息发布报告》，中国制造业500强企业平均利润率为6.51%，烟草行业利润率最高达17.30%，其次是饮料制造业（15.03%），利润率居第三至第五位的行业分别是塑料制品业（11.62%），造纸及纸制品业（10.94%），非金属矿物制品业（10.36%）。电子通信设备、钢铁、交通运输设备、电气机械及器材等行业利润率分别为2.81%、7.38%、6.93%、4.77%。但是，毕竟发生了大量中国企业的对外投资现象，2002—2008年，中国企业年度对外投资额从27亿美元增长到约560亿美元，年均增长速度达66%。截至2008年年底，中资企业的境外投资存量达1840亿美元，境外资产总额超过10000亿美元。在逐步成为国际直接投资生力军的同时，中国企业对外投资的动力机制需要重新考察。

目前，中国企业对外直接投资的主体构成中，主要是国有企业。虽然从FDI流量考察国有企业所占的比重在逐年下降，但是，从FDI存量考察，国有和国有控股企业占主导地位。按对外投资的企业数量计算，2008年有限责任公司居中国企业对外直接投资的首位，国有企业的比重下降居第二位，但从中国企业对外直接投资存量规模考察，2008年国有企业在中国对外直接投资中所占的比重高达69.6%，居第一位。根据商务部统计，截至2008年年底，在国资委监管的136家中央企业中，共有117家发生了对外直接投资活动，占中央企业总数的86%。2008年年末中央企业在全球127个国家（地区）共设立对外直接投资企业1791家，当年对外直接投资流量357.4亿美元；年末累计对外直接投资达1165亿美元。

在世界制造业500强和服务业500强的中国企业中，也主要是国有企业。根据《财富》杂志的排名，2003—2009年，中国企业进入世界500强的企业，2003年为11家，2004年为15家，2005年为16家，2007年为30家，2008年为35家，2009年为43家，2009年中国石油化工集团公司、中国石油天然气集团公司、国家电网公司进入全球前20强。在中国从事对外直接投资的国有企业中，以大中型国有企业为主，包括大型工业企业集团（首钢）、大型专业外贸公司（中化、五矿、华润）、大型金融机构（中银、中信）等。相较于其他国家，中国的情况具有更大的特殊性。由于历史原因，中国大型国有企业占经济总量的比重很高，战略性的能源、矿山、钢铁、机械装备、军工等行业都以国有企业为主，这些企业中相当大一部分开展了对外直接投资。中国对外直接投资的主体以国有企业为主，得自政治体制的异质性资源是这些企业竞争力的重要来源。

在中国对外投资的总金额或企业中，寻求自然资源输入的投资行为占很大比重。2008年国际金融危机发生前，中国自然资源类FDI占总FDI的45%；2008年国际金融危机后，在中国海外并购活动中，自然资源类的并购活动占到了中国海外并购的85%。国际市场供应不稳定、国内资源供给不足已经成为中国经济发展的瓶颈，鼓励中国企业以对外直接投资的形式建立海外资源供应基地，获取短缺资源，可以降低单纯依赖资源产品进口的不确定性。中国资源导向型 FDI 符合国家的整体利益，不仅有利于战略安全，也有利于企业盈利。此外，通过投资银行业务保持外汇资产的保值增值和通过商业设施投资促进对外贸易，规避贸易壁垒也占重要比重。

中国企业对外直接投资的收益更多或更直接地体现为宏观经济利益，而企业的微观利益是被兼顾的。中国企业的对外直接投资实践表明，国家利益高于企业的商业利益，中国企业对外直接投资以政府政策驱动型的对外直接投资为主。对外直接投资作为一种跨越国界的经济活动，是在中国母国政策和东道国政府政策双重约束条件下产生的。在改革开放过程中，中国政府一方面鼓励吸收对外直接投资，另一方面鼓励本国企业对外直接投资，中国政府采取的"双重鼓励政策"促进了外资对华投资和中国企业对外直接投资的迅速发展。中国政府鼓励企业对外直接投资，很大程度上具有实现国家宏观经济调控目标的意义。从宏观层面讲，中国企业对外直接投资战略应当符合中国对外直接投资"利用两种资源，开拓两个市场"的目标，充分发挥对外直接投资对国民经济发展的推动作用。

资源导向型对外直接投资，最能体现政府主导型的对外直接投资，即国家鼓励企业特别是国有企业开展资源导向型对外直接投资。中国的跨国公司在海外资源领域的投资，尤其是在石油和天然气资源丰富的国家投资，就是出于国家资源安全战略的考虑。中国的跨国公司对外直接投资保证多种原材料供应的目的还与中国在非洲、中亚、拉丁美洲与加勒比地区以及西亚平行而持续的外交努力互为补充。市场导向型投资则更多地兼顾国家产业结构调整的战略需要。世界经济和产业结构不断发生着重大变化，而且仍处在不断的调整变化之中，中国可以利用对外直接投资进行产业部门结构调整，把高技术产业、技术知识密集型生产部门作为国内重点发展的对象，而将某些传统产业和国内已进入成熟阶段的技术、产品移往国外。由于很多发展中国家经济结构日益趋同，各国企业所面临的国家间市场竞争压力不断加剧，为了更好地利用国际市场，中国政府也积极鼓励这类中国企业对外直接投资，以开拓国际市场。

三 经营保障机制：中国企业优势在哪里

发达国家，包括一些新兴市场经济国家的企业，无论制造业还是服务业企业，其对外投资都不同程度凭借其企业的特定优势：如技术、专利、品牌、管理、整合资源的能力，以自身为核心的价值链和供应链内部市场等。中国企业的竞争优势与发达国家企业有很大的不同，中国企业的竞争优势主要表现为大规模低成本生产、局部技术创新、市场定位能力及市场销售能力。中国企业的这些优势是基于中国本土的特征而形成的，在中国企业对外直接投资的过程中，并不能够将这些优势复制到东道国。中国的大规模低成本制造是以中国众多的适龄劳动力为基础的，另外，企业的低工资使得中国劳动力成本较低，从而使得中国企业能够形成大规模低成本的生产优势。而到其他国家投资必然要受东道国国内劳资政策的制约，不能随意降低劳动力成本。中国企业的市场定位和销售能力也是以中国的国内市场为前提的，离开了中国的市场环境，这样的优势不再成为其优势，甚至可能变成劣势。所以，中国企业并不具备发达国家跨国公司的垄断优势，垄断优势理论及以垄断优势理论为基础的传统理论不能很好地解释中国企业的对外直接投资行为。中国企业的竞争优势与一般发展中国家企业的竞争优势也有很大的差别。根据发展中国家跨国公司理论，发展中国家的跨国企业拥有的优势主要在小规模制造和技术地方化两个方面，而中国企业所进行的制造活动绝不是小规模制造，而是利用中国劳动力成本低的有利条件，进行大规模制造，所以，一般发展中国家对外直接投资理论也不能很好地解释中国企业的对外直接投资。而根据小岛清的"边际产业投资"理论，一国对外投资的产业应该是在投资母国丧失国际竞争力的边际产业，中国正在加紧进行对外直接投资的企业基本上都来自逐渐形成国际竞争力的产业。所以，中国对外直接投资的产业不是在本国逐渐丧失竞争力的边际产业，而是正在形成国际竞争力的优势产业；而且当前中国也并不具备国内产业结构高度化的先决条件或优势。

正是由于中国企业对外直接投资几乎都不具备上述垄断竞争优势，因此，中国制造企业走出去的经营业绩其实并不理想，难以得到这些企业经营业绩的统计资料和信息就已经一定程度说明这一点，那么，这是否意味着未来中国企业"走出去"完全缺乏国际竞争优势的前景呢？答案是否定的。首先有一个行业是例外，这就是工程建设行业。在中国30多年高速增长中，建设了大量基础设施：铁路、高速公路、桥梁、港口码头、机场和城市水、电、气等供应设施。全世界千米以上大桥梁26座，跨度最大的前十名有6座在中国。这在全世界任何国家都难以匹敌。中国的工程建设企业，无论在设计、设备、施工技术、管理等许多方面都已经成长为有国际竞争力的大企业。根据ENR①排名，进入全球承包商225强的中国企业，从2001年的39家增加到2005年的49家，2008年为51家，2008年中国中铁股份有限公司已经成为全球第二大承包商，中国铁建股份有限公司成为全球第四大承包商，中国建筑工程总公司成为全球第六大承包商，中国交通建设股份有限公司成为全球第七大承包商，中国冶金科工集团公司成为全球第九大承包商。2009年，ENR榜单上进入全球承包商225强的中国企业为50家，海外业绩进一步增长，平均营业额增幅明显。中国50家企业共完成海外工程营业额357.14亿美元，同比增加57.4%，企业平均营业额达7.14亿美元，同比增长了60%，说明行业集中度在进一步提高。20世纪80年代初，邓小平等老一辈领导人批准了三家工程承

---

① ENR是 Engineering News Record 的英文缩写，即《工程新闻记录》，是美国麦格劳希尔传媒集团旗下的知名学术杂志。ENR全球承包商225强以及全球国际承包商225强排名目前是全世界工程领域权威榜单。

包企业走出去,至今已有 30 年的历史。中国的工程承包企业在世界工程建设市场中已经从简单的劳务施工承包,成长为可以承包设计、技术管理和施工管理到交钥匙的总承包商,是目前中国所有行业中唯一具有对外直接投资所需要的企业特定优势的行业。但是,在企业对外直接投资统计中,中国工程建设企业被忽略,其原因是由于走出去初期主要是劳务施工承包,因此,始终被作为劳务输出或服务贸易出口,经营业绩也主要以营业额计量。20 世纪后期开始,海外的中国工程建设已不再是简单的劳务施工作业,已经转变为伴随技术、设备和管理输出的投资型企业,不仅投资于施工项目的建筑材料和工程材料的生产经营,也投资于相关的生产经营领域,甚至是施工东道国所给予的优惠投资领域。以开辟海外工程建设市场带动其他投资领域是未来中国企业对外投资的重要趋势。但是,这种发展趋势需要国家有意识地引导才能实现。

中国的工业制造业企业绝大多数是小企业,单独进行对外直接投资很难具备企业优势,但在中国经济高速增长的 30 多年中,中国中小企业依托各种类型的经济技术开发区和产业带,形成了产业集聚规模和工业生产的相关支持条件,使这些中小企业获得了很强的生命力和活力。能否在海外成功复制这种产业集聚优势,是决定中国制造企业"走出去"是否具有国际垄断竞争优势的决定因素。

产业集聚可以带来外部经济效应,可以节约交易成本,可以刺激学习与创新,可以产生品牌与广告效应等。Kogut（1984）、Porter（1986）都论证了产业集聚有利于形成企业的特定规模经济优势。Smith 和 Florida（1994）发现日本汽车企业及与汽车相关的制造企业在进行对外直接投资时,会选择与其他日资汽车装配企业邻近,他们认为前后向关联是产业集聚和集聚经济产生的重要原因。Head 等（1995）分析了日本企业在美国的投资区位问题,发现日本制造业投资趋向和同一产业中其他日资企业邻近,而不是简单地模仿该产业中美国企业的区位选择模式。Markusen（2000）认为,FDI 是促进特定产业及关联产业的集聚形成与周期性演化的重要原因。Black 和 Henderson（1999）的研究表明资本品制造业有高度集聚的趋势，产业就业规模与本地制造业就业规模高度相关，因为资本品产业通过集聚可以获得供求关联的外部经济，这类产业的发展与本地上下游供求关系紧密相关，在为本地产业提供投入的同时，也从本地获得自身所需要的投入。Raffaello（2007）认为，产业集聚及其发展水平是决定 FDI 的区位选择与流入量的关键因素。

FDI 具有培育当地产业集聚、促进带动产业集聚的作用。东道国政府所提供的公共服务可以成为区域产业集聚向心力的来源。母国政府如何为本国企业在东道国形成产业集聚创造更好的环境和条件？对于产业集聚的形成，联合国贸发会议（UNCTAD，1998）把集群分为两类：依靠内生力量自发形成的集群（Spontaneous Cluster）和依靠外生力量人为形成的集群（Constructed Cluster）。这两种集群的形成机理和动因存在很大区别：前者主要靠本国公司的内力驱动，其集群自下而上地发展；而后者主要是建立在大量外国直接投资的基础之上的。在资本迁移模式下形成的产业集聚、起推动和促进作用的迁移性资本是外商直接投资。作为 FDI 母国可以有意识地引导同类企业和相关企业朝某个东道国投资区域聚集，从而形成一定规模的产业集聚。近些年中国在创新企业海外投资方式的实践中，创办了不少"境外经济合作区"以及其他类型的海关特殊监管区，以此吸引企业的投资集聚，这种特殊经济区的建立和完善，展示了复制国内产业集聚优势的前景。

政府行为是产业集聚形成和发展的重要推动力量。Osbome 和 Gaebler（1992）认为，在全球竞争环境中，政府仅仅依靠公共服务和保障是不够的，必须是积极的"企业型政府"。无论是内生性的本地产业集聚还是外生性的 FDI 产业集聚，它们的发生和成长都受到成本导向机制、市场导向机制和政府推动机制这三种机制的交互作用。中国企业通过对外直接投资方式进入东道国地方产业集聚有两种方式：一是以关键企业为龙头，带动一大批国内专业化供应商和配套企业去东道国投资，政府应该制定相应的产业政策，积极引导中国企业在东道国投资的产业集聚方向及其质量。二是通过上述特殊经济合作区域的建立，整合投资母国和东道国的各种政策扶持和服务设施、服务体系，形成吸引投资的有力磁场，形成一定规模的产业集聚，并与本土企业建立起前后向关联，发挥 FDI 的溢出效应，带动东道国更大范围和更高水平的产业集聚形成。中国政府可以通过政府政策和政府行为在上述两种方式上促进中国企业通过 FDI 在东道国政府形成外生性产业集聚。在对外直接投资中，复制已有的产业集聚条件是形成中国企业优势的发展方向。复制中国企业在海外的产业优势需要组织化，不可能是单个企业的行为。这种组织化应包括：提供更高层次的基础设施水平、提供信息交流平台等中介服务方面，为本土企业与东道国分支机构间的融合提供良好的外部环境。通过对核心企业和上中下游相关企业的扶持，促进生产、制造、加工、货物运输、金融服务、研究开发、销售服务等相关企业的对外直接投资，从而使中国企业以横向关联或纵向关联方式在东道国形成 FDI 产业集聚。在国际工程承包、工程项目管理和工程项目运营管理为核心的 FDI 中，鼓励中国企业不断革新主营业务模式，不断延伸产业链的构成，形成以工程建设为主业，集咨询、勘察、设计、制造、施工、采购、管理、投资、运营于一体的综合核心能力，有效提升企业的核心竞争力以及抗风险能力。在巩固、发展传统工程承包和设计业务的同时，中国企业借助产业集聚的技术优势、资金优势、规模优势积极拓展业务领域，构建关联互补、协同效应显著的业务板块布局，开展资源开发、装备制造及房地产开发、投资等业务领域，在国际市场形成多元化的经营格局。

四 行为主体机制：企业与政府的不同作为

发达国家企业的对外直接投资，由于企业的动力机制和特定优势，政府所需要的努力主要是在创造市场环境方面，即推动贸易投资自由化、保护投资和维护公平竞争是政府的主要工作。此外也提供一些技术、信息服务，资金融通、税收优惠、境外投资担保等支持政策。由于中国企业海外竞争优势形成的机理不同，中国政府需要做的事情要比其他国家多。中国政府既需要促进企业对外直接投资以实现国家的宏观经济利益，还需要组织引导企业走出去，用特定的组织方式释放企业的优势来保证企业的微观利益。因此，对比其他国家的海外直接投资，中国政府更需要形成一套企业境外投资的规划发展体系、政策体系、服务体系、管理体系。中国企业对外直接投资的基本优势是政府的引导和服务，这是中国经济建设的基本经验，也是企业走出去的政策选择和理论依据。

提供经济基础、提供公共服务、维持竞争、保护自然资源以及保持经济稳定，这些职能是保持一国经济平稳运行政府必须承担的责任。中国企业对外直接投资还处于初级阶段，企业对外直接投资发展水平落后于经济发展水平，占世界对外直接投资份额偏低，跨国公司国际化程度偏低，在中国企业对外直接投资过程中，政府可以很好地发挥其职能。一个具有预见性、前瞻性的政府才能引导社会资源适度流向对外直接投资领域。中国政府在中国企业对外直接投资发展中主要有两方面作用：一是政策导向，包括制定产业、科技、财政、税收、投资、金融、外贸、人事等方面的鼓励和扶持政策，引导和支撑对外直接投资发展；二是提供服务，包括创办境外经济合作区和特殊监管区、营造氛围、优化环境、建立体系、完善基础、规范行为等，为中国企业对外直接投资创造条件。政府在中国企业对外直接投资中的作用不应是分散和单向的，而应是集成和双向的，即各类政策和服务是互相配套、协同作用的，对外直接投资的发展又为政府作用提出新的和更高的要求，促使政府不断完善和优化作用行为。

中国企业的对外直接投资不是单纯的商业行为，因为企业受到政府支持，因此承担着两个重要的任务：国家的和平发展和实现国家宏观经济调控目标。中国政府在多大程度上、采取什么样的政策支持中国企业对外直接投资，企业又会在多大程度上通过投资利益最大化来平衡企业利益与国家利益，是企业和政府利益耦合的关键之处。中国企业是对外直接投资的主体，国家利益要和企业利益统一并不意味着政府能够替代企业成为投资主体，中国企业在对外投资过程中缺乏所有权优势、内部化优势和区位优势等竞争优势，短期内靠企业自身实力积累很难迅速形成，而中国政府的政策和服务体系可以作为特定要素为中国企业提供新的竞争优势来源。在尝试构建中国企业对外直接投资的理论体系时，笔者认为与其他国家的不同在于，中国政府作为政策制定者和公共服务提供者，会形成母国的国家特定优势，这种国家特定优势将加速中国企业形成微观竞争优势，母国国家特定优势将连同企业所有权优势、内部化优势和区位优势等微观竞争优势共同形成中国企业对外直接投资综合优势（见图1）。

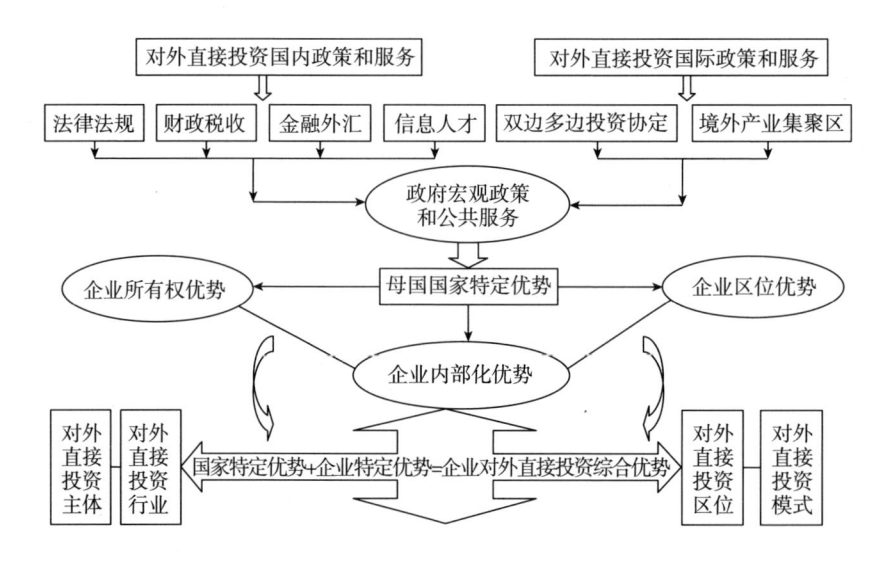

图1 政府促进企业对外直接投资形成的母国国家特定优势

中国的对外直接投资必须符合中国长期发展战略：即对外直接投资必须促进中国经济发展，同时符合"利用两种资源，开拓两个市场"的战略导向。促进企业的对外直接投资行为的政府制度安排必须以母国利益最大化为前提。在这个前提下，中国政府在国内的投资政策和公共服务可以通过法律法规的制定、财政税收鼓励政策、金融融资和外汇用汇优惠政策、信息服务和人才培训等具体措施实现，在国外的投资政策和公共服务可以通过与东道国签订双边或多边投资协定保障中国企业对外直接投资安全和投资利益，通过建立各种形式FDI产业集聚区带动大批企业走出去。这将形成母国国家特定优势。国家特定优势为企业微观竞争优势的形成提供了制度保证。在国家特定优势的推动下，企业可以尽快形成微观竞争优势，在政府宏观政策主导和引导下，在对外直接投资主体培育、对外直接投资行业选择、对外直接投资的区位选择、对外直接投资的模式选择方面，最大限度地降低企业的试错成本，降低企业进入东道国市场的难度，并最终形成对外直接投资的综合竞争优势。政府在选择相关对外直接投资产业时，可以基于政府对产业系统演进、产业系统外部条件和产业发展战略的认识与把握。政府培育优势对外直接投资产业领域的目的性比较明确，前瞻性强，容易很快形成外部力量介入经济系统，缩短企业对外直接投资的学习周期，降低相应的社会成本。政府拉动将是中国企业对外直接投资优势形成的重要模式，它可以在很大程度上克服单纯市场形成模式的不足，并把两者长处结合起来，形成市场拉动与政府推动的合力，从而更有利于中国对外投资优势产业的形成。在中国企业对外直接投资过程中，政府可以在市场监管方面完善利益诱导机制，完善利益主体及其功能，建立并完善法律保障系统。在经济调节方面应进行产权制度改革，促进发展机制的形成，完善和落实优惠倾斜政策。在公共服务方面应完善提高技术人才流动机制，在社会管理方面应加强国民教育，培养高素质人才，并建立高效的信息服务系统，从而创造有利于企业对外直接投资的制度安排、社会环境和文化氛围。当然，政府职能的错位、政府权力的滥用、政府对企业微观经营活动的盲目介入，都可能造成企业对外直接投资行为机制的扭曲，从而带来低效率，因此界定政府为企业对外直接投资提供激励政策的合理边界同样至关重要。

母国国家特定优势促进企业培育微观竞争优势有两种方式：一是"加速方式"，即政府通过适时选择某些主导产业和相关企业的优先发展，加速演进过程，使企业最终拥有所有权优势、内部化优势和区位优势。二是"跳跃方式"，政府通过制度安排使得企业跳过国际化进程汇总的若干环节，实现超常规发展来积累微观竞争优势。作为母国国家特定优势的提供者，政府不再是仅仅充当辅助角色，而是通过制度安排和制度供给，与企业自身优势构成互补，共同形成综合优势。企业如果缺乏综合竞争优势，中国对外直接投资只能在低水平、低收益率上徘徊，而一旦拥有综合竞争优势，中国企业可以缩短国际化周期和加速国际化进程，有利于更多的中国企业成长为跨国公司，更好地参与全球竞争。鼓励企业对外直接投资，有利于提升本国企业竞争力，改善自己在全球分工体系中的地位；跨国公司掌握着全球化时代资源配置主导权，培养中国的跨国公司，对于提高中国对外开放水平，真正成为世界经济强国具有不可替代的作用。因此，母国国家特定优势有助于实现企业微观利益和国家宏观利益的共赢。

五 结论与政策建议

中国企业的对外投资，不完全可以用公司利益最大化来解释，中国企业对外直接投资的收益更多或更直接地体现为宏观经济利益，而企业的微观利益是被兼顾的。中国企业对外直接投资几乎都不具备当代国际经济学中流行的所谓"企业特定优势"，但只有一个行业例外，这就是工程建设行业。开辟海外工程建设市场带动其他投资领域是未来中国企业对外投资的重要趋势，但是这种发展趋势需要国家有意识地引导才能实现。复制中国企业在海外的产业集聚优势也需要组织化，但这不可能是单个企业的行为。因此，中国企业对外直接投资的基本优势是政府引导和服务。中国政府在进行政策引导和服务提供过程中，会形成母国国家特定优势，这种优势将有助于中国企业形成企业自身的所有权优势、区位优势和内部化优势，最终共同形成中国企业的对外直接投资综合优势。

对于政府通过国家特定优势培育企业综合竞争优势，笔者提出以下政策建议。

（1）找准对外直接投资国家利益和企业利益耦合点。在中国现有的经济体制和行政体系下，政府在企业对外直接投资活动中具有重要作用。中国企业对外直接投资行为在很大程度上由企业和政府共同决定，是一个双重主体动力机制。因此，从国家特定优势角度和企业特定优势两个角度来共同探讨企业对外直接投资的动力机制，建立国家利益和企业利益的耦合点。发展经济是当代中国国家利益的核心，通过企业的对外直接投资，中国可以利用全球市场配置资源，加强境外资源开发合作与综合利用，提高国家经济安全、提高在全球经济中的地位，并通过投资发展与相关国家和地区的经济外交关系。中国企业在国际化过程中不仅要有世界级的规模，还要拥有具备全球视野、战略思维能力的企业领袖和经营团队，有核心技术和核心竞争力，有全球认同的品牌和信誉，有集成和整合全球资源的能力，成为全球产业链、价值链的主导者，既符合企业利益，也符合中国国家利益。政府是对外直接投资政策体系和服务体系的建构主体，企业是对外直接投资的行为主体，政策引导、激励机制的建立应把二者联系起来，形成一个统一的利益系统，这个系统应同时具备动态特征，使得政府在不同经济发展阶段和不同宏观战略目标下不断调整双方利益耦合点。

（2）降低政府驱动企业对外直接投资的政策成本。目前，中国对外直接投资的相关政策包括外资政策、税收政策、金融政策、财政政策、产业政策、外汇政策、与投资有关的贸易政策以及其他相关政策，它们共同构成政府的政策矩阵。一套决策系统、一套执行系统要比多套决策系统、多套执行系统更能减少政府驱动的成本，当政府能够把原来分散用于多个目标的多套决策系统与执行系统聚敛起来，而用一套新的决策系统与执行系统对原有目标的共生体进行合力驱动的时候，自然更能节约行政成本，提高行政效率。设立一个统一、独立的对外直接投资管理机构，统一制定中国对外直接投资的有关战略规划、方针政策和管理措施，简化对外直接投资审核手续，增加审核的透明度，加强对外直接投资的事后监管，可以有效降低政府行政成本；协调各项对外经贸投资政策，避免由于缺乏政策协调造成不必要的内部摩擦，使得各项政策相互支持，互相促进，有助于更好地形成国家特定优势。

（3）建立和完善对外直接投资的公共服务机制。如何提供良好的公共服务，除了政府通过经济环境、社会环境、法律环境、人文环境等各个层面提供服务外，关键还在于建立和完善以政府为主导、不同利益主体共同参与的形成多层级的公共服务机制。中央和地方各级政府专门设立的服务机构，行业内部由行会、商会等行业中介组织设立的服务结构，跨行业的专门服务机构，企业组成的联合结构，都可以提供政策引导和服务的融资、咨询、研发、培训机构，从而形成综合、健全的社会服务化系统。

（4）建立企业对外直接投资的良性激励机制。政府对外直接投资政策设计应该形成一个良性机制，即符合资源的有效配置、信息的有效利用及激励相容三个基本标准。企业对外直接投资的优势包括基于要素基础的生产成本优势、基于质量基础的产品差异化优势、基于区域的品牌优势、基于集聚的集体议价能力和组织管理能力等。政府应研究企业对外直接投资行为的演进规律，把握企业对外直接投资的本质特征，完善激励政策，减少抑制政策、规范规制政策，提供完善的服务，降低企业对外直接投资的沉淀成本和交易成本，促使企业在对外直接投资过程中从成本优势竞争转向质量和品牌竞争。

（5）形成对外直接投资产业整合力。目前，中国企业间的分工和协作水平偏低。通过政府的作用加强对外直接投资企业相互之间的关联、配套和协调效应，加强产业内部企业间的合作，加强对外直接投资产业内部中国企业间的分工网络化联系,开发中间投入品(货物和服务)生产过程中的规模经济效应,形成产业整合力,使得对外直接投资过程中的企业集聚外部效应随之扩大。在政府政策引导下,推动要素禀赋、资源共享、分工与专业化、竞争与合作四种效益共同形成企业的对外直接投资产业整合力,提高中国企业对外直接投资整体水平。

参考文献

Dunning, J. H., "Explaining Changing Patterns of International Production: In Defence of the Electic Theory", *Oxford Bulletin of Economics and Statistics*, 1979, (41).

Dunning, J. H., "Explaining the International Direct Investment Position of Countries: Towards a Dynamic or Developmental Approach", *Review of World Economics*, 1981, (117).

Dunning, J. H., "The Electic Paradigm of International Production: A Restatement and Some Possible Extensions", *Journal of International Business Studies*, 1988, (19).

Hymer, S., "International Operations of National Firms: A Study of Direct Foreign Investment", *Doctoral Dissertation*, *Massachusetts Institute of Techonology*, 1960.

D. Black, and J. V., "Henderson. A Theory of Urban Growth", *Journal of Political Economy*, 1999, (107).

Hymer, S. et Rowthom, R., *Multinational Corporations and International Oligopoly: The Non – American Challenge*, Kindleberger, C. P., *The International Corporation: A Symposium*, Cambridge, M. I. T. Press, 1970.

Head, K., J. Ries, and D. Swenson, "Agglomeration Benefits and Location Choice: Evidence from Japanese Manufacturing Investment in the United States", *Journal of International Economics*, 1995, (38).

Kogut, B., "Normative Observations on the International Value – added Chain and Strategic Groups", *Journal of International Business Studies*, 1984, (15).

Lall, Sanjaya, "Determinants of R&D in an LDC: The Indian Engineering Industry", *Economics Letters*, 1983, (13).

Markusen, J. R., and A. J. Venables, "The Theory of Endowment, Intra – industry and Multinational Trade", *Journal of International Economics*, 2000, (52).

Osborne, D., & Gaebler, T., *Reinventing Government: How the Entrepreneurial Spirit Is Transforming the Public Sector* [M]. MA: Addison – Wesley, 1992.

Raffaello, B., "FDI Inflows, Agglomeration and Host Country Firms' Size: Evidence from Italy", *Regional Studies*, 2007, (41).

Smith, D. F., and R. Florida, "Agglomeration and Industrial Location: An Econometric Analysis of Japanese Affiliated Manufacturing Establishments in Automotive – related Industries", *Journal of Urban Economics*, 1994, (36).

Philip McCann, Tomokazu Arita, Ian R. Gordon, "Industrial Clusters, Transactions Costs and the Institutional Determinants of MNE Location Behaviour", *International Business Review*, 2002, (11).

Wells, L. T., *Third World Multinationals*, Cambridge [M]. MA: The MIT Press, 1983.

列宁:《帝国主义是资本主义的最高阶段》,中共中央马克思恩格斯列宁斯大林著作编译局译,人民出版社2001年版。

(原载《中国工业经济》2010年第7期)

中国怎样迈向贸易强国：一个新的分析思路[*]

一 文献评析与贸易强国内涵的新认识

我国"十三五"规划纲要重申要加快建设贸易强国，推进中国从"贸易大国迈向贸易强国"。商务部主持的重大课题研究成果《中国外贸强国发展战略研究：国际金融危机之后的新视角》提出，到2020年，我国将实质性推进贸易强国进程，到2030年初步实现贸易强国目标。国家的重大决策导向推进了该问题的研究。贸易强国是一个历史的、动态的概念，不同时代都有特定的时代内涵，体现这些内涵的国家也不同，既没有"日不落帝国"，也没有在所有商品和服务领域的"全能冠军"（裴长洪，2016）。这意味着随着国内国际形势的变化，贸易强国的内涵应有新内容，对贸易强国的分类也应有新方法、新标准，对中国所追求的贸易强国目标也应有新的路径辨析。

（一）对以往有关贸易强国研究的评析

贸易强国的评判标准会随着特定历史时期的经济背景而发生变化（张亚斌等，2007）。例如，重农主义时期的评判标准可能是农产品的出口量，而重商主义时期的评判标准当是从出口中所获取的黄金白银等贵金属量。亚当·斯密及其后的绝对优势理论时期无疑将会依据劳动生产率的高低来定义贸易强国；大卫·李嘉图及其后

---

[*] 合作者：刘洪愧。

的比较优势理论时期则将以一国是否有效利用其比较优势来界定贸易强国；以赫克歇尔和俄林为代表的要素禀赋理论则可能以一国是否在劳动力或者资本等要素上具有优势来定义贸易强国；再其后以克鲁格曼为代表的新贸易理论学派认为规模经济、产品差异化也是贸易竞争力的来源和贸易强国的特征。贸易强国概念在中国已经提出多年，国内学界和政界对该概念有若干不同的解释。其中，商务部委托的重大课题研究成果《中国外贸强国发展战略研究：国际金融危机之后的新视角》（钟山主编，2012）指出："贸易强国应在贸易规模、进出口结构、贸易模式、产品质量（标准）、品牌国际化、技术、货币国际化、国际投资等方面达到世界领先水平。"该书还构建了由10个一级指标、26个二级指标组成的贸易强国评判体系，并把美国、德国和日本三国在这些指标上得分的算术平均数作为贸易强国的标准。其他学者，如赵蓓文（2013）总结了贸易强国的数量和质量标准，强调贸易大国仅在数量指标上达标，贸易强国则需要在两种指标上均世界领先。盛斌（2015）考察了600多年以来的近现代贸易史，总结出贸易强国的10个共同特征，对比以往研究，其学术增量是把国际经贸规则与领导力、营商环境、抵御风险的能力纳入标准的视角。国外学者没有明确提出贸易强国的概念，但会从贸易规模、贸易结构、贸易的技术含量等数量与质量指标研究一国的贸易竞争力。比较著名的有国际贸易中心（international trade centre，ITC）开发的贸易表现指数（trade performance index），该指数从出口表现和竞争力等多个维度评估了世界184个国家行业层面的贸易表现。此外，《全球竞争力报告》以及《全球贸易便利指数》（*Enabling Trade Index*）也构建了多个指标评估一国的贸易表现。

  以上对贸易强国概念的有益探索在不同程度上都存在一些不足。一是只从纯贸易角度区分贸易强国，缺乏从国际政治经济学，特别是从全球经济治理角度的考察。二是过于强调贸易强国应该在所有指标上都位居世界前列，从而缺乏对贸易强国的分类。满足所有标准的国家只可能是已知的那几个大国,这样研究的意义将大打折扣。事实上,一些贸易小国也可能是贸易强国,分析它们如何在某些行业或产品上建立国际竞争力也是贸易强国研究的重要部分。三是没有考虑国际分工形成的全球价值链(global value chain,GVC)的影响。

(二)贸易强国内涵的新阐释

在当今全球经济、金融、贸易、生产和投资一体化时代,贸易强国应该是一个综合的概念,有更广泛的内涵。广义上看,当今可进行国际贸易的不仅包括传统的商品和服务,还包括货币、规则、技术以及产品标准。后者属于全球公共品和地区公共品范畴,也必须纳入贸易强国的评判标准中,并作为划分贸易强国分类体系的一部分。

第一,贸易强国不是少数贸易大国的专有品,贸易小国也能成为贸易强国。以往研究的惯性思维是,贸易强国必须具有世界排名领先的贸易规模,依据此标准,贸易小国自然与贸易强国无缘。贸易小国囿于国内市场规模、资源要素数量等限制,不可能形成很大的贸易规模,但它们可能在某些细分产品市场上具有强大的国际竞争力,也应该属于贸易强国。例如,从传统视角看,澳大利亚、新西兰等并不是贸易强国,但考虑到它们的农产品出口竞争力都很强,应属于农产品贸易强国。因此,能否在商品与服务的生产中利用已有比较优势和培育新优势是贸易强国的标志之一。更进一步,贸易强国应该具有层级结构,如果关注点在国家和行业层面,则适合于评判贸易大国;而本文认为对于贸易小国,关注点应该细化到企业和产品层面。

第二,从全球价值链视角来看,贸易强国的内涵又有所不同。以往的贸易强国概念一般针对最终产品而言,但随着 GVC 贸易逐渐占主导地位,能否管控和协调 GVC,能否占据 GVC 主导位置,能否在 GVC 某个生产工序上具有比较优势则是贸易强国所需具备的新品质。在 GVC 生产模式下,出现了一些传统贸易理论无法解释的现象。一是贸易规模与贸易增加值背离度越来越大。二是国家发展水平与出口产品技术复杂度相关性变弱,例如中国在出口技水平和出口结构方面与发达国家不断趋同。这些现象会使得对贸易强国的判断产生偏误，低估发达国家的贸易实力，而高估一些发展中国家的贸易实力。事实上，一些新兴的发展中国家只是由于参与 GVC 低端的加工组装环节，才得以很快提高其贸易规模，并在表面上出口高技术产品，但获取的增加值并不高。发达国家仍控制着 GVC 高端环节，并攫取了发展中国家出口的高技术产品的绝大部分增加值。所以，GVC 背景下的贸易强国更多地应该表现为对 GVC 的控制能力、关键零部件产品和生产性服务的生产能力以及相应的创造贸易增加值的能力。

第三，在全球范围内配置资源的能力。一国境内生产能力不等于国际交换能力，后者更多取决于跨国生产能力、国际运输能力、国际营销能力等。没有这些能力，境内生产能力很难被国际消费市场所吸收，或者即使可以转化成国际消费，但是交易成本过大，必须支付很高比例的费用给国外生产要素、国外运输公司、国外营销网络等。跨国资本流动和跨国企业并购是形成国际化生产经营网络的重要途径，也是实现全球范围配置资源的主要形式。所以国际投资、跨国公司的数量和作用是衡量一国在全球范围配置资源的能力和水平的重要尺度，也是贸易强国的重要标志。

第四，本国货币在世界的流通能力。国际交换与国内交换不同，国际交换中商品和服务的定价权不仅来自一国商品和服务的贸易量，还来自该国货币在世界的流通能力。除了黄金具有世界货币的天然属性，在金本位制结束后，纸币在世界上能否具有较强的流通能力，取决于三种功能，即贸易结算功能、投资工具功能和储蓄货币功能。不具备或不完全具备这些功能，流通能力必然不强，那么也就不可能取得商品和服务交换中的定价权。人们往往有疑问，为什么中国是某几种商品的大买主或大卖主，但没有定价权，问题就在于人民币的这三种功能，有的才刚刚开始具有，有的还完全没有。

第五，提供全球公共产品的能力。国际贸易必须在一定的全球经济治理框架下进行，同时也受这种治理框架的制约。依据经济学属性，全球经济治理是一种特殊类型的全球公共品，裴长洪（2014）把它们归纳为以下三类。第一类是国际规则，这包括多边的国际规则和区域的国际规则。第二类是主权经济体为国际规则的执行所提供的运行载体、平台或其成本。例如世界银行、IMF 和 G20 等。第三类是企业和私人机构对优化国际经济治理所承担的社会责任或服务。本文提出第四类全球公共品，即跨国公司（或其行业协会）提供的产品和服务的技术标准、规范和准则。贸易自由化蕴含的本质是交换的公平竞争和保护消费者利益，因此国际贸易中必须有各国都遵循的技术质量标准，这既是商业规则，也是社会责任的体现。这种游戏规则的制定，既有历史延续的因素，也反映主要制定者的利益诉求。在制定这类游戏规则中，贸易强国一般都有较大的话语权。

二 贸易强国分类体系构建

国家有大有小，贸易规模也就有大有小。各国的资源、要素、文化、地理位置等因素迥异，这决定各国在世界贸易中的位置不一样，分别发挥着独特的功能。美国、日本、德国属于贸易强国固然毫无争议，但如果狭隘地把贸易强国标签仅贴在这几个国家身上，那么对贸易强国的认识和理解便会存在偏差，不能全面认识其本质。基于此，本文试图在贸易强国内涵重新阐述的基础上，建立一种贸易强国分类体系：指出评判贸易强国的共性和特性指标有哪些，哪些国家可以归属于贸易强国，其层次划分标准是什么，有哪些具体的贸易强国类别，每一类贸易强国的典型特点是什么，每一类贸易强国的代表性国家有哪些。

（一）构建贸易强国共性指标

贸易强国共性是相对于非贸易强国而言的，指适用于评价所有贸易强国的标准。从结果标准看，贸易强国应在一系列指标上优于非贸易强国。例如，人均贸易额达到一定数量以上，在某几种产品或服务上有很强的国际竞争力。从形成过程看，贸易强国应能够抓住时代机遇，发挥比较优势或者培育新优势。如历史上的西班牙和荷兰利用航海技术、地理位置优势发挥贸易枢纽作用；英、美、德利用工业革命以来的先进科学技术迅速由农业国变成工业强国；韩国从20世纪60年代以来利用与美国的友好关系承接产业转移；爱尔兰利用语言优势积极参与软件等行业的外包。

然而，世界各贸易国纷繁复杂的表现掩盖了对贸易强国和其共性的识别。其中最显著的影响因素是贸易规模。高国内生产总值规模、高人口规模、国土面积广大、自然资源储量丰富的国家更倾向于具有高贸易规模，但其并不必然是贸易强国，反之亦然。另一个重要因素是各贸易国的专业化。大部分国家只在某几个细分行业有优势，在大部分行业没有优势，当统计数据给出更为加总行业的数据时，这些国家在细分行业的优势就被掩盖住了，特别是对贸易规模小的国家。所以贸易强国共性指的是：剔除掉国家经济总量、贸易规模和其他因素的影响后，贸易强国的共同点。最切实可行的办法是考察人均指标、细分行业指标和其他与总量无关的指标，本文的具体处理方法如下：第一，用规模变量除以人口总量，从而获得人均变量以剔除总量指标的影响。通过该方法，我们得到了人均贸易额、人均出口额、人均OFDI（outward foreign direct investment）存量、人均专利技术出口额4个指标，试图检验贸易强国是否在这4个变量上有共性。第二，还有一些变量不受总量指标影响，但也是贸易强国的重要特征。我们选取出口产品相对单位价值，GVC参与度（用出口的国外增加值率衡量，也称垂直专业化率，即vertical specialization share，VSS）共2个变量。贸易规模大不一定意味着出口产品单位价值高，两者没有必然联系。GVC参与度与贸易规模有一定程度的关系，但是两者并不呈现明显的相关关系。GVC参与度总体上反映的是一国参与全球生产分工的程度，贸易强国通常积极参与全球生产分工。第三，通过考察细分行业的出口情况,也可以规避国家总贸易规模的影响。贸易强国应在其具有比较优势的某一个或几个细分行业上具有强大的国际竞争力。我们选取每个国家的行业出口占其总出口比重前5位的HS(harmonized system,HS)2位码行业,称为主要出口行业,考察这5个行业的出口额有几个能够排在世界该行业出口的前10位。此外,选取所有的至少在一个国家的出口中排名前5位的HS 2位码行业(称为世界主要出口行业),考察在这些行业的前10大出口国中,每个国家出现的次数。第四,某些质量指标也可以很好地规避规模变量的影响。贸易强国应该有多个世界500强企业,这是其组织全球生产分工的重要依托。对外投资也主要依托大型跨国企业来运作。综上,我们找出了贸易强国的共性指标(见表1第1行,其中第2—5列为人均指标,第6—7列为与规模变量无关的指标,第8—9列为细分行业竞争力指标,第10列为质量指标),接下来将用这些指标来筛选贸易强国并实证分析它们的共性。

(二)贸易强国识别和共性分析

为了保证结论的可靠性、代表性、全面性和稳健性,我们选取2015年货物与服务进出口排名前30位的所有国家(地区)以及世界其他国家和地区(rest of the world,RoW)进行分析。[①] 这30个国家(地区)包括主要的OECD国家、新兴市场国家(地区)和两个石油出口国,占世界总出口比重的80%以上,具有极大的代表性,世界各类贸易强国大部分囊括在这些国家(地区)中。表1给出了2015年贸易强国共性指标值,我们通过以下依次排除的方式筛选出贸易强国。一是根据人均出口额大于世界平均的标准,可以排除俄罗斯、土耳其、中国、巴西和印度。二是根据人均OFDI存量大于世界平均的标准,可进一步排除沙特阿拉伯、墨西哥、泰国和波兰。三是根据人均专利技术出口额大于世界平均的标准,可

---

① 本文也以2015年货物与服务出口排名为选取标准,发现所选30个国家(地区)没有变化。

再进一步排除马来西亚、阿拉伯联合酋长国（简称阿联酋）、澳大利亚、中国台湾和西班牙。但是考虑到澳大利亚的人均专利技术出口接近于世界平均且其主要竞争力在农林业和矿业、其专利技术出口较少是符合比较优势原理的，所以保留它。在其他共性指标方面，剩下的国家（地区）都有很好的表现，可认为它们都是贸易强国。所以在我们所考察的 30 个国家（地区）中，贸易强国（地区）包括：美国、德国、英国、法国、日本、中国香港、荷兰、韩国、意大利、加拿大、新加坡、瑞士、比利时、爱尔兰、奥地利、澳大利亚、瑞典，共 17 个国家（地区）。根据表 1，贸易强国共性特征主要包括以下几点。

第一，高人均贸易额和高人均出口额。在贸易规模排名前 30 的国家（地区）中，恰好出现的现象是：贸易强国的人均贸易额和人均出口额都位居前列，人均贸易额高于 11000 美元，人均出口额高于 5700 美元；而入选的发展中国家（中国、俄罗斯、巴西、印度、泰国、土耳其、墨西哥）的人均贸易额和人均出口额远低于贸易强国，人均出口额基本上都低于 4000 美元，中国、巴西和印度分别只有 1765 美元、1077 美元和 326 美元。第二，高人均 OFDI 存量。从该指标，我们能更明显地看到贸易强国和非贸易强国的区别。以韩国为下界，贸易强国的人均 OFDI 存量都大于 5000 美元，而世界平均的人均 OFDI 存量为 3408 美元。除马来西亚、阿联酋、中国台湾、西班牙外，所有非贸易强国的人均 OFDI 存量均小于世界平均水平，甚至都低于 2005 美元。对外投资能力体现的是在全球范围内配置资源、组织生产的能力，贸易强国的人均 OFDI 存量高，意味着它们的该项能力强。第三，高人均专利技术出口额。毫不意外，贸易强国的人均专利技术出口额非常高，表现最为抢眼的是瑞士、爱尔兰、荷兰和瑞典。尽管美国和日本人口众多，它们的人均专利技术出口额仍然位列世界前 10，突显出它们的科研实力。以该指标衡量，贸易强国和非强国的分化非常明显，前者往往是后者的几十倍、几百倍和上千倍。世界平均的专利技术出口额只有41.82美元，发展中经济体（包括波兰）全部低于这个数值，只有人均个位数美元的专利技术出口额。印度和中国的人均专利技术出口额甚至只有0.5美元左右。第四，高出口产品单位价值。从表1可看出，贸易强国的出口产品相对单位价值①普遍比非贸易强国更高，除个别国家外，都大于1.5，没有小于1的。其中澳大利亚出口产品单位价值不高，主要因为其矿产品出口占总出口53%，但单位价值不高（仅为0.7），拉低了其出口单位价值。如果剔除矿产品出口，其余产品的出口相对单位价值可达到1.49。新加坡排名前两位的出口行业（电子部件和化学产品）相对单位价值分别达到1.6和1.9，但同样因为矿产品单位价值偏低而拉低了其出口单位价值。比较特殊的是印度和巴西，两国矿产品出口占总出口分别为21%和17%，且相对单位价值较高，高达2.8和2，拉高了两国出口单位价值，如剔除该行业，两国该项数值降为1.24和1.45。综合考虑这些因素，贸易强国的出口单位价值明显高于同类型非贸易强国。第五，高全球价值链参与程度。除了澳大利亚、俄罗斯、巴西和沙特阿拉伯等自然资源丰富的国家之外，这30个国家（地区）的GVC参与程度都高于世界其他国家和地区（RoW），爱尔兰、新加坡、中国台湾、比利时等中小型经济体的GVC参与度尤其高。美国和日本的GVC参与度偏低，主要因为它们的出口产品以高附加值零部件和核心服务为主，也可能由于这两个国家的OFDI较大，对国际贸易产生了替代效应。所以积极参与GVC也是贸易强国的必要条件。第六，主要出口行业出口占比排名世界前10的数量较多。本文采用HS2位码行业分类，共有98个行业，分类程度适中，既不过细，也不过粗。从表1可发现，除奥地利、瑞典、比利时的主要出口行业分别只有0、1、2个位居世界前10外，所有贸易强国的主要出口行业位居世界前10的数量均大

---

① 世界平均的出口产品相对单位价值为1，大于（小于）1表示高于（低于）世界平均。

于或等于 3（比例于 60%）。对于这 3 个国家，如果我们考察它们主要出口行业的更细分行业（HS4 位码），会发现它们的很多 HS4 位码行业出口占世界比重非常大，很多位居世界前 5 和前 10。此外，本文也考察了各国（地区）在世界主要出口行业［至少在一个国家（地区）出口中排名前 5 的 HS2 位码行业，共 26 个］的前 10 出口国（地区）中出现的次数。同样发现贸易强国占据了绝大多数席位。这意味着，虽然某些贸易强国的贸易规模很小，但是它们都在某些细分行业（或其主要出口行业）上具有强大的国际竞争力，占据了世界出口份额的很大部分。第七，拥有多个世界 500 强企业。从表 1 可知，《财富》世界 500 强企业中的 496 个分布于这 30 个国家（地区）。它们都有至少一个 500 强企业（中国香港与中国大陆地区的统计在一起）。虽然贸易大国的 500 强企业更多，但是像爱尔兰、瑞典等贸易小国也有 2 个以上的 500 强企业，相对于其贸易量来说，成绩相当可观。但是除中国外，非贸易强国（如泰国、波兰和土耳其）则至多有一个 500 强企业，表现明显较差。

表 1　贸易强国共性指标值（2015 年）

国家（地区）	人均贸易额（美元）	人均出口额（美元）	人均OFDI存量（美元）	人均专利出口额（美元）	出口产品相对单位价值（美元）	GVC参与度（%）	主要出口行业的出口排名世界前10的数量	在世界主要出口行业前10出口国中的出现次数	世界500强企业数（个）
贸易强国（地区）									
新加坡	170361	92195	111574	674.33	1.21	41.81	3	6	3
中国香港	166447	83726	203851	85.43	20.41		3	6	
爱尔兰	112704	61636	169244	1351.64	2.28	43.62	3	4	2
瑞士	90388	49569	136538	2172.57	2.17	21.81	4	4	15
荷兰	71115	38797	63473	1163.54	1.49	20.05	5	15	12.5

续表

国家（地区）	人均贸易额（美元）	人均出口额（美元）	人均OFDI存量（美元）	人均专利出口额（美元）	出口产品相对单位价值（美元）	GVC参与度（%）	主要出口行业的出口排名世界前10的数量	在世界主要出口行业前10出口国中的出现次数	世界500强企业数（个）
比利时	65156	32836	40605	295.66	1.25	34.54	2	7	2
奥地利	45287	23569	24372	126.54	1.63	27.82	0	2	1
瑞典	42942	22796	35372	941.05	1.61	29.2	1	1	3
德国	35546	19339	22462	171.05	1.57	25.54	5	20	28
加拿大	28167	13564	30004	120.24	1.33	23.47	3	13	11
韩国	23640	12861	5535	102.74	1.27	41.7	4	9	15
英国	25010	12089	23676	280.06	1.97	23.05	4	8	25.5
法国	22777	11284	19712	210.91	1.52	25.13	4	17	29
澳大利亚	20870	9916	16539	37.31	1.00	14.1	3	4	8
意大利	17414	9196	7803	56.74	1.55	26.49	3	14	9
美国	15318	6830	18377	400.42	1.65	15.03	5	23	134
日本	11730	5784	9690	291.35	2.06	14.68	5	11	52
非贸易强国（地区）									
阿联酋	73324	39380	9543	0.00	1.50		3	3	1
中国台湾	26546	14615	14376	37.04	1.44	43.58	3	3	7
西班牙	16557	8586	10236	31.21	1.20	26.88	1	6	9
马来西亚	13132	6943	4513	2.50	1.21	40.62	1	2	1
沙特阿拉伯	14646	6872	2005	0.00	0.49	3.31	1	2	1
波兰	11782	6062	721	8.94	1.09	32.39	1	4	1
泰国	7373	4014	1001	3.12	1.23	38.99	1	2	1
墨西哥	6546	3179	1196	1.52	1.30	31.71	2	4	2
俄罗斯	4703	2741	1756	4.64	1.02	13.72	3	5	5
土耳其	5357	2527	568	0.00	0.91	25.73	1	2	1

续表

国家（地区）	人均贸易额（美元）	人均出口额（美元）	人均专利出口额（美元）	人均专利出口额（美元）	出口产品相对单位价值（美元）	GVC参与度（%）	主要出口行业的出口排名世界前10的数量	在世界主要出口行业前10出口国中的出现次数	世界500强企业数（个）
中国	3251	1765	734	0.49	0.90	32.16	5	19	103
巴西	2247	1077	873	1.80	1.55	10.77	3	4	7
印度	733	326	106	0.50	1.60	24.1	2	8	7
世界（或RoW）	5648	2851	3408	41.82	1.00	10.64		32	4

注：第2—5列原始数据来自UNCTAD，其中第5列为2014年数据；第6、8、9列原始数据来自国际贸易中心（ITC）；第7列原始数据来自OECD；第10列原始数据来自《财富》官方网站（2016年数据，有一个企业为英国和荷兰共有，各算0.5个）。最后一行的后4列是世界其他国家和地区（RoW）的指标值。

（三）构建贸易强国特性指标

贸易强国特性指一类贸易强国不同于另一类贸易强国的特殊性，本文主要从结果表现（以下前四点）和形成过程（最后一点）角度阐述贸易强国特性。第一，各贸易强国的贸易规模和对外投资规模不一样。这主要源于各国人口、土地面积、自然资源等禀赋差异。人口多、国土面积大、自然资源丰富的国家更倾向于有更大的贸易规模。贸易规模大的国家通常也有更大的国内生产总值，能够支撑得起更多的对外投资。第二，各贸易强国的贸易结构和优势产业不一样。这主要源于自然资源禀赋、地理位置和初始发展战略等方面的差异。有些国家天然更适宜发展农林渔牧业，在这些行业有规模优势和比较优势，相应产品的出口比较多。另一些国家更侧重于发展工业，在制成品出口上具有规模优势和比较优势。还有一些国家侧重于发展服务业，传统的旅游和运输业，或者是现代生产性服务业，如通信业、软件外包业等。第三，各贸易强国的货币竞争力存在差异。事实上，大部分贸易强国只是单纯的货物和狭义的服务贸易强国，它们的货币在国际市场上并不一定有竞争力，因为维持这种竞争力不仅需要贸易规模大，还需其他方面的实力。所以，大部分贸易强国的货币在国际贸易结算、外汇交易市场以及各国外汇储备中的地位几乎可忽略不计。第四，各贸易强国提供全球公共品的能力差异巨大。把提供全球公共品纳入对贸易强国的分析中是本文的一个重要特点。因为在当今社会，除了有形的货物和狭义服务贸易之外，倡导和制定国际议题的能力，制定产品标准和行业标准的能力，在国际组织和行业协会中的影响力也是提高外贸竞争力的重要手段；甚至可以把提供全球公共品看作一种广义上的服务贸易输出，其能间接地为全球公共品的提供国带来利益。所以，提供全球公共品也是贸易强国的重要指标，对于贸易大国更是如此。各贸易强国在这个方面表现出巨大的差异性。从经济学考虑，贸易小国不会去积极提供全球公共品，因为其所获得的利益远不如付出的成本，它们更倾向于搭便车。第五，各贸易强国的形成时间和具体过程存在差异。有些在很早时期就已经形成，利用的是当时的国际政治经济形势。另一些则在最近几十年才形成，利用的是最近阶段的国际政治经济背景。事实上，每个贸易强国的具体形成道路及国内外环境都不一样。

在以上分析基础上，本文构建了贸易强国特性指标。其中有4个一级指标：规模指标［包括货物与服务加总出口额（简称总出口）、总出口占世界比重、OFDI存量、OFDI存量占世界比重、人口数量、人口数量占世界比重共6个二级指标］；贸易结构指标（包括货物出口额、货物出口占总出口比重、货物出口占世界比重、服务出口额、服务出口占总出口比重、服务出口占世界比重、专利技术出口额、专利技术出口占世界比重共8个二级指标）；货币竞争力指标（包括在全球贸易结算中的比重、在外汇交易市场

中的比重、在外汇交易市场中的世界排名、在世界各国外汇储备中的比重共4个二级指标）；提供全球公共品指标（包括向联合国各专属机构缴纳的会费及其占GDP比重、向其他国际组织提供的经费及其比重、制定的行业标准和产品技术标准数、跨国公司数量共4个二级指标），分别对应于以上第一到第四个特性。

（四）贸易强国类别及分析

表2—表5分别给出了贸易强国各特性指标值[①]，根据这些指标值和下文的分类方法，本文构建了贸易强国的分类体系。分类方法如下：第一，按贸易规模排名，前10位为贸易大国，其他为贸易小国。贸易大国中属于贸易强国的称为大型贸易强国，贸易小国中属于贸易强国的称为小型贸易强国。第二，按贸易结构对各国进行分类，并假定美国的贸易结构较为平衡。具体的，以美国和世界平均的服务出口占总出口比重作为上下分界点，服务出口占总出口比重大于美国该比重的称为偏服务贸易强国；位于上下分界点之间的称为平衡发展型贸易强国；低于下分界点的称为偏货物贸易强国。需要提及的是，在进行这种分类时，本文也结合了各国货物出口占世界比重、服务出口占世界比重的特征。在偏货物贸易强国中，澳大利亚农林渔牧业竞争力处于世界领先地位，在其对外贸易中占主导地位，所以本文对其单独考察，称为偏农产品贸易强国。第三，对于大型贸易强国，我们把贸易结构平衡发展、货币竞争力强、在全球经济治理中具有主导性力量的国家称为综合型贸易强国，这样的国家只有美国。对于除美国以外的大型贸易强国，即非综合型贸易强国，它们或者在贸易结构上有偏向性，或者货币竞争力较弱，或者在提供全球公共品方面不具有优势，甚至作用很小。本文把非综合型贸易强国划分为大型平衡发展型贸易强国、大型偏货物贸易强国，大型偏服务贸易强国三大类。第四，对于小型贸易

[①] 第四个特性没有完整的国家层面数据，所以没有给出详细数据，而是对具体国家的特性进行分析时提及。

强国，由于经济规模、市场规模、资源禀赋等的限制，它们只能根据其国内比较优势集中发展个别行业或者个别产品，在这些特定产品上具有世界排名靠前的贸易规模和贸易地位。类似的，根据其贸易结构特点，可把小型贸易强国划分为小型平衡发展型贸易强国、小型偏货物贸易强国、小型偏服务贸易强国。最后，根据贸易强国形成的时间，即从历史发展和演进的视角，可以把贸易强国划分成老牌贸易强国和新兴贸易强国。他们形成的时代环境不一样，老牌贸易强国更多依靠战争、侵略、殖民而完成资本原始积累、扩大原材料和产品市场，在一定程度上是建立在对亚非拉国家剥削基础上的。新兴贸易强国通常依靠加入老牌贸易强国主导的全球生产和贸易网络而快速发展形成，主要依靠劳动力成本优势、产业政策、对老牌贸易强国的技术引进和吸收。

三 对各贸易强国的分类依据及简要分析

综上，本文识别出表6所示的几类贸易强国（地区）。值得说明的是，本文的分类可随时间动态调整，根据每年数据重新分类。下文将根据表1—表5对每一类贸易强国的分类依据以及其代表性国家做简要分析。

表2　　　　　　　　规模指标值（2015年）

国家（地区）	总出口	总出口占世界比重	人口数量	人口数量占世界比重	OFDI存量	OFDI存量占世界比重
中国	2429294	11.59	1376049	18.72	1010202	4.03
美国	2223624	10.61	325563	4.43	5982787	23.89
德国	1560478	7.45	80689	1.10	1812469	7.24
英国	785383	3.75	64967	0.88	1538133	6.14
法国	752292	3.59	66668	0.91	1314158	5.25
日本	732146	3.49	126573	1.72	1226554	4.90

续表

国家（地区）	总出口	总出口占世界比重	人口数量	人口数量占世界比重	OFDI存量	OFDI存量占世界比重
荷兰	656643	3.13	16925	0.23	1074289	4.29
韩国	646810	3.09	50293	0.68	278395	1.11
中国香港	610196	2.91	7288	0.10	1485663	5.93
意大利	549913	2.62	59798	0.81	466594	1.86
新加坡	516661	2.47	5604	0.08	625259	2.50
加拿大	487483	2.33	35940	0.49	1078333	4.31
印度	427998	2.04	1311051	17.84	138967	0.55
瑞士	413209	1.97	8336	0.11	1138182	4.54
墨西哥	403807	1.93	127017	1.73	151924	0.61
西班牙	395984	1.89	46122	0.63	472116	1.89
俄罗斯	393258	1.88	143457	1.95	251979	1.01
比利时	371012	1.77	11299	0.15	458794	1.83
阿联酋	360599	1.72	9157	0.12	87386	0.35
中国台湾	341713	1.63	23381	0.32	336127	1.34
爱尔兰	288950	1.38	4688	0.06	793418	3.17
泰国	272779	1.30	67959	0.92	68058	0.27
澳大利亚	237683	1.13	23969	0.33	396431	1.58
波兰	234080	1.12	38612	0.53	27838	0.11
巴西	223870	1.07	207848	2.83	181447	0.72
瑞典	222919	1.06	9779	0.13	345907	1.38
沙特阿拉伯	216743	1.03	31540	0.43	63251	0.25
马来西亚	210575	1.01	30331	0.41	136892	0.55
奥地利	201399	0.96	8545	0.12	208263	0.83
土耳其	198752	0.95	78666	1.07	44656	0.18
世界	20951483	100.00	7349472	100.00	25044916	100.00

注：原始数据来自 UNCTAD 统计数据库。总出口和 OFDI 存量的单位为现值百万美元，人口数量和比重变量的单位分别为千和%。根据总出口对国家（地区）排序。

表3　　　　　　　　　　贸易结构指标值（2015年）

国家（地区）	货物出口额	货物出口占总出口比重	货物出口占世界比重	服务出口额	服务出口占总出口比重	服务出口占世界比重	专利技术出口额	专利技术出口占世界比重
英国	436308	55.55	2.71	349075	44.45	7.22	18194.87	5.92
爱尔兰	160941	55.70	1.00	128009	44.30	2.65	6336.48	2.06
印度	272159	63.59	1.69	155840	36.41	3.22	658.72	0.21
瑞典	151593	68.00	0.94	71326	32.00	1.48	9202.54	2.99
法国	511856	68.04	3.18	240436	31.96	4.97	14060.72	4.57
美国	1513453	68.06	9.39	710171	31.94	14.69	130362.00	42.41
比利时	259932	70.06	1.61	111080	29.94	2.30	3340.71	1.09
西班牙	277940	70.19	1.72	118044	29.81	2.44	1439.51	0.47
奥地利	142878	70.94	0.89	58522	29.06	1.21	1081.29	0.35
荷兰	476457	72.56	2.96	180185	27.44	3.73	19692.83	6.41
新加坡	377050	72.98	2.34	139611	27.02	2.89	3778.94	1.23
瑞士	303485	73.45	1.88	109724	26.55	2.27	18111.40	5.89
土耳其	152016	76.49	0.94	46736	23.51	0.97		0.00
世界	16115989	76.92	100.00	4835494	23.08	100.00	307390	100.00
泰国	212136	77.77	1.32	60643	22.23	1.25	212.14	0.07
日本	569973	77.85	3.54	162173	22.15	3.35	36876.76	12.00
澳大利亚	188565	79.33	1.17	49118	20.67	1.02	894.21	0.29
波兰	190634	81.44	1.18	43447	18.56	0.90	345.01	0.11
意大利	450262	81.88	2.79	99651	18.12	2.06	3392.72	1.10
中国香港	505954	82.92	3.14	104242	17.08	2.16	622.64	0.20
中国台湾	284923	83.38	1.77	56790	16.62	1.17	866.00	0.28
马来西亚	175731	83.45	1.09	34844	16.55	0.72	75.79	0.02
德国	1308278	83.84	8.12	252199	16.16	5.22	13802.01	4.49
加拿大	409943	84.09	2.54	77540	15.91	1.60	4321.47	1.41
韩国	548933	84.87	3.41	97877	15.13	2.02	5167.10	1.68
巴西	190092	84.91	1.18	33778	15.09	0.70	375.10	0.12
俄罗斯	341467	86.83	2.12	51791	13.17	1.07	665.79	0.22
中国	2142754	88.20	13.30	286540	11.80	5.93	676.40	0.22
阿联酋	333370	92.45	2.07	27229	7.55	0.56		0.00

续表

国家（地区）	货物出口额	货物出口占总出口比重	货物出口占世界比重	服务出口额	服务出口占总出口比重	服务出口占世界比重	专利技术出口额	专利技术出口占世界比重
沙特阿拉伯	202269	93.32	1.26	14474	6.68	0.30		0.00
墨西哥	381198	94.40	2.37	22609	5.60	0.47	193.57	0.06

注：原始数据来自 UNCTAD 统计数据库。比重变量的单位为%，其他变量的单位为现值百万美元，专利技术出口为2014年数据。根据服务出口比重对国家（地区）排序。

表4 贸易结算货币和外汇交易货币

货币种类	在全球贸易结算中的比重（%）			在全球外汇交易市场中的比重（%）和排名					
	2012年1月	2014年1月	2016年10月	2010年比重	2010年排名	2013年比重	2013年排名	2016年比重	2016年排名
美元	29.73	38.75	40.55	84.9	1	87.0	1	87.6	1
欧元	44.04	33.52	32.26	39.1	2	33.4	2	31.3	2
英镑	9	9.37	7.61	12.9	4	11.8	4	12.8	4
日元	2.48	2.5	3.38	19.0	3	23.1	3	21.6	3
加元	1.81	1.8	1.82	5.3	7	4.6	7	5.1	6
人民币	0.25	1.39	1.67	0.9	17	2.2	9	4.0	8
澳元	2.08	1.75	1.64	7.6	5	8.6	5	6.9	5
瑞士法郎	1.36	1.38	1.5	6.3	6	5.2	6	4.8	7
港币	0.96	1.09	1.21	2.4	8	1.4	13	1.7	13
加总	91.71	91.55	91.64	178.19		177.36		175.76	
其他国家和地区	8.29	8.45	8.36	21.81		22.64		24.24	

注：原始数据来自国际清算银行。外汇交易市场中每笔交易计算两次，所以加总的百分比为200%。

表 5　　　　　　各国货币在已分配外汇储备中的份额　　　（单位:%）

货币种类	2012Q4	2013Q4	2014Q4	2015Q4	2016Q2
美元	61.46	61.24	63.33	64.16	63.39
欧元	24.05	24.19	21.89	19.73	20.18
英镑	4.04	3.98	3.79	4.86	4.69
日元	4.09	3.82	3.90	4.03	4.54
加拿大元	1.42	1.83	1.89	1.87	1.98
澳大利亚元	1.46	1.81	1.78	1.92	1.90
瑞士法郎	0.21	0.27	0.27	0.29	0.29
其他货币	3.27	2.86	3.15	3.14	3.04

注:原始数据来自 IMF 统计数据库。Q4 和 Q2 分别表示第四季度和第二季度。

表 6　　　　　　　　贸易强国（地区）分类　　　　　　　（单位:%）

类型	大型贸易强国（地区）	中小型贸易强国
综合型	美国	—
平衡发展型	荷兰	新加坡、瑞士、比利时、奥地利
偏服务型	英国、法国、中国香港	爱尔兰、瑞典
偏货物型	德国、日本、韩国、意大利	加拿大
偏农产品型	—	澳大利亚

（1）综合型贸易强国，仅有美国。它需要强大的经济、政治、金融、军事、科技等实力作为支撑，满足这些条件的基本上只有美国。从表 1—表 5 可看出，除人均出口额低于一些小型贸易强国外，美国在贸易强国共性和特性指标上都有突出表现。特别是美元的霸权地位，其在国际贸易结算、外汇交易市场、国际外汇储备上的重要性远胜于其他国家的货币。在全球经济治理和提供全球公共品上，美国也有着独一无二的地位。根据中国人民银行网站数据，美元在 SDR（特别提款权）新货币篮子中的权重高达 41.73%。根据 WTO 网站数据，2012 年美国向 WTO 缴纳的会费位列第一，为 2368.7 万瑞士法郎，远高于位列第二和第三的德国和中国。美国

也是全球进行双边对外援助最多的国家,据美国国际开发署统计,2014财年美国对外援助总额约为520亿美元。

(2) 大型平衡发展型贸易强国,代表性国家为荷兰。荷兰是老牌贸易强国,自哥伦布发现新大陆以来,其商船便称霸于世界各大洋很长时间。从表1可发现,荷兰在共性指标上均位居前10。在规模指标方面,2015年荷兰人口仅占世界比重0.23%,但总出口和OFDI存量分别位居世界第7和第9,占世界比重高达3.13%和4.29%。在贸易结构方面,服务出口占总出口比重位于美国和世界平均之间,为27.44%;货物和服务出口占世界比重分别为2.96%和3.73%,分别位于世界第8和第6;科技实力雄厚,2014年专利出口世界第3;通信、电脑和信息服务贸易也十分具有竞争力(见表7)。在货物贸易上,虽然其没有自然资源比较优势,但善于培育比较优势,依靠强大的科技实力,制造业竞争力居于全球领先地位。

(3) 大型偏货物型贸易强国,代表性国家有德国和日本。第一,德国和日本以货物出口为主,比重分别为83.84%和77.85%,明显高于世界平均水平;两国货物出口占世界比重分别为8.12%和3.54%,服务出口占世界比重则较小,只有5.22%和3.35%。虽然日本货物和服务出口占世界比重相差不大,但专利出口占世界比重很大(12%),占其服务出口高达22.7%,该项出口和制造业紧密相关,如剔除,则会发现其货物和服务出口占世界比重相差较大。第二,两国工业创新能力突出,出口都以工业制造品为主,产品相似度大。2015年,德国和日本专利出口占世界比重高达4.49%和12.00%,体现出两国强大的科研实力。第三,两国都是第二次世界大战战败国,在国际政治舞台上的作用较小。德国在政治上的影响仅限于欧洲并受法国制约。此外,虽然德国和日本也曾试图谋求货币强国地位,但是从表4和表5可看出,整个欧元在国际贸易结算、外汇交易市场及世界储备货币上与美元还有较大差距,更不用说之前的德国马克,日元的国际地位与美元的差距更大。所以，这两国只能算作纯粹经济意义上的贸易强国，在全球经济治理上的作用很有限。

（4）大型偏服务型贸易强国，代表性国家有英国。第一，表3显示2015年英国服务出口占总出口比重高达44.45%，位于该指标世界第1。英国服务出口占世界比重为7.22%，远大于其货物出口占世界比重2.71%。这反映在世界市场上，相对于货物，英国服务的竞争力更强。第二，英国服务出口以金融、旅游、保险与年金服务等为主，2014年占本国服务出口比重分别达到22.40%、12.90%、9.15%左右，占世界出口比重分别达到19.22%、3.64%和25.09%（根据UNCTAD数据计算得出）。英国伦敦是世界最早的金融中心，现在仍是世界最大外汇交易市场、最大保险市场、最大黄金现货交易市场、最大衍生品交易市场、全球第三大保险市场（中国外交部网站资料）。英国科研实力也很强，2015年专利出口占世界5.92%，位居世界第4。

（5）小型平衡发展型贸易强国，代表性国家为瑞士。第一，瑞士素以金融服务业、钟表制造业著称，服务和货物出口都有很强的国际竞争力。服务出口占总出口比重为26.55%，比世界平均大约高3%；货物和服务出口占世界比重分别为1.88%和2.27%，位居世界第16和第13，相差不大，所以说瑞士是平衡发展型贸易强国。第二，瑞士人口规模很小，但OFDI存量世界第7，总出口世界第14，人均OFDI存量和出口位居世界前列。第三，瑞士工业高度发达，机械制造、化工、医药、高档钟表等行业都有很强的国际竞争力。第四，瑞士服务出口则以旅游、金融、专利出口为主（见表7）。旅游业十分发达，是仅次于机械制造和化工医药的第三大出口行业。金融业也发达，最大城市苏黎世是国际金融中心之一，是仅次于伦敦的世界第二大黄金交易市场，苏黎世金融服务集团为世界第二大保险公司。瑞士科研实力也很强，2014年专利出口位居世界第5。

（6）小型偏服务型贸易强国，代表性国家有爱尔兰。瑞典和爱尔兰是典型的小型偏服务贸易强国，后者更有代表性。第一，爱尔兰服务出口占总出口比重高达 44.3%，位居该指标第 2 位。货物和服务出口占世界比重分别为 1.00% 和 2.65%，相差较大，所以称其为偏服务贸易强国。第二，爱尔兰人口规模很小，仅 469 万；贸易规模也不大，总出口位居表 2 最后 1 位，但人均出口额多，位于表 1 的第 3 位。第三，服务出口尤其发达，世界排名更靠前，位居第 10 位。其中通信、电脑和信息服务一支独大，占服务出口比重为 47.65%，占世界比重为 13.3%（见表 7）。另外专利技术出口、金融服务、保险和年金服务、其他服务业出口都位列世界前 10（根据 UNCTAD 数据计算得出）。

表 7　几个贸易强国服务行业出口占服务总出口比重（2014 年）

（单位:%）

服务业名称	爱尔兰	瑞典	瑞士	荷兰	新加坡
与商品相关的服务	1.22	0.77	4.36	4.54	5.25
运输业	5.10	14.38	11.54	21.43	34.11
旅游业	3.59	16.90	14.76	6.57	12.69
其他服务	90.08	67.95	69.35	67.46	47.95
建筑业	0.00	1.07	1.28	2.02	0.81
保险和年金服务	9.09	1.27	6.02	0.82	3.12
金融业	8.19	6.18	18.69	3.29	13.50
专利技术使用	4.69	12.11	15.29	10.00	2.51
通信、电脑和信息服务	47.65	21.01	10.67	23.83	3.25
其他商业服务	18.77	25.19	15.25	25.02	24.18

注：数据来自 UNCTAD 统计数据库。

（7）偏农产品型贸易强国，代表性国家为澳大利亚。相对于以上贸易强国，澳大利亚在贸易规模、OFDI 存量、科技实力等方面都较弱，但是善于发挥其比较优势，在农产品出口中具有极强的国际竞争力，按照此标准，可算作偏农产品型贸易强国的代表。澳大利亚农牧业发达,自然资源丰富,盛产羊、牛、小麦和蔗糖,是世界上最大的羊毛和牛肉出口国(中国外交部网站资料)。对澳大利亚HS2位码行业的出口占世界比重进行排序,选前10大行业,其中有6个属于农业部门,每个行业都位于世界该行业出口份额的前10位,占世界该行业出口比重较高(见表8)。这与澳大利亚货物总出口居世界第25位形成鲜明对比。这10个行业出口净贸易比重也很高,进口量很少,显示性比较优势指数(RCA)很大,更加表明澳大利亚农业的强大国际竞争力。

表8　　　澳大利亚10大出口行业指标(2015年)

行业	世界排名	出口额	净出口额	占总出口比重	占世界比重	RCA指数
26:矿砂、矿渣及矿灰	1	46535	46010	24.34	29.8	25.9
51:羊毛、动物毛;马毛纱线及其织物	2	2220	2169	1.16	17	14.5
78:铅及其制品	1	816	811	0.43	12.09	10.8
02:肉及食用杂碎	3	9932	9438	5.2	8.73	7.5
10:谷物	5	6516	6353	3.41	6.39	5.5
01:活动物	5	1355	1278	0.71	6.34	5.5
79:锌及其制品	5	804	760	0.42	5.63	4.7
28:无机化学品;贵金属;放射性物质	4	5486	4226	2.87	5.2	4.5
11:制粉工业产品;麦芽;淀粉;菊粉;面筋	9	611	518	0.32	3.54	3.2
41:生皮(毛皮除外)及皮革	7	985	888	0.52	3.27	2.9
所有行业	25	191170	—	9596	100	1.16

注:数据来自国际贸易中心(ITC)。出口额和净出口额的单位为现值百万美元,比重变量的单位为%。

(8)新兴贸易强国,代表性国家有爱尔兰、新加坡和韩国。在老牌贸易强国形成时期,国际贸易以最终品出口为主,而新兴贸易强国形成的背景是全球生产分工扩大时期。所以这两类贸易强国所抓住的时代机遇不一样。在当今 GVC 分工时期，新兴国家可以依靠切入生产链的某一环节，迅速成为贸易强国。爱尔兰、新加坡和韩国正是利用了这一机会，2015 年这 3 个国家出口的国外增加值率分别为 43.62%、41.82% 和 41.7%，参与 GVC 程度非常高，在 30 个国家（地区）中，分别位居第 1、3、4 位。爱尔兰、新加坡和韩国的人均出口额分别位于表 1 中第 3、1、13 位；人均专利出口、出口排名世界前 10 的 HS2 位码行业数等贸易强国共性指标都表现优异。

四 中国的目标与政策思路

（一）客观看待中国与贸易强国的差距

从共性和特性指标看，我国与贸易强国的差距主要体现在以下方面。第一，我国人均类指标值非常低，甚至低于其他发展中国家，位居表 1 最后几位。但要区别看待人均指标的这种低值。事实上，如果考虑到人均出口额随人口增加而递减的规律，我国人均货物出口额已经比较高，主要问题是人均服务出口额比较低，随着近年来服务出口的快速增长①，这种情况有望得到改善。所以人均出口额已经不是我国区别于贸易强国的主要原因。我国主要的短板是人均 OFDI 存量以及人均专利出口额与贸易强国的差距太大。根据表 1，2015 年我国人均 OFDI 存量只有 734 美元，美国和日本分别是我国的 25 倍和 13.2 倍。2014 年我国人均专利技术出口则只有 0.49 美元，美国和日本分别是我国的 817 倍和 595 倍，与其他贸易强国的差距也在 100 倍以上。第二，我国出口产品相对单位价值也偏低，2015 年只有 0.9，比世界平均（等于 1）还要低，而大部分

---

① 根据统计局数据，2013—2014 年服务出口增速分别为 10.6%、7.6% 和 9.2%，均大于相应年份货物出口增速。

贸易强国都在1.5以上。这说明我国出口产品主要是以量取胜，而不是以质取胜，它们或者是低单位价值产品，或者是高端产品中的低价产品。第三，我国出口产品国内增加值率较低。虽然我国出口大量高技术产品，但其核心零部件和生产性服务仍不能自给，导致出口的国内增加值率不高，表明没有占据GVC的高端环节。2015年中国出口的国内增加值率为67.84%，而美国和日本分别高达84.97%和85.32%，巴西和印度也比我国高很多。第四，我国OFDI存量与出口规模极不相称，2015年前者占世界比重只有4.03%，甚至低于瑞士、荷兰和加拿大等国，而后者占世界比重高达11.59%，这表明我国在全球范围内配置资源的能力还比较低。第五，我国服务出口占总出口比重明显偏低，仅为11.8%，远低于美国（31.94%）和世界平均值（23.08%）。此外，2015年我国服务出口占世界比重只有5.93%，而货物出口占世界比重却高达13.3%，两者发展极不平衡。我国服务贸易长期处于逆差状态，反映大部分生产性服务都依赖进口，与贸易强国存在很大差距。第六，我国在全球经济治理中的作用还较低，提供全球公共品的量也不足。由于我国是经济和贸易大国，所以要想成为名副其实的贸易强国，我国货币在世界货币体系中的地位，对国际议题、规则、协议和标准的参与和制定等都应具有突出贡献，这尤其是我们的短板。

（二）中国的贸易强国目标

1. 中国贸易强国标准的界定及目标

在对我国贸易强国标准进行界定时，必须考虑到我国的特殊国情。尤其需要注意的是，我国人口规模大，是任何已有贸易强国所无法比拟的，分别是人口最多的两个贸易强国，即美国和日本的4.22倍和10.87倍。人口规模大有利于出口规模的扩张，但却会限制人均出口额等人均指标的增长。

第一，不必固守人均出口额一定要达到现有贸易强国的标准。在这方面，中国达到已有贸易强国水平的难度很大。这难道意味着中国永远不可能成为贸易强国？当然不能这样推理。根据表1，不难发现：对于人口规模小于2000万的贸易强国而言，人均出口额高于50000美元；而对于2000万到8000万人口规模的贸易强国，人均出口额骤降到大约12000美元；对于1亿人口以上的贸易强国（只有美国和日本），人均出口额只有6000美元，这说明贸易强国的出口额随人口规模的增加而成倍减少。对于人口多于13亿的中国，人均出口额只要能达到日本或者美国的一半（2900—3400美元），就可说已达到贸易强国标准。2015年中国人均总出口额已达1765美元，相当于美国的25%，日本的30%。假定我国总出口增速保持在5%—10%，人口稳定在当前水平，日本和美国的人均出口没有大变动①，则我国10年内有望在人均出口额上达到贸易强国水平。

第二，人均OFDI存量和人均专利技术出口额也可依上面的方法加以界定。对于我国这种后发国家，对外投资天然处于不利地位，所以对人均OFDI存量的要求不必太高，只要超过世界平均水平，达到韩国80%的水平（3400—4000美元）即可。近年来中国对外投资增速在20%左右，只要保持这个增速，大约10年之后中国就可满足贸易强国的要求。人均专利技术出口额反映的是一国出口产品的科技含量，也在一定程度上能够体现一国出口产品的质量，是贸易强国必备素质之一。2014年我国人均专利技术出口低至0.49美元，这将是制约我国成为贸易强国的关键。当然，中国香港、意大利和澳大利亚的人均专利技术出口也很低，只略微大于世界平均水平，所以我国短期内对这项指标也不能有过高要求，只要能达到世界平均水平即可。由于我国专利技术出口基数较小，未来增速保持较快增长的可能性比较大，如果能达到每年30%的增速，则人均专利技术出口在大约17年后能够达到贸易强国标准。

---

① 下文在类似情况也对我国人口规模和其他国家的情况做了该假设，为避免累赘而不再明确提及。

第三,从出口的质量来看,单位产品出口价值以及出口的国内增加值率也应该达到同类出口规模贸易强国的标准,例如美国和德国。由于中国和美国经济结构的差异,可以不必苛求中国的单位产品出口价值和出口的国内增加值率一定要达到美国的标准,但是至少应该跟德国的这两个指标值差不多,即分别达到1.57%和74.5%。

第四,在规模指标上,鉴于我国是贸易大国,所以必须用衡量贸易大国的标准来评判规模指标应该达到的目标。我国OFDI存量已经较高,2015年占世界比重为4.03%,但是还有提高的余地,大概需要提高到10%才符合贸易强国要求。我国专利技术出口严重偏低,只占世界的0.22%,而美国和日本分别高达42.41%和12.00%(见表3),至少需要提高到德国的水平,也即4.49%左右才算合理。我国服务出口占世界比重相对货物出口偏低,需要提高到10%以上。

第五,人民币地位短期内能够赶上美元的可能性不大,但是赶超日元和英镑是有可能的,人民币有望成为除美元和欧元之外的第三大货币。可以考虑以此来评判我国在这项指标上成为贸易强国的标准。根据表4,从2012—2016年,人民币在国际贸易结算中的比重由第15位(占比0.25%)上升到第6位(占比1.67%),增速比较快,如每年能够增长0.25%,则10年后能够超过日元比重。同样根据表4,在外汇交易市场中的比重,人民币由2010年的第17位(占比0.9%)增加到2016年的第8位(占比4.0%),若每年增长0.5%,则10年之内将赶超英镑。由于人民币已经纳入SDR货币篮子,IMF自2016年第4季度起在世界官方储备中单独列出人民币资本,高达845.1亿美元,占已分配外汇储备的1.07%,未来两年达到和超过英镑和日元的可能性也比较大。

第六,在全球经济治理中,中国短期内赶上美国的可能性也不大,但应该与德国和日本起到至少一样的作用。未来可以统计中国主导建立的国际组织数量,提出的国际议题数量,倡导签订的国际协议数量，在国际组织的作用和话语权、跨国企业的数量、中国企业制定的行业和产品标准等，以此考察中国参与全球经济治理和提供全球公共品的能力。亚投行、金砖国家银行的创立以及"一带一路"倡议初步表明我国已经在全球治理上向贸易强国跨出了一大步。

2. 我国贸易强国的类型定位

本文对世界贸易强国分类的方法论，同样也适用于分析我们自己。从整体上看，我国与小型贸易强国没有相似点，但是如果分省市来看，我国各省市分别与一些小型贸易强国有许多相似点。实际上我国的贸易强国类型定位可以分解为两个问题。

第一，在国家整体层面上的类型定位。当然这是随时间和发展阶段不断变化的，现阶段应主要朝着货物贸易强国发展，即主要借鉴日本、德国经验；然后再朝服务贸易强国发展，力争达到英国和荷兰的发展程度；最后才进一步提高人民币全球竞争力和全球经济治理水平，缩小与美国的差距，向综合型贸易强国靠拢。本文把以上发展过程称为我国贸易强国三步走战略，这也符合贸易强国发展规律。美国的贸易强国之路基本也遵循该规律。从建国到南北战争爆发的 80 多年时间里，美国以出口农产品和原材料为主，1820 年原材料出口占总出口 59.6%，制成品只占 5.8%[1]，甚至需要从当时的中国进口布匹。从内战结束到第一次世界大战爆发前，美国工业快速发展，对外贸易的产品结构也发生了较大变化，在 1904—1913 年间，原材料出口比重已下降到 32.3%，制成品出口比重上升到 28.3%。[2] 从第一次世界大战爆发到第二次世界大战结束，借助两次世界大战的契机，美国工业迅猛发展，工业生产和出口能力已远超英国和德国等老牌贸易强国；且完成了从资本净流入国到净

---

[1] 数据来源于 Bureau of the Census, Historical Statistics, Series Ⅱ—274—301。
[2] 同上。

流出国的转变。① 不过到第二次世界大战结束之前，美元在国际货币体系以及美国在全球经济治理中的主导性地位还没有完全形成，第二次世界大战后布雷顿森林体系以及由美国主导的国际组织（关贸总协定、世界银行和 IMF 等）的形成才标志着这两大任务的最终完成。我国从改革开放到现在的 30 多年时间，已经完成从主要出口原材料到主要出口工业制成品的转变，明显快于美国。今后出口产品需要从"以量取胜"到"以质取胜"转变，打造世界级品牌②，构建全球范围内的自主生产经营网络。

第二，省市层面上，各省市需要根据其要素禀赋和比较优势条件，力争达到某一类小型甚至大型贸易强国的水平。整体由部分所组成，所以建设贸易强国的实际措施在很大程度上在于贸易强省、贸易强市，中国只要有 1/3 左右的省市能根据自身比较优势，达到表 6 某一类贸易强国的水平，就必然成为贸易强国。所以需要形成贸易强国目标的总体空间布局，强调不同区域的特殊功能和发展目标。事实上，美国也不是所有州都发展制造业和现代服务业。只有纽约、芝加哥、波士顿等少数大城市发展金融、保险、咨询等现代服务业。美国西部城市洛杉矶和西雅图主要发展制造业和信息产业；电影业集中在好莱坞。美国大部分地区很重视农业，耕种面积很大，国际竞争力非常强。我国幅员辽阔，东中西部发展水平和产业结构不同，有的可以集中力量发展金融、保险、专利技术出口、航运业等高端服务业；有的区域工业基础扎实，可以像日本和德国一样，发展高端制造业；有的在电子商务方面有先发优势，可以优先发展跨境电子商务；等等。

（三）国家层面与区域层面的双重政策思路

按照我国贸易强国的类型定位，政策设计也可以分解为国家层

---

① 美国 1900 年资本净流入量为 23.41 亿美元，1927 年资本净流出量为 152.35 亿美元。

② 赵蓓文（2013）研究显示，根据世界品牌实验室公布的《世界品牌 500 强》榜单，2009—2011 年，中国入选世界品牌 500 强的企业只有 20 家左右，与美国和日本相差较大。且入选的品牌中，中国的排名比较靠后，反映中国品牌竞争力还有待于进一步提高。

面和区域层面两方面来考量。国家层面应着重考虑：第一，总体目标设计与区域侧重指导相结合。总体设计包括国家不同阶段的各个总量目标和发展水平，这通常是以往所做过的工作，无须赘述。区域指导的含义是中央政府有侧重地指导若干地方政府设计贸易强省或贸易强市目标与措施。2014年是中国货物进出口贸易值最高的年份，中国大陆31个省直辖市自治区中，进出口贸易规模最大的前12个省市（依次是：广东省、江苏省、上海市、北京市、浙江省、山东省、福建省、天津市、辽宁省、重庆市、四川省、河南省）占全国总贸易额88.6%。且有些省份的贸易集中度也很高，例如四川省集中在成都市、辽宁省集中在大连市、河南省集中在郑州市。所以侧重点就是5省7市的贸易强省和贸易强市的政策设计。只要这5省7市都分别达到或接近某类贸易强国的标准，综合起来，我国距离某类贸易强国的目标就不远了。第二，培育战略性新兴产业和高新技术产业出口竞争力。随着越南、印度尼西亚、印度等劳动力成本更具优势的发展中国家的崛起，我国低端劳动力密集型制造业出口的下降将不可避免。但是我国已经在一些高端的资本密集型和技术密集型产业初具优势，未来可以选择若干具有潜在新优势的战略性新兴产业和高新技术产业，如新一代信息技术、新能源汽车、生物技术、高端装备与材料、先进半导体、机器人、智能系统、新一代航空装备、空间技术综合服务系统、虚拟现实与互动影视等产业，发展为具有新的国际竞争力的出口产品。第三，推动人民币国际化进程。国际贸易中商品和服务的定价权首先应当在中国企业自主的跨国生产经营网络内形成，其次才能有溢出效应。所以，建立中国企业自主的全球价值链和供应链体系是人民币国际化的重要途径，不能只局限于贸易结算功能的扩大和本币互换伙伴的增加。发展人民币在亚洲债券市场中的功能也是增强人民币作为投资工具作用的重要途径。当然这些都有赖于人民币资本项目可兑换的扩大和实现。此外，发行海外以人民币计价的债券也是扩大人民币国际认同的重要渠道。第四，国际公共品生产和供给能力的培育。要利用"一带一路"建设、利用国际开发性金融机构的设立、利用我国主动提出的国际经济新议题来锻炼和增强生产和提供国际公共品的能力。有一类国际公共品需要跨国公司和非营利机构来提供。在国际经济治理结构中,主权国家的政府自然是重要的角色,但也需要企业和社会组织的参与,需要实现治理主体的多元化,从而达到公共品供给的多样化。这就需要培育我国的跨国公司和社会组织,中国的社会组织不仅需要进一步发育和完善,也需要"走出去"。因此,中国的"走出去"战略,其实施主体不仅是企业,还包括社会组织,应当让中国的社会组织在国际经济治理中发挥应有的作用,提供必要的公共品。

区域层面上,各级地方政府都应着重考虑:第一,降低企业运营成本。美国波士顿咨询公司(BCG)2015年发布的《全球制造业的经济大挪移》指出,中国相对美国的制造业成本优势已不足5%。该报告且指出从2004—2014年中国制造业成本大幅提高的三个事实:一是工资大幅上升,时薪涨幅达187%;二是人民币大幅升值,近10年对美元汇率上升了35%;三是能源成本急剧上升,工业用电和天然气成本分别上升66%和138%,能源成本上升的重要原因是税费太多。除工资低于美国外,中国的能源和原材料价格以及税收已高于美国。企业运营成本提高可能迫使部分制造业转移到其他发展中国家或回流到发达国家,必须引起警惕。所以有必要控制工资上涨幅度,延续我国劳动力要素比较优势;限制油、电、天然气等能源价格的上升幅度;切实降低企业税费。第二,提高服务出口国际竞争力。一方面,通过建立与国际接轨的生产性服务业标准体系,利用我国新的人力资本优势(我国劳动力受教育时间大幅提高),提升承接国际服务外包的能力,发展现代服务业,如软件、金融、咨询、工业设计和创意等。另一方面,提高国际运输能力和国际竞争力,缓解服务贸易逆差压力。我国货物出口居世界第一,但大部分运输量需依赖国外运输公司,这种不利状况亟须扭转。第三,加大研发力度,保护知识产权。我国专利技术出口严重偏低，最重要的原因之一是原创性的基础研发成果不足，其次才是科技成果转化为生产力的途径不畅，最后是知识产权保护力度不够。鉴于此，一方面，政府需要加大对基础科学研究的资助力度。根据公共经济学理论，大部分基础科学研究（如理论数学和物理、天文学、地球科学等）属于公共品，具有极强的正外部性，但是不具有排他性，而且研发周期长、见效慢、成果的经济价值不确定性大，所以私人企业一般不愿意进行研发，这将导致其私人提供量低于社会最优提供量，这时候就需要政府提供研究资助。另一方面，不断完善和健全促进科学成果转化为生产力的体制机制。例如，各级政府可以效仿美国硅谷模式，出面建设产学研一体化科技园区；也需要确立企业在其中的主体地位，使得科技成果与社会资本顺利对接。此外，亟须加强知识产权保护力度以及对科研人员的激励力度。只有这样，才能使得科技创新主体获得其应有的回报，才有进行科技创新的积极性。第四，培育自主品牌，提升中国出口在全球价值链中的位置。在高端产品，如电子产品、家电、汽车等，我国还没有像日本和韩国一样的占有市场优势的自有品牌，绝大部分是贴着中国制造标签的洋品牌。这说明我国具备生产高端产品的能力，但欠缺品牌意识和培育能力。可行的措施有：一方面，通过打破地区保护主义提高同类产品生产厂商间的竞争强度，鼓励它们兼并重组，从而培育优质品牌；另一方面，培育国际营销能力和产业链建设能力，可以借助跨国并购整合产业链上下游的方式实现。第五，推动跨境电子商务发展，帮助我国中小型企业开拓国际市场。跨境电商可以逐步改变国际贸易由跨国公司垄断的格局，千千万万的中小企业借此也有机会参与全球生产和贸易，并且可以深入更广阔的市场。且我国跨境电商发展水平和贸易强国没有明显差距，可以抓住这个机会，参与制定未来10年新的国际贸易规则。目前，我国可以从物流、融资、第三方支付结算、税收、商品检验检疫、通关等问题着手，完善跨境电商贸易规则。第六，以企业走出去为抓手提高全球资源配置能力。近几年我国对外投资增长较快，但是目前最大的问题是，投资结构不合理，虽然投资数量不少，但形不成跨国生产经营网络，也形不成中国企业自主的全球价值链体系，能够充当"链主"的跨国企业更少。因此，未来10年中国企业走出去的战略目标应当是：建立自主的跨国生产经营网络、形成自主价值链体系，并培育数十个具有"链主"资格的跨国公司。一方面，可以借助"一带一路"倡议加强对沿线国家的投资，在这些国家建立生产基地或者开发区，利用当地劳动力和原材料进行生产。另一方面，企业在对外投资时，要以整合价值链上下游为重点，购买国外企业核心资产和专利技术。

参考文献

裴长洪：《全球经济治理、公共品与中国扩大开放》，《经济研究》2014年第3期。

裴长洪：《中国特色开放型经济理论研究纲要》，《经济研究》2016年第4期。

盛斌：《建设国际经贸强国的经验与方略》，《国际贸易》2015年第10期。

张亚斌、李峰、曾铮：《贸易强国的评判体系构建及其指标化——基于GPNS的实证分析》，《世界经济研究》2007年第10期。

赵蓓文：《实现中国对外贸易的战略升级：从贸易大国到贸易强国》，《世界经济研究》2013年第4期。

钟山主编：《中国外贸强国发展战略研究：国际金融危机之后的新视角》，中国商务出版社2012年版。

（原载《经济研究》2017年第5期）

编选者手记

接到本书的编选任务后,笔者先是倍感荣幸,继而又深感任务艰巨。裴长洪研究员几十年来笔耕不辍,撰写了几百篇学术论文和著作,要从这些论文和著作中选出十几篇论文,无异于大海捞针,当然,笔者也不敢擅自做主。所以,笔者决定先联系裴长洪研究员,咨询他对本书的定位、对入选论文主题的偏好和侧重,等等。在编选本书的过程中,笔者与裴长洪研究员联系过多次,他每次都很耐心的给我讲解和说明,非常平易近人。

通过与裴长洪研究员多次的沟通和联系,笔者了解到他长期以来专注于国际贸易和投资、金融和服务经济、自贸试验区、"一带一路"、全球经济治理等领域的理论和政策研究,成果丰硕,取得了很大的社会影响力和政策影响力。但是,要从这几百篇论文中选取十几篇代表性论文难度太大,而且,这些文章中的一部分已经编辑成书并出版。因此,裴长洪研究员想出了一个新思路,即只选取近年来发表的理论文章。近年来,他增加了对中国特色政治经济学和开放型经济的理论研究,已经有若干成果。经过再三思考,裴长洪研究员亲自选定了一份论文标题目录,共分为三个部分:习近平新时代中国特色社会主义经济思想研究;改革与中国特色社会主义政治经济学研究;中国开放型经济高质量发展研究。在此基础上,笔者与裴长洪研究员不断讨论,最终选定了本书的这些论文。针对这些论文,笔者首先按照上述三个主题进行排序,在每个选题范围内,则按照文章发表的先后顺序进行排序。值得指出的是,对于一些不能从"中国知网"下载到的论文,裴长洪研究员亲自把编辑好的论文 Word 版本打包发给了我,使编辑工作量大为减少。

刘洪愧

2018 年 10 月

《经济所人文库》第一辑总目(40种)

(按作者出生年月排序)

《陶孟和集》	《戴园晨集》
《陈翰笙集》	《董辅礽集》
《巫宝三集》	《吴敬琏集》
《许涤新集》	《孙尚清集》
《梁方仲集》	《黄范章集》
《骆耕漠集》	《乌家培集》
《孙冶方集》	《经君健集》
《严中平集》	《于祖尧集》
《李文治集》	《陈廷煊集》
《狄超白集》	《赵人伟集》
《杨坚白集》	《张卓元集》
《朱绍文集》	《桂世镛集》
《顾　准集》	《冒天启集》
《吴承明集》	《董志凯集》
《汪敬虞集》	《刘树成集》
《聂宝璋集》	《吴太昌集》
《刘国光集》	《朱　玲集》
《宓汝成集》	《樊　纲集》
《项启源集》	《裴长洪集》
《何建章集》	《高培勇集》